ODES ET BALLADES

TYPOGRAPHIE DE CH. LAHURE ET Cie
Imprimeurs du Sénat et de la Cour de Cassation
rue de Vaugirard, 9

VICTOR HUGO.

VICTOR HUGO

ODES ET BALLADES

COLLECTION HETZEL

PARIS
LIBRAIRIE DE L. HACHETTE ET Cie
RUE PIERRE-SARRAZIN, N° 14

1859

Droit de traduction réservé

ODES

L'histoire s'extasie volontiers sur Michel Ney, qui, né tonnelier, devint maréchal de France, et sur Murat, qui, né garçon d'écurie, devint roi. L'obscurité de leur point de départ leur est comptée comme un titre de plus à l'estime, et rehausse l'éclat du point d'arrivée.

De toutes les échelles qui vont de l'ombre à la lumière, la plus méritoire et la plus difficile à gravir, certes, c'est celle-ci : être né aristocrate et royaliste et devenir démocrate.

Monter d'une échoppe à un palais, c'est rare et beau, si vous voulez ; monter de l'erreur à la vérité, c'est plus rare, et c'est plus beau. Dans la première de ces deux ascensions, à chaque pas qu'on a fait, on a gagné quelque chose et augmenté son bien-être, sa puissance et sa richesse ; dans l'autre ascension, c'est tout le contraire. Dans cette âpre lutte contre les préjugés sucés avec le lait, dans cette lente et rude élévation du faux au vrai, qui fait en quelque sorte de la vie d'un homme et du développement d'une conscience le symbole abrégé du progrès humain, à chaque échelon qu'on a franchi, on a dû payer d'un sacrifice matériel son accroissement moral, abandonner quelque intérêt, dépouiller quelque vanité, renoncer aux biens et aux honneurs du monde, risquer sa fortune, risquer son foyer, risquer sa vie. Aussi, ce labeur accompli, est-il permis d'en être fier; et, — s'il est vrai que Murat aurait pu montrer avec quelque orgueil son fouet de postillon à côté de son sceptre de roi, et dire : Je suis parti de là! — c'est avec un orgueil plus légitime, certes, et avec une conscience plus satisfaite qu'on peut montrer ses odes royalistes d'enfant et d'adolescent à côté des poëmes et des livres démocratiques de l'homme fait; cette fierté est permise, nous le pensons, surtout lorsque, l'ascension faite, on a trouvé au sommet de l'échelle de lumière la proscription, et qu'on peut dater cette préface de l'exil.

V. H.

Jersey. — Juillet 1853.

1822

La première édition de ces Odes (juin 1822) était précédée des réflexions qu'on va lire :

« Il y a deux intentions dans la publication de ce livre,
« l'intention littéraire et l'intention politique; mais, dans
« la pensée de l'auteur, la dernière est la conséquence de
« la première, car l'histoire des hommes ne présente de
« poésie que jugée du haut des idées monarchiques et des
« croyances religieuses.

« On pourra voir dans l'arrangement de ces Odes une
« division qui, néanmoins, n'est pas méthodiquement tra-
« cée. Il a semblé à l'auteur que les émotions d'une âme
« n'étaient pas moins fécondes pour la poésie que les révo-
« lutions d'un empire.

« Au reste, le domaine de la poésie est illimité. Sous le
« monde réel, il existe un monde idéal qui se montre res-
« plendissant à l'œil de ceux que des méditations graves
« ont accoutumés à voir dans les choses plus que les cho-
« ses. Les beaux ouvrages de poésie en tout genre, soit en
« vers, soit en prose, qui ont honoré notre siècle, ont

« révélé cette vérité à peine soupçonnée auparavant,
« que la poésie n'est pas dans la forme des idées, mais
« dans les idées elles-mêmes. La poésie, c'est tout ce qu'il
« y a d'intime dans tout. »

Il est permis peut-être aujourd'hui à l'auteur d'ajouter à ce peu de lignes quelques autres observations sur le but qu'il s'est proposé en composant ces Odes.

Convaincu que tout écrivain, dans quelque sphère que s'exerce son esprit, doit avoir pour objet principal d'être utile, et espérant qu'une intention honorable lui ferait pardonner la témérité de ces essais, il a tenté de solenniser quelques-uns de ceux des principaux souvenirs de notre époque qui peuvent être des leçons pour les sociétés futures. Il a adopté, pour consacrer ces événements, la forme de l'ode, parce que c'était sous cette forme que les inspirations des premiers poëtes apparaissaient jadis aux premiers peuples.

Cependant l'ode française, généralement accusée de froideur et de monotonie, paraissait peu propre à retracer ce que les trente dernières années de notre histoire présentent de touchant et de terrible, de sombre et d'éclatant, de monstrueux et de merveilleux. L'auteur de ce recueil, en réfléchissant sur cet obstacle, a cru découvrir que cette froideur n'était point dans l'essence de l'ode, mais seulement dans la forme que lui ont jusqu'ici donnée les poëtes lyriques. Il lui a semblé que la cause de cette monotonie était dans l'abus des apostrophes, des exclamations, des prosopopées, et autres figures véhémentes que l'on prodiguait dans l'ode : moyens de chaleur qui glacent lorsqu'ils sont trop multipliés et étourdissent au lieu d'émouvoir. Il a donc pensé que, si l'on plaçait le mouvement de l'ode dans les idées plutôt que dans les mots, si, de plus, on en asseyait la composition sur une idée fondamentale quelconque qui fût appropriée au sujet, et dont le développement s'appuyât dans toutes ses parties sur le développement de l'événement qu'elle raconterait, en substituant aux couleurs usées et fausses de la mythologie païenne les couleurs neuves et vraies de la théogonie chrétienne, on pourrait jeter dans l'ode quelque chose de l'intérêt du drame, et lui faire parler en outre ce langage austère, consolant et religieux, dont a besoin une vieille société qui sort encore toute chancelante des saturnales de l'athéisme et de l'anarchie.

Voilà ce que l'auteur de ce livre a tenté, mais sans se flatter du succès; voilà ce qu'il ne pouvait dire à la première édition de son recueil, de peur que l'exposé de ses doctrines ne parût la défense de ses ouvrages. Il peut, aujourd'hui que ses Odes ont subi l'épreuve hasardeuse de la publication, livrer au lecteur la pensée qui les a inspirées, et qu'il a eu la satisfaction de voir déjà, sinon approuvée, du moins comprise en partie. Au reste, ce qu'il désire avant tout, c'est qu'on ne lui croie pas la prétention de frayer une route ou de créer un genre.

La plupart des idées qu'il vient d'énoncer s'appliquent principalement aux sujets historiques traités dans ce recueil; mais le lecteur pourra, sans qu'on s'étende davantage, remarquer dans le reste le même but littéraire et un semblable système de composition.

On arrêtera ici ces observations préliminaires, qui exigeraient un volume de développement, et auxquelles on ne fera peut-être pas attention; mais il faut toujours parler comme si l'on devait être entendu, écrire comme si l'on devait être lu, et penser comme si l'on devait être médité.

Décembre 1822.

1824

Voici de nouvelles preuves pour ou contre le systéme de composition lyrique indiqué déjà par l'auteur de ces Odes. Ce n'est pas sans une défiance extrême qu'il les présente à l'examen des gens de goût; car, s'il croit à des théories nées d'études consciencieuses et de méditations assidues, d'un autre côté, il croit fort peu à son talent. Il prie donc les hommes éclairés de vouloir bien ne pas étendre jusqu'à ses doctrines littéraires l'arrêt qu'ils seront sans doute fondés à prononcer contre ses essais poétiques. Aristote n'est-il pas innocent des tragédies de l'abbé d'Aubignac?

Cependant, malgré son obscurité, il a déjà eu la douleur de voir ses principes littéraires, qu'il croyait irréprochables, calomniés ou du moins mal interprétés. C'est ce qui le détermine aujourd'hui à fortifier cette publication nouvelle d'une déclaration simple et loyale, laquelle le mette à l'abri de tout soupçon d'hérésie dans la querelle qui divise aujourd'hui le public lettré. Il y a maintenant deux partis dans la littérature comme dans l'Etat, et la guerre poétique ne paraît pas devoir être moins acharnée que la guerre sociale n'est furieuse. Les deux camps semblent plus impatients de combattre que de traiter. Ils s'obstinent à ne vouloir point parler la même langue ; ils n'ont d'autre langage que le mot d'ordre à l'intérieur et le cri de guerre à l'extérieur. Ce n'est pas le moyen de s'entendre.

Quelques voix importantes néanmoins se sont élevées depuis quelque temps parmi les clameurs des deux armées. Des conciliateurs se sont présentés avec de sages paroles entre les deux fronts d'attaque. Ils seront peut-être les premiers immolés ; mais n'importe ! C'est dans leurs rangs que l'auteur de ce livre veut être placé, dût-il y être confondu. Il discutera, sinon avec la même autorité, du moins avec la même bonne foi. Ce n'est pas qu'il ne s'attende aux imputations les plus étranges, aux accusations les plus singulières. Dans le trouble où sont les esprits, le danger de parler est plus grand encore que celui de se taire ; mais, quand il s'agit d'éclairer et d'être éclairé, il faut regarder où est le devoir et non où est le péril ; il se résigne donc. Il agitera, sans hésitation, les questions les plus redoutées ; et, comme le petit enfant thébain, il osera secouer la peau du lion.

Et, d'abord, pour donner quelque dignité à cette discussion impartiale, dans laquelle il cherche la lumière bien plus qu'il ne l'apporte, il répudie tous ces termes de convention que les partis se rejettent réciproquement comme des ballons vides, signes sans signification, expressions sans expression, mots vagues que chacun définit au besoin de ses haines ou de ses préjugés, et qui ne servent de raisons qu'à ceux qui n'en ont pas. Pour lui, il ignore profondément ce que c'est que le *genre classique* et que le *genre romantique*. Selon une femme de génie, qui la première a prononcé le mot de *littérature romantique* en France, *cette division se rapporte aux deux grandes ères du monde, celle qui a précédé l'établissement du christianisme et celle qui l'a suivi* (1). D'après le sens littéral de

(1) *De l'Allemagne.*

cette explication, il semble que le *Paradis perdu* serait un poëme *classique*, et la *Henriade* une œuvre *romantique*. Il ne paraît pas démontré que les deux mots importés par madame de Staël soient aujourd'hui compris de cette façon.

En littérature, comme en toute chose, il n'y a que le bon et le mauvais, le beau et le difforme, le vrai et le faux. Or, sans établir ici de comparaisons qui exigeraient des restrictions et des développements, le *beau* (1) dans Shakspeare est tout aussi classique (si *classique* signifie digne d'être étudié) que le *beau* dans Racine; et le *faux* dans Voltaire est tout aussi romantique (si *romantique* veut dire mauvais) que le *faux* dans Calderon. Ce sont là de ces vérités naïves qui ressemblent plus encore à des pléonasmes qu'à des axiomes; mais où n'est-on pas obligé de descendre pour convaincre l'entêtement et pour déconcerter la mauvaise foi ?

On objectera peut-être ici que les deux mots de guerre ont depuis quelque temps changé encore d'acception, et que certains critiques sont convenus d'honorer désormais du nom de *classique* toute production de l'esprit antérieure à notre époque, tandis que la qualification de *romantique* serait spécialement restreinte à cette littérature qui grandit et se développe avec le dix-neuvième siècle. Avant d'examiner en quoi cette littérature est propre à notre siècle, on demande en quoi elle peut avoir mérité ou encouru une désignation exceptionnelle. Il est reconnu que chaque littérature s'empreint plus ou moins profondément du ciel, des mœurs et de l'histoire du peuple dont elle est l'expression. Il y a donc autant de littératures diverses qu'il y a de sociétés différentes. David, Homère, Virgile, le Tasse, Milton et Corneille, ces hommes dont chacun représente une poésie et une nation, n'ont de commun entre eux que le génie. Chacun d'eux a exprimé et a fécondé la pensée publique dans son pays et dans son

---

(1) Il est inutile de déclarer que cette expression est employée ici dans toute son étendue.

temps. Chacun d'eux a créé pour sa sphère sociale un monde d'idées et de sentiments approprié au mouvement et à l'étendue de cette sphère. Pourquoi donc envelopper d'une désignation vague et collective ces créations qui, pour être toutes animées de la même âme, la vérité, n'en sont pas moins dissemblables et souvent contraires dans leurs formes, dans leurs éléments et dans leurs natures? Pourquoi, en même temps, cette contradiction bizarre de décerner à une autre littérature, expression imparfaite encore d'une époque encore incomplète, l'honneur ou l'outrage d'une qualification également vague, mais exclusive, qui la sépare des littératures qui l'ont précédée? Comme si elle ne pouvait être pesée que dans l'autre plateau de la balance! Comme si elle ne devait être inscrite que sur le revers du livre! D'où lui vient ce nom de *romantique?* Est-ce que vous lui avez découvert quelque rapport bien évident et bien intime avec la langue *romance* ou *romane?...* Alors expliquez-vous; examinons la valeur de cette allégation; prouvez d'abord qu'elle est fondée; il vous restera ensuite à démontrer qu'elle n'est pas insignifiante.

Mais on se garde fort aujourd'hui d'entamer, de ce côté, une discussion qui pourrait n'enfanter que le *ridiculus mus;* on veut laisser à ce mot de *romantique* un certain vague fantastique et indéfinissable qui en redouble l'horreur. Aussi, tous les anathèmes lancés contre d'illustres écrivains et poëtes contemporains peuvent-ils se réduire à cette argumentation : — « Nous condamnons la littéra-« ture du dix-neuvième siècle, parce qu'elle est *roman-« tique...* — Et pourquoi est-elle romantique? — Parce « qu'elle est la littérature du dix-neuvième siècle. » — On ose affirmer ici, après un mûr examen, que l'évidence d'un tel raisonnement ne paraît pas absolument incontestable.

Abandonnons enfin cette question de mots, qui ne peut suffire qu'aux esprits superficiels dont elle est le risible labeur. Laissons en paix la procession des rhéteurs et des pédagogues apporter gravement de l'eau claire au tonneau vide. Souhaitons longue haleine à tous ces pauvres Sisyphes essoufflés qui vont roulant et roulant sans cesse leur pierre au haut d'une butte :

> Palus inamabilis unda
> Alligat, et novies Styx interfusa coercet.

Passons et abordons la question de choses, car la frivole querelle des *romantiques* et des *classiques* n'est que la parodie d'une importante discussion qui occupe aujourd'hui les esprits judicieux et les âmes méditatives. Quittons donc la *Batrachomyomachie* pour l'*Iliade*. Ici, du moins, les adversaires peuvent espérer de s'entendre, parce qu'ils en sont dignes. Il y a une discordance absolue entre les rats et les grenouilles, tandis qu'un intime rapport de noblesse et de grandeur existe entre Achille et Hector.

Il faut en convenir, un mouvement vaste et profond travaille intérieurement la littérature de ce siècle. Quelques hommes distingués s'en étonnent, et il n'y a précisément dans tout cela d'étonnant que leur surprise. En effet, si, après une révolution politique qui a frappé la société dans toutes ses sommités et dans toutes ses racines, qui a touché à toutes les gloires et à toutes les infamies, qui a tout désuni et tout mêlé, au point d'avoir dressé l'échafaud à l'abri de la tente, et mis la hache sous la garde du glaive; après une commotion effrayante et qui n'a rien laissé dans le cœur des hommes qu'elle n'ait remué, rien dans l'ordre des choses qu'elle n'ait déplacé; si, disons-nous, après un si prodigieux événement, nul changement n'apparaissait dans l'esprit et dans le caractère d'un peuple, n'est-ce pas alors qu'il faudrait s'étonner, et d'un étonnement sans bornes ?... Ici se présente une objection spécieuse et déjà développée avec une conviction respectable par des hommes de talent et d'autorité. C'est précisément, disent-ils, parce que cette *révolution littéraire* est le résultat de notre *révolution politique* que nous en déplorons le triomphe, que nous en condamnons les œuvres. — Cette conséquence ne paraît pas juste. La littérature actuelle peut être en partie le *résultat* de la révolution, sans en être l'*expression*. La société, telle que l'avait faite la révolution, a eu sa littérature, hideuse et inepte comme elle. Cette littérature et cette société sont mortes ensemble et ne revivront plus. L'ordre renaît de toutes parts dans les institutions; il renaît également dans les lettres. La religion consacre la liberté : nous avons des citoyens. La foi épure l'imagination : nous avons des poëtes. La vérité revient partout, dans les mœurs, dans les lois, dans les arts. La littérature nouvelle est vraie. Et qu'importe qu'elle soit le résultat de la révolution? La moisson est-elle moins belle parce qu'elle a mûri sur le volcan? Quel rapport trouvez-vous entre les laves qui ont consumé votre maison et l'épi de blé qui vous nourrit?

Les plus grands poëtes du monde sont venus après de grandes calamités publiques. Sans parler des chantres sacrés, toujours inspirés par des malheurs passés ou futurs, nous voyons Homère apparaître après la chute de Troie et les catastrophes de l'Argolide, Virgile après le triumvirat. Jeté au milieu des discordes des Guelfes et des Gibelins, Dante avait été proscrit avant d'être poëte. Milton rêvait Satan chez Cromwell. Le meurtre de Henri IV précéda Corneille. Racine, Molière, Boileau, avaient assisté aux orages de la Fronde. Après la Révolution française, Chateaubriand s'élève, et la proportion est gardée.

Et ne nous étonnons point de cette liaison remarquable entre les grandes époques politiques et les belles époques littéraires. La marche sombre et imposante des événements par lesquels le pouvoir d'en haut se manifeste aux pouvoirs d'ici-bas, l'unité éternelle de leur cause, l'accord solennel de leurs résultats, ont quelque chose qui frappe profondément la pensée. Ce qu'il y a de sublime et d'immortel dans l'homme se réveille comme en sursaut, au bruit de toutes ces voix merveilleuses qui avertissent de Dieu. L'esprit des peuples, en un religieux silence, entend longtemps retentir de catastrophe en catastrophe la parole mystérieuse qui témoigne dans les ténèbres :

Admonet, et magna testatur voce per umbras.

Quelques âmes choisies recueillent cette parole et s'en fortifient. Quand elle a cessé de tonner dans les événements, elles la font éclater dans leurs inspirations, et c'est ainsi que les enseignements célestes se continuent par des chants. Telle est la mission du génie ; ses élus sont *ces sentinelles laissées par le Seigneur sur les tours de Jérusalem, et qui ne se tairont ni jour ni nuit.*

La littérature présente, telle que l'ont créée les Chateaubriand, les Staël, les Lamennais, n'appartient donc en rien à la Révolution. De même que les écrits sophistiques et déréglés des Voltaire, des Diderot et des Helvétius, ont été d'avance l'expression des innovations sociales écloses dans la décrépitude du dernier siècle ; la littérature actuelle, que l'on attaque avec tant d'instinct d'un côté et si peu de sagacité de l'autre, est l'expression anticipée de la société religieuse et monarchique qui sortira sans doute du milieu de tant d'anciens débris, de tant de ruines récentes. Il faut le dire et le redire, ce n'est pas un besoin de nouveauté qui tourmente les esprits, c'est un besoin de vérité, et il est immense.

Ce besoin de vérité, la plupart des écrivains supérieurs de l'époque tendent à le satisfaire. Le goût, qui n'est autre chose que l'*autorité* en littérature, leur a enseigné que leurs ouvrages, vrais pour le fond, devaient être également vrais dans la forme ; sous ce rapport ils ont fait faire un pas à la poésie. Les écrivains des autres peuples et des autres temps, même les admirables poëtes du grand siècle, ont trop souvent oublié dans l'exécution le principe de vérité dont ils vivifiaient leur composition. On rencontre fréquemment dans leurs plus beaux passages des détails empruntés à des mœurs, à des religions ou à des époques trop étrangères au sujet. Ainsi l'*horloge* qui, au grand amusement de Voltaire, désigne au Brutus de Shakspeare l'heure où il doit frapper César, cette *horloge*, qui existait, comme on voit, bien avant qu'il n'y eût des horlogers, se retrouve, au milieu d'une brillante description des dieux mythologiques, placée par Boileau *à la main du Temps*. Le *canon*, dont Calderon arme les soldats d'Héraclius, et Milton les archanges des ténèbres, est tiré, dans l'*Ode sur Namur*, par *dix mille vaillants Alcides* qui en font *petiller les remparts*. Et certes, puisque les *Alcides* du législateur du Parnasse tirent du canon, le *Satan* de Milton peut à toute force considérer cet anachronisme comme de bonne guerre. Si dans un siècle littéraire encore barbare le père Lemoyne, auteur d'un poëme de *Saint Louis*, fait *sonner les vespres siciliennes* par *les cors des noires Euménides*, un âge éclairé nous montre J.-B. Rousseau envoyant (dans son *Ode au comte de Luc*, dont le mouvement lyrique est fort remarquable) un *prophète fidèle jusque chez les dieux interroger le Sort*; et, en trouvant fort ridicules les *Néréides* dont Camoëns obsède les compagnons de Gama, on désirerait, dans le célèbre *Passage du Rhin* de Boileau (1), voir autre chose que des *naïades craintives* fuir devant Louis, par la grâce de Dieu, roi de France et de Navarre, accompagné de ses maréchaux des camps et armées.

Des citations de ce genre se prolongeraient à l'infini, mais il est inutile de les multiplier. Si de pareilles fautes de vérité se présentent fréquemment dans nos meilleurs auteurs, il faut se garder de leur en faire un crime. Ils auraient pu sans doute se borner à étudier les formes pures des divinités grecques, sans leur emprunter leurs attributs païens. Lorsqu'à Rome on voulut convertir en *saint Pierre* un *Jupiter olympien*, on commença du moins par

---

(1) Les personnes de bonne foi comprendront aisément pourquoi nous citons ici fréquemment le nom de Boileau. Les fautes de goût, dans un homme d'un goût aussi pur, ont quelque chose de frappant qui les rend d'un utile exemple. Il faut que l'absence de vérité soit bien contraire à la poésie, puisqu'elle dépare même les vers de Boileau. Quant aux critiques malveillants, qui voudraient voir dans ces citations un manque de respect à un grand nom, ils sauront que nul ne pousse plus loin que l'auteur de ce livre l'estime pour cet excellent esprit. Boileau partage avec notre Racine le mérite *unique* d'avoir fixé la langue française, ce qui suffirait pour prouver que lui aussi avait un *génie créateur*.

ôter au maître du tonnerre l'aigle qu'il foulait sous ses pieds. Mais quand on considère les immenses services rendus à la langue et aux lettres par nos premiers grands poëtes, on s'humilie devant leur génie, et on ne se sent pas la force de leur reprocher un défaut de goût. Certainement ce défaut a été bien funeste, puisqu'il a introduit en France je ne sais quel genre faux, qu'on a fort bien nommé le *genre scolastique*, genre qui est au *classique* ce que la superstition et le fanatisme sont à la religion, et qui ne contre-balance aujourd'hui le triomphe de la vraie poésie que par l'autorité respectable des illustres maîtres chez lesquels il trouve malheureusement des modèles. On a rassemblé ci-dessus quelques exemples pareils entre eux de ce faux goût, empruntés à la fois aux écrivains les plus opposés, à ceux que les scolastiques appellent *classiques* et à ceux qu'ils qualifient de *romantiques;* on espère par là faire voir que si Calderon a pu pécher par excès d'ignorance, Boileau a pu faillir aussi par excès de science; et que si, lorsqu'on étudie les écrits de ce dernier, on doit suivre religieusement les règles imposées au langage par le critique (1), il faut en même temps se garder scrupu-

(1) Insistons sur ce point, afin d'ôter tout prétexte aux *malvoyants*. S'il est utile et parfois nécessaire de rajeunir quelques tournures usées, de renouveler quelques vieilles expressions, et peut-être d'essayer encore d'embellir notre versification par la plénitude du mètre et la pureté de la rime, on ne saurait trop répéter que là doit s'arrêter l'esprit de perfectionnement. Toute innovation contraire à la nature de notre prosodie et au génie de notre langue doit être signalée comme un attentat aux premiers principes du goût.

Après une si franche déclaration, il sera sans doute permis de faire observer ici aux *hyper-critiques* que le vrai talent regarde avec raison les règles comme la limite qu'il ne faut jamais franchir, et non comme le sentier qu'il faut toujours suivre. Elles rappellent incessamment la pensée vers un centre unique, *le beau;* mais elles ne la circonscrivent pas. Les règles sont en littérature ce que sont les lois en morale : elles ne peuvent tout prévoir. Un homme ne sera jamais réputé vertueux parce qu'il aura borné sa conduite à l'observance du Code. Un poëte ne sera

leusement d'adopter les fausses couleurs employées quelquefois par le poëte.

Et remarquons en passant que, si la littérature du grand siècle de Louis le Grand eût invoqué le christianisme au lieu d'adorer les dieux païens, si ces poëtes eussent été ce qu'étaient ceux des temps primitifs, des prêtres chantant les grandes choses de leur religion et de leur patrie, le triomphe des doctrines sophistiques du dernier siècle eût été beaucoup plus difficile, peut-être même impossible. Aux premières attaques des novateurs, la religion et la morale se fussent réfugiées dans le sanctuaire des lettres, sous la garde de tant de grands hommes. Le goût national, accoutumé à ne point séparer les idées de religion et de poésie, eût répudié tout essai de poésie irréligieuse, et flétri cette monstruosité non moins comme un sacrilége littéraire que comme un sacrilége social. Qui peut calculer ce qui fût arrivé de la *philosophie*, si la cause de Dieu, défendue en vain par la vertu, eût été aussi plaidée par le génie?... Mais la France n'eut pas ce bonheur ; ses poëtes nationaux étaient presque tous des poëtes païens; et notre littérature était plutôt l'expression d'une société idolâtre et démocratique que d'une société monarchique et chrétienne. Aussi les philosophes parvinrent-ils, en moins d'un siècle, à chasser des cœurs une religion qui n'était pas dans les esprits.

C'est surtout à réparer le mal fait par les sophistes que doit s'attacher aujourd'hui le poëte. Il doit marcher devant les peuples comme une lumière, et leur montrer le chemin. Il doit les ramener à tous les grands principes d'ordre, de morale et d'honneur; et pour que sa puissance leur soit douce, il faut que toutes les fibres du cœur humain vibrent sous ses doigts comme les cordes d'une lyre. Il ne sera jamais l'écho d'aucune parole, si ce n'est de

jamais réputé grand parce qu'il se sera contenté d'écrire suivant les règles. La morale ne résulte pas des lois, mais de la religion et de la vertu. La littérature ne vit pas seulement par le goût; il faut qu'elle soit vivifiée par la poésie et fécondée par le génie.

celle de Dieu. Il se rappellera toujours ce que ses prédécesseurs ont trop oublié, que lui aussi il a une religion et une patrie. Ses chants célébreront sans cesse les gloires et les infortunes de son pays, les austérités et les ravissements de son culte, afin que ses aïeux et ses contemporains recueillent quelque chose de son génie et de son âme, et que, dans la postérité, les autres peuples ne disent pas de lui : « Celui-là chantait dans une terre barbare. »

In qua scribebat, barbara terra fuit.

Février 1824.

1826

Pour la première fois, l'auteur de ces compositions lyriques a cru devoir séparer les genres de ces compositions par une division marquée.

Il continue à comprendre sous le titre d'*Odes* toute inspiration purement religieuse, toute étude purement antique, toute traduction d'un événement contemporain ou d'une impression personnelle. Les pièces qu'il intitule *Ballades* ont un caractère différent : ce sont des esquisses d'un genre capricieux : tableaux, rêves, scènes, récits, légendes superstitieuses, traditions populaires. L'auteur, en les composant, a essayé de donner quelque idée de ce que pouvaient être les poëmes des premiers troubadours du moyen âge, de ces rapsodes chrétiens qui n'avaient au monde que leur épée et leur guitare, et s'en allaient de château en château, payant l'hospitalité avec des chants.

S'il n'y avait beaucoup trop de pompe dans ces expressions, l'auteur dirait, pour compléter son idée, qu'il a mis plus de son âme dans les *Odes*, plus de son imagination dans les *Ballades*.

Au reste, il n'attache pas à ces classifications plus d'importance qu'elles n'en méritent. Beaucoup de personnes, dont l'opinion est grave, ont dit que ses *Odes* n'étaient pas des odes; soit. Beaucoup d'autres diront, sans doute, avec non moins de raison, que ses *Ballades* ne sont pas des ballades; passe encore. Qu'on leur donne tel autre titre qu'on voudra, l'auteur y souscrit d'avance.

A cette occasion, mais en laissant absolument de côté ses propres ouvrages, si imparfaits et si incomplets, il hasardera quelques réflexions.

On entend tous les jours, à propos de productions littéraires, parler de la *dignité* de tel genre, des *convenances* de tel autre, des *limites* de celui-ci, des *latitudes* de celui-là : la *tragédie* interdit ce que le *roman* permet; la *chanson* tolère ce que l'*ode* défend, etc. L'auteur de ce livre a le malheur de ne rien comprendre à tout cela; il y cherche des choses et n'y voit que des mots; il lui semble que ce qui est réellement beau et vrai est beau et vrai partout; que ce qui est dramatique dans un roman sera dramatique sur la scène; que ce qui est lyrique dans un couplet sera lyrique dans une strophe; qu'enfin et toujours la seule distinction véritable dans les œuvres de l'esprit est celle du bon et du mauvais. La pensée est une terre vierge et féconde dont les productions veulent croître librement, et, pour ainsi dire, au hasard, sans se classer, sans s'aligner en plates-bandes, comme les bouquets dans un jardin classique de le Nôtre, ou comme les fleurs du langage dans un traité de rhétorique.

Il ne faut pas croire pourtant que cette liberté doive produire le désordre; bien au contraire. Développons notre idée. Comparez un moment au jardin royal de Versailles, bien nivelé, bien taillé, bien nettoyé, bien ratissé, bien sablé; tout plein de petites cascades, de petits bassins, de petits bosquets, de tritons de bronze folâtrant en cérémonie sur des océans pompés à grands frais dans la Seine, de faunes de marbre courtisant les dryades allégoriquement renfermées dans une multitude d'ifs coniques, de lauriers cylindriques, d'orangers sphériques, de myrtes elliptiques et d'autres arbres dont la forme naturelle, trop triviale sans doute, a été gracieusement corrigée par la serpette du jardinier; comparez ce jardin si vanté à une forêt primitive du nouveau monde, avec ses arbres géants, ses hautes herbes, sa végétation profonde, ses mille oiseaux de mille couleurs, ses larges avenues où l'ombre et la lumière ne se jouent que sur la verdure, ses sauvages harmonies, ses grands fleuves qui charrient des îles de fleurs, ses immenses cataractes qui balancent des arcs-en-ciel! Nous ne dirons pas : Où est la magnificence? où est la grandeur? où est la beauté? mais simplement : Où est l'ordre? où est le désordre? Là, des eaux captives ou détournées de leurs cours, ne jaillissant que pour croupir, des dieux pétrifiés; des arbres transplantés de leur sol natal, arrachés de leur climat, privés même de leur forme, de leurs fruits, et forcés de subir les grotesques caprices de la serpe et du cordeau; partout enfin l'ordre naturel contrarié, interverti, bouleversé, détruit. Ici, au contraire, tout obéit à une loi invariable; un dieu semble vivre en tout. Les gouttes d'eau suivent leur pente et font des fleuves qui feront des mers; les semences choisissent leur terrain et produisent une forêt. Chaque plante, chaque arbuste, chaque arbre, naît dans sa saison, croit en son lieu, produit son fruit, meurt à son temps. La ronce même y est belle. Nous le demandons encore : Où est l'ordre?

Choisissez donc du chef-d'œuvre du jardinage ou de l'œuvre de la nature, de ce qui est beau de convention ou de ce qui est beau sans les règles, d'une littérature artificielle ou d'une poésie originale!

On nous objectera que la forêt vierge cache dans ses magnifiques solitudes mille animaux dangereux, et que les bassins marécageux du jardin français recèlent tout au plus quelques bêtes insipides. C'est un malheur, sans doute; mais à tout prendre, nous aimons mieux un crocodile qu'un crapaud; nous préférons une barbarie de Shakspeare à une ineptie de Campistron.

Ce qu'il est très-important de fixer, c'est qu'en littérature comme en politique, l'ordre se concilie merveilleusement avec la liberté; il en est même le résultat. Au reste, il faut bien se garder de confondre l'ordre avec la régularité. La régularité ne s'attache qu'à la forme extérieure; l'ordre résulte du fond même des choses, de la disposition intelligente des éléments intimes d'un sujet. La régularité est une combinaison matérielle et purement humaine; l'ordre est pour ainsi dire divin. Ces deux qualités si diverses dans leur essence marchent fréquemment l'une sans l'autre. Une cathédrale gothique présente un ordre admirable dans sa naïve irrégularité; nos édifices français modernes, auxquels on a si gauchement appliqué l'architecture grecque ou romaine, n'offrent qu'un désordre régulier. Un homme ordinaire pourra toujours faire un ouvrage régulier; il n'y a que les grands esprits qui sachent ordonner une composition. Le créateur, qui voit de haut, ordonne; l'imitateur, qui regarde de près, régularise: le premier procède selon la loi de sa nature, le dernier suivant les règles de son école. L'art est une inspiration pour l'un; il n'est qu'une science pour l'autre. En deux mots, et nous ne nous opposons pas à ce qu'on juge d'après cette observation les deux littératures dites *classique* et *romantique*, la régularité est le goût de la médiocrité, l'ordre est le goût du génie.

Il est bien entendu que la liberté ne doit jamais être l'anarchie; que l'originalité ne peut en aucun cas servir de prétexte à l'incorrection. Dans une œuvre littéraire, l'exécution doit être d'autant plus irréprochable que la conception est plus hardie. Si vous voulez avoir raison autrement que les autres, vous devez avoir dix fois raison. Plus on dédaigne la rhétorique, plus il sied de respecter la grammaire. On ne doit détrôner Aristote que pour faire régner Vaugelas; et il faut aimer l'*Art poétique* de Boileau, sinon pour les principes, du moins pour le style. Un écrivain qui a quelque souci de la postérité cherchera sans cesse à purifier sa diction, sans effacer toutefois le caractère particulier par lequel son expression révèle l'individualité de son esprit. Le néologisme n'est d'ailleurs qu'une triste ressource pour l'impuissance. Des fautes de langue ne rendront jamais une pensée; et le style est comme le cristal : sa pureté fait son éclat.

L'auteur de ce recueil développera peut-être ailleurs tout ce qui n'est ici qu'indiqué. Qu'il lui soit permis de déclarer, avant de terminer, que l'esprit d'imitation, recommandé par d'autres comme le salut des écoles, lui a toujours paru le fléau de l'art; et il ne condamnerait pas moins l'imitation qui s'attache aux écrivains dits *romantiques* que celle dont on poursuit les auteurs dits *classiques*. Celui qui imite un poëte *romantique* devient nécessairement un *classique*, puisqu'il imite (1). Que vous soyez l'écho de Racine' ou le reflet de Shakspeare, vous n'êtes toujours qu'un écho et qu'un reflet. Quand vous viendrez à bout de calquer exactement un homme de génie, il vous manquera toujours son originalité, c'est-à-dire son génie. Admirons les grands maîtres; ne les imitons pas. Faisons autrement. Si nous réussissons, tant mieux; si nous échouons, qu'importe?

Il existe certaines eaux qui, si vous y plongez une fleur, un fruit, un oiseau, ne vous les rendent, au bout de quelque temps, que revêtus d'une épaisse croûte de pierre sous laquelle on devine encore, il est vrai, leur forme primitive; mais le parfum, la saveur, la vie, ont disparu. Les pédantesques enseignements, les préjugés scolastiques, la contagion de la routine, la manie d'imitation, produisent le même effet. Si vous y ensevelissez vos facultés natives, votre imagination, votre pensée, elles n'en sortiront pas. Ce que vous en retirerez conservera bien peut-être quelque apparence d'esprit, de talent, de génie; mais ce sera pétrifié.

A entendre des écrivains qui se proclament *classiques*, celui-là s'écarte de la route du vrai et du beau qui ne suit pas servilement les vestiges que d'autres y ont imprimés

---

(1) Ces mots sont employés ici dans l'acception à demi comprise, bien que non définie, qu'on leur donne le plus généralement.

avant lui. Erreurs! ces écrivains confondent la route avec l'art; ils prennent l'ornière pour le chemin.

Le poëte ne doit avoir qu'un modèle, la nature; qu'un guide, la vérité. Il ne doit pas écrire avec ce qui a été écrit, mais avec son âme et avec son cœur. De tous les livres qui circulent entre les mains des hommes, deux seuls doivent être étudiés par lui, Homère et la Bible. C'est que ces deux livres vénérables, les premiers de tous par leur date et par leur valeur, presque aussi anciens que le monde, sont eux-mêmes deux mondes pour la pensée. On y retrouve, en quelque sorte, la création tout entière considérée sous son double aspect, dans Homère par le génie de l'homme; dans la Bible, par l'esprit de Dieu.

Octobre 1826.

ODES

LIVRE PREMIER

1818-1822

Vox clamabat in deserto.

LE POËTE

DANS LES RÉVOLUTIONS

> Mourir sans vider mon carquois !
> Sans percer, sans fouler, sans pétrir dans leur fange
> Ces bourreaux, barbouilleurs de lois !...
> ANDRÉ CHÉNIER, *Iambe.*

ODE PREMIÈRE

« Le vent chasse loin des campagnes
« Le gland tombé des rameaux verts;
« Chêne, il le bat sur les montagnes;
« Esquif, il le bat sur les mers.
« Jeune homme, ainsi le sort nous presse.
« Ne joins pas, dans ta folle ivresse,

« Les maux du monde à tes malheurs ;
« Gardons, coupables et victimes,
« Nos remords pour nos propres crimes,
« Nos pleurs pour nos propres douleurs ! »

Quoi ! mes chants sont-ils téméraires ?
Faut-il donc, en ces jours d'effroi,
Rester sourd aux cris de ses frères,
Ne souffrir jamais que pour soi ?
Non, le poëte sur la terre
Console, exilé volontaire,
Les tristes humains dans leurs fers ;
Parmi les peuples en délire,
Il s'élance, armé de sa lyre,
Comme Orphée au sein des enfers !

« Orphée, aux peines éternelles
« Vint un moment ravir les morts ;
« Toi, sur les têtes criminelles,
« Tu chantes l'hymne du remords.
« Insensé ! quel orgueil t'entraîne ?
« De quel droit viens-tu dans l'arène
« Juger sans avoir combattu ?
« Censeur échappé de l'enfance,
« Laisse vieillir ton innocence,
« Avant de croire à ta vertu ! »

Quand le crime, Python livide,
Brave, impuni, le frein des lois,
La Muse devient l'Euménide ;
Apollon saisit son carquois !
Je cède au dieu qui me rassure ;
J'ignore à ma vie encor pure
Quels maux le sort veut attacher ;
Je suis sans orgueil mon étoile ;

L'orage déchire la voile :
La voile sauve le nocher.

« Les hommes vont aux précipices!
« Tes chants ne les sauveront pas.
« Avec eux, loin des cieux propices,
« Pourquoi donc égarer tes pas?
« Peux-tu, dès tes jeunes années,
« Sans briser d'autres destinées,
« Rompre la chaîne de tes jours?
« Epargne ta vie éphémère;
« Jeune homme, n'as-tu pas de mère?
« Poëte, n'as-tu pas d'amours? »

Eh bien! à mes terrestres flammes,
Si je meurs, les cieux vont s'ouvrir.
L'amour chaste agrandit les âmes,
Et qui sait aimer sait mourir.
Le poëte, en des temps de crime,
Fidèle aux justes qu'on opprime,
Célèbre, imite les héros;
Il a, jaloux de leur martyre,
Pour les victimes une lyre,
Une tête pour les bourreaux!

« On dit que jadis le Poëte,
« Chantant des jours encor lointains,
« Savait à la terre inquiète
« Révéler ses futurs destins.
« Mais toi, que peux-tu pour le monde,
« Tu partages sa nuit profonde :
« Le ciel se voile et veut punir;
« Les lyres n'ont plus de prophète;
« Et la Muse, aveugle et muette,
« Ne sait plus rien de l'avenir! »

Le mortel qu'un Dieu même anime
Marche à l'avenir, plein d'ardeur ;
C'est en s'élançant dans l'abime
Qu'il en sonde la profondeur.
Il se prépare au sacrifice ;
Il sait que le bonheur du vice
Par l'innocent est expié ;
Prophète à son jour mortuaire,
La prison est son sanctuaire,
Et l'échafaud est son trépied !

« Que n'es-tu né sur les rivages
« Des Abbas et des Cosroës,
« Aux rayons d'un ciel sans nuages,
« Parmi le myrte et l'aloës !
« Là, sourd aux maux que tu déplores,
« Le poëte voit ses aurores
« Se lever sans trouble et sans pleurs ;
« Et la colombe, chère aux sages,
« Porte aux vierges ses doux messages
« Où l'amour parle avec des fleurs ! »

Qu'un autre au céleste martyre
Préfère un repos sans honneur !
La gloire est le but où j'aspire ;
On n'y va point par le bonheur.
L'alcyon, quand l'Océan gronde,
Craint que les vents ne troublent l'onde
Où se berce son doux sommeil ;
Mais pour l'aiglon, fils des orages,
Ce n'est qu'à travers les nuages
Qu'il prend son vol vers le soleil !

Mars 1821.

LA VENDÉE

Ave, Cæsar, morituri te salutant.

ODE DEUXIÈME

I

« Qui de nous, en posant une urne cinéraire,
« N'a trouvé quelque ami pleurant sur un cercueil?
« Autour du froid tombeau d'une épouse ou d'un frère,
    « Qui de nous n'a mené le deuil? »
— Ainsi, sur les malheurs de la France éplorée,
    Gémissait la Muse sacrée
    Qui nous montra le ciel ouvert,
Dans ces chants où, planant sur Rome et sur Palmyre,
Sublime, elle annonçait les douceurs du martyre
    Et l'humble bonheur du désert!

Depuis, à nos tyrans rappelant tous leurs crimes,
Et vouant aux remords ces cœurs sans repentirs,
Elle a dit : « En ces temps la France eut des victimes,
    « Mais la Vendée eut des martyrs! »
— Déplorable Vendée, a-t-on séché tes larmes?
    Marches-tu, ceinte de tes armes,
    Au premier rang de nos guerriers?
Si l'honneur, si la foi, n'est pas un vain fantôme,
Montre-moi quels palais ont remplacé le chaume
    De tes rustiques chevaliers!

Hélas! tu te souviens des jours de ta misère!
Des flots de sang baignaient tes sillons dévastés,

Et le pied des coursiers n'y foulait de poussière
    Que la cendre de tes cités !
Ceux-là qui n'avaient pu te vaincre avec l'épée
    Semblaient, dans leur rage trompée,
    Implorer l'enfer pour appui ;
Et, roulant sur la plaine en torrents de fumée,
Le vaste embrasement poursuivait ton armée,
    Qui ne fuyait que devant lui !

II

La Loire vit alors, sur ses plages désertes,
S'assembler les tribus des vengeurs de nos rois,
Peuple qui ne pleurait, fier de ses nobles pertes,
    Que sur le Trône et sur la Croix.
C'étaient quelques vieillards fuyant leurs toits en flammes,
    C'étaient des enfants et des femmes,
    Suivis d'un reste de héros ;
Au milieu d'eux marchait leur Patrie exilée ;
Car ils ne laissaient plus qu'une terre peuplée
    De cadavres et de bourreaux.

On dit qu'en ce moment, dans un divin délire,
Un vieux prêtre parut parmi ces fiers soldats,
Comme un saint chargé d'ans qui parle du martyre
    Aux nobles anges des combats ;
Tranquille, en proclamant de sinistres présages,
    Les souvenirs des anciens âges
    S'éveillaient dans son cœur glacé :
Et, racontant le sort qu'ils devaient tous attendre,
La voix de l'avenir semblait se faire entendre
    Dans ses discours pleins du passé.

III

« Au delà du Jourdain, après quarante années,
« Dieu promit une terre aux enfants d'Israël;
« Au delà de ces flots, après quelques journées,
    « Le Seigneur vous promet le ciel.
« Ces bords ne verront plus vos phalanges errantes
    « Dieu, sur des plaines dévorantes,
    « Vous prépare un tombeau lointain :
« Votre astre doit s'éteindre, à peine à son aurore,
« Mais Samson expirant peut ébranler encore
    « Les colonnes du Philistin !

« Vos guerriers périront. Mais, toujours invincibles,
« S'ils ne peuvent punir, ils sauront se venger :
« Car ils verront encor fuir ces soldats terribles,
    « Devant qui fuyait l'étranger !
« Vous ne mourrez pas tous sous des bras intrépides :
    « Les uns, sur des nefs homicides,
    « Seront jetés aux flots mouvants;
« Ceux-là promèneront des os sans sépulture,
« Et cacheront leurs morts sous une terre obscure,
    « Pour les dérober aux vivants ! »

« Et vous, ô jeune chef, ravi par la victoire
« Aux hasards de Mortagne, aux périls de Saumur,
« L'honneur de vous frapper dans un combat sans gloire
    « Rendra célèbre un bras obscur.
« Il ne sera donné qu'à bien peu de nos frères
    « De revoir, après tant de guerres,
    « La place où furent leurs foyers;
« Alors, ornant son toit de ses armes oisives,
« Chacun d'eux attendra que Dieu rende à nos rives
    « Les lis, qu'il préfère aux lauriers.

« Vendée, ô noble terre! ô ma triste patrie!
« Tu dois payer bien cher le retour de tes rois!
« Avant que sur nos bords croisse la fleur chérie,
    « Ton sang l'arrosera deux fois.
« Mais aussi lorsqu'un jour l'Europe réunie
      « De l'arbre de la tyrannie
    « Aura brisé les rejetons,
« Tous les rois vanteront leurs camps, leur flotte immense,
« Et, seul, le roi chrétien mettra dans la balance
    « L'humble glaive des vieux Bretons!

« Grand Dieu! — Si toutefois, après ces jours d'ivresse,
« Blessant le cœur aigri du héros oublié,
« Une voix insultante offrait à sa détresse
    « Les dons ingrats de la pitié;
« Si sa mère, et sa veuve, et sa fille éplorées,
      « S'arrêtaient, de faim dévorées,
    « Au seuil d'un favori puissant,
« Rappelant à celui qu'implore leur misère
« Qu'elles n'ont plus ce fils, cet époux et ce père
    « Qui croyait leur léguer son sang;

« Si, pauvre et délaissé, le citoyen fidèle,
« Lorsqu'un traître enrichi se rirait de sa foi,
« Entendait au sénat calomnier son zèle
    « Par celui qui jugea son roi,
« Si, pour comble d'affronts, un magistrat injuste,
      « Déguisant sous un nom auguste
    « L'abus d'un insolent pouvoir,
« Venait, de vils soupçons chargeant sa noble tête,
« Lui demander ce fer, sa première conquête, —
    « Peut-être son dernier espoir;

Qu'il se résigne alors! — Par ses crimes prospères,
« L'impie heureux insulte au fidèle souffrant :
« Mais que le juste pense aux forfaits de nos pères,
    « Et qu'il songe à son Dieu mourant.
« Le Seigneur veut parfois le triomphe du vice;
        « Il veut aussi, dans sa justice,
        « Que l'innocent verse des pleurs ;
« Souvent, dans ses desseins, Dieu suit d'étranges voies,
« Lui qui livre Satan aux infernales joies,
        « Et Marie aux saintes douleurs! »

IV

Le vieillard s'arrêta. Sans croire à son langage,
Ils quittèrent ces bords pour n'y plus revenir;
Et tous croyaient couvert des ténèbres de l'âge
        L'esprit qui voyait l'avenir! —
Ainsi, faible en soldats, mais fort en renommée,
        Ce débris d'une illustre armée
        Suivait sa bannière en lambeaux ;
Et ces derniers Français, que rien ne put défendre,
Loin de leur temple en deuil et de leur chaume en cendre,
        Allaient conquérir des tombeaux !

1819.

LES VIERGES DE VERDUN

> Le prêtre portera l'étole blanche et noire
> Lorsque les saints flambeaux pour vous s'allumeront;
> Et de leurs longs cheveux voilant leurs fronts d'ivoire,
>   Les jeunes filles pleureront.
>   A. GUIRAUD.

ODE TROISIÈME

I

Pourquoi m'apportez-vous ma lyre,
   Spectres légers? — que voulez-vous?
Fantastiques beautés, ce lugubre sourire
   M'annonce-t-il votre courroux?
   Sur vos écharpes éclatantes
Pourquoi flotte à longs plis ce crêpe menaçant?
Pourquoi sur des festons ces chaînes insultantes,
   Et ces roses teintes de sang?

Retirez-vous : rentrez dans les sombres abimes...
Ah! que me montrez-vous?... quels sont ces trois tombeaux?
Quel est ce char affreux, surchargé de victimes?
Quels sont ces meurtriers couverts d'impurs lambeaux?
J'entends des chants de mort; j'entends des cris de fête.
   Cachez-moi le char qui s'arrête!...
Un fer lentement tombe à mes regards troublés; —
J'ai vu couler du sang... Est-il bien vrai, parlez,
   Qu'il ait rejailli sur ma tête?

Venez-vous dans mon âme éveiller le remord ?
  Ce sang... je n'en suis point coupable !
Fuyez, vierges; fuyez, famille déplorable...
Lorsque vous n'étiez plus, je n'étais pas encor !
Qu'exigez-vous de moi ? J'ai pleuré vos misères :
Dois-je donc expier les crimes de mes pères ?
  Pourquoi troublez-vous mon repos ?
Pourquoi m'apportez-vous ma lyre frémissante ?
Demandez-vous des chants à ma voix innocente,
  Et des remords à vos bourreaux ?

II

Sous des murs entourés de cohortes sanglantes,
  Siége le sombre tribunal,
L'accusateur se lève, et ses lèvres tremblantes
  S'agitent d'un rire infernal,
C'est Tainville : on le voit, au nom de la patrie,
Convier aux forfaits cette horde flétrie
  D'assassins, juges à leur tour;
  Le besoin du sang le tourmente;
Et sa voix homicide à la hache fumante
  Désigne les têtes du jour.

Il parle : — ses licteurs vers l'enceinte fatale
Traînent les malheureux que sa fureur signale;
Les portes devant eux s'ouvrent avec fracas;
Et trois vierges, de grâce et de pudeur parées,
  De leurs compagnes entourées,
  Paraissent parmi les soldats.
Le peuple, qui se tait, frémit de son silence :
Il plaint son esclavage en plaignant leurs malheurs,

Et repose sur l'innocence
Ses regards, las du crime et troublés par ses pleurs.

Eh quoi! quand ces beautés, lâchement accusées,
Vers ces juges de mort s'avançaient dans les fers,
Ces murs n'ont pas, croulant sous leurs voûtes brisées,
    Rendu les monstres aux enfers!
Que faisaient nos guerriers?... Leur vaillance trompée
Prêtait au vil couteau le secours de l'épée;
Ils sauvaient ces bourreaux qui souillaient leurs combats.
Hélas! un même jour, jour d'opprobre et de gloire,
Voyait Moreau monter au char de la victoire,
    Et son père au char du trépas!

Quand nos chefs, entourés des armes étrangères,
    Couvrant nos cyprès de lauriers,
Vers Paris lentement reportaient leurs bannières,
Frédéric sur Verdun dirigeait ses guerriers.
Verdun, premier rempart de la France opprimée,
D'un roi libérateur crut saluer l'armée.
    En vain tonnaient d'horribles lois :
Verdun se revêtit de sa robe de fête,
Et, libre de ses fers, vint offrir sa conquête
    Au monarque vengeur des rois.

Alors, vierges, vos mains (ce fut là votre crime!)
Des festons de la joie ornèrent les vainqueurs.
    Ah! pareilles à la victime,
La hache à vos regards se cachait sous des fleurs.
Ce n'est pas tout : hélas! sans chercher la vengeance,
Quand nos bannis, bravant la mort et l'indigence,
Combattaient nos tyrans encor mal affermis,
Vos nobles cœurs ont plaint de si nobles misères;

Votre or a secouru ceux qui furent nos frères,
 Et n'étaient pas nos ennemis !

Quoi ! ce trait glorieux, qui trahit leur belle âme,
 Serait donc l'arrêt de leur mort !
Mais non, l'accusateur, que leur aspect enflamme,
 Tressaille d'un honteux transport.
Il veut, vierges, au prix d'un affreux sacrifice,
En taisant vos bienfaits, vous ravir au supplice ;
Il croit vos chastes cœurs par la crainte abattus
Du mépris qui le couvre acceptez le partage,
Souillez-vous d'un forfait, l'infâme aréopage
 Vous absoudra de vos vertus !

 Répondez-moi, vierges timides !
Qui d'un si noble orgueil arma ces yeux si doux ?
Dites, qui fit rouler dans vos regards humides
 Les pleurs généreux du courroux ?
 Je le vois à votre courage :
 Quand l'oppresseur qui vous outrage
N'eût pas offert la honte en offrant son bienfait,
Coupables de pitié pour des Français fidèles,
Vous n'auriez pas voulu, devant des lois cruelles,
 Nier un si noble forfait !

C'en est donc fait : déjà sous la lugubre enceinte
A retenti l'arrêt dicté par la fureur.
Dans un muet murmure, étouffé par la crainte,
Le peuple, qui l'écoute, exhale son horreur.
Regagnez des cachots les sinistres demeures,
 O vierges ! encor quelques heures...
Ah ! priez sans effroi, votre âme est sans remord
 Coupez ces longues chevelures,

Où la main d'une mère enlaçait des fleurs pures,
Sans voir qu'elle y mêlait les pavots de la mort !

Bientôt ces fleurs encor pareront votre tête,
Les anges vous rendront ces symboles touchants ;
Votre hymne de trépas sera l'hymne de fête
Que les vierges du ciel rediront dans leurs chants.
Vous verrez près de vous, dans ces chœurs d'innocence,
Charlotte, autre Judith, qui vous vengea d'avance ;
Cazotte, Elisabeth, si malheureuse en vain ;
Et Sombreuil, qui trahit par ses pâleurs soudaines
Le sang glacé des morts circulant dans ses veines ;
Martyres, dont l'encens plaît au Martyr divin !

III

Ici, devant mes yeux erraient des lueurs sombres ;
Des visions troublaient mes sens épouvantés ;
Les spectres sur mon front balançaient dans les ombres
    De longs linceuls ensanglantés.
Les trois tombeaux, le char, les échafauds funèbres,
    M'apparurent dans les ténèbres ;
Tout rentra dans la nuit des siècles révolus ;
Les vierges avaient fui vers la naissante aurore ;
Je me retrouvai seul, et je pleurais encore
    Quand ma lyre ne chantait plus !

Octobre 1818.

QUIBERON

Pudor inde et miseratio.
TACIT.

ODE QUATRIÈME

I

Par ses propres fureurs le Maudit se dévoile,
Dans le démon vainqueur on voit l'ange proscrit;
L'anathème éternel, qui poursuit son étoile,
  Dans ses succés même est écrit.
Il est, lorsque des cieux nous oublions la voie,
  Des jours que Dieu sans doute envoie
  Pour nous rappeler les enfers;
Jours sanglants qui, voués au triomphe du crime,
Comme d'affreux rayons échappés de l'abîme,
  Apparaissent sur l'univers.

Poëtes qui toujours, loin du siécle où nous sommes
Chantres des pleurs sans fin et des maux mérités,
Cherchez des attentats tels que la voix des hommes
  N'en ait point encor racontés;
Si quelqu'un vient à vous, vantant la jeune France,
  Nos exploits, notre tolérance,
  Et nos temps féconds en bienfaits,
Soyez contents; lisez nos récentes histoires,
Évoquez nos vertus, interrogez nos gloires : —
  Vous pourrez choisir des forfaits !

Moi, je n'ai point reçu de la muse funèbre
Votre lyre de bronze, ô chantres des remords !
Mais je voudrais flétrir les bourreaux qu'on célèbre,
    Et venger la cause des morts.
Je voudrais, un moment, troublant l'impur génie,
    Arrêter sa gloire impunie
    Qu'on pousse à l'immortalité ;
Comme autrefois un Grec, malgré les vents rapides,
Seul, retint de ses bras, de ses dents intrépides,
    L'esquif sur les mers emporté !

II

Quiberon vit jadis, sur son bord solitaire,
Des Français assaillis s'apprêter à mourir,
Puis, devant les deux chefs, l'airain fumant se taire,
    Et les rangs désarmés s'ouvrir.
Pour sauver ses soldats l'un d'eux offrit sa tête ;
    L'autre accepta cette conquête,
    De leur traité gage inhumain :
Et nul guerrier ne crut sa promesse frivole,
Car devant les drapeaux, témoins de leur parole,
    Tous deux s'étaient donné la main !

La phalange fidèle alors livra ses armes.
Ils marchaient : une armée environnait leurs pas,
Et le peuple accourait, en répandant des larmes,
    Voir ces preux, sauvés du trépas.
Ils foulaient en vaincus les champs de leurs ancêtres ;
    Ce fut un vieux temple, sans prêtres,
    Qui reçut ces vengeurs des rois ;
Mais l'humble autel manquait à la pieuse enceinte,

ODE QUATRIÈME.

Et pour se consoler dans cette prison sainte
    Leurs yeux en vain cherchaient la croix !

Tous prièrent ensemble, et d'une voix plaintive,
Tous, se frappant le sein, gémirent à genoux ;
Un seul ne pleurait pas dans la tribu captive :
    C'était lui qui mourait pour tous ;
C'était Sombreuil, leur chef : jeune et plein d'espérance,
    L'heure de son trépas s'avance,
    Il la salue avec ferveur.
Le supplice, entouré des apprêts funéraires,
Est beau pour un chrétien qui, seul, va pour ses frères
    Expirer, semblable au Sauveur.

« Oh ! cessez, disait-il, ces larmes, ces reproches,
« Guerriers ; votre salut prévient tant de douleurs !
« Combien à votre mort vos amis et vos proches,
    « Hélas ! auraient versé de pleurs !
« Je romps, avec vos fers, mes chaînes éphémères ;
    « A vos épouses, à vos mères,
    « Conservez vos jours précieux.
« On vous rendra la paix, la liberté, la vie,
« Tout ce bonheur n'a rien que mon cœur vous envie,
    « Vous, ne m'enviez pas les cieux ! »

Le sinistre tambour sonna l'heure dernière ;
Les bourreaux étaient prêts : on vit Sombreuil partir.
La sœur ne fut point là pour leur ravir le frère, —
    Et le héros devint martyr.
L'exhortant de la voix et de son saint exemple,
    Un évêque, exilé du temple,
    Le suivit au funeste lieu ;
Afin que le vainqueur vît, dans son camp rebelle,
Mourir, près d'un soldat à son prince fidèle,
    Un prêtre fidèle à son Dieu.

III

Vous pour qui s'est versé le sang expiatoire,
Bénissez le Seigneur, louez l'heureux Sombreuil;
Celui qui monte au ciel, brillant de tant de gloire,
    N'a pas besoin de chants de deuil!
Bannis, on va vous rendre enfin une patrie;
    Captifs, la liberté chérie
    Se montre à vous dans l'avenir.
Oui, de vos longs malheurs chantez la fin prochaine;
Vos prisons vont s'ouvrir, on brise votre chaîne;
    Chantez! votre exil va finir.

En effet, — des cachots la porte à grand bruit roule.
Un étendard paraît, qui flotte ensanglanté;
Des chefs et des soldats l'environnent en foule,
    En invoquant la liberté!
« Quoi! disaient les captifs, déjà l'on nous délivre!... »
    Quelques-uns s'empressent de suivre
    Les bourreaux devenus meilleurs;
« Adieu, leur criait-on, adieu, plus de souffrance;
« Nous nous reverrons tous, libres, dans notre France! »
    Ils devaient se revoir ailleurs.

Bientôt, jusqu'aux prisons des captifs en prières,
Arrive un sourd fracas, par l'écho répété:
C'étaient leurs fiers vainqueurs qui délivraient leurs frères,
    Et qui remplissaient leur traité!
Sans troubler les proscrits, ce bruit vint les surprendre;
    Aucun d'eux ne savait comprendre
    Qu'on pût se jouer des serments;
Ils disaient aux soldats: « Votre foi nous protége; »

Et pour toute reponse un lugubre cortége
    Les traîna sur des corps fumants!

Le jour fit place à l'ombre et la nuit à l'aurore;
Hélas! et pour mourir traversant la cité,
Les crédules proscrits passaient, passaient encore
    Aux yeux du peuple épouvanté!
Chacun d'eux racontait, brûlant d'un saint délire,
    A ses compagnons de martyre
    Les malheurs qu'il avait soufferts;
Tous succombaient sans peur, sans faste, sans murmure,
Regrettant seulement qu'il fallût un parjure
    Pour les immoler dans les fers!

A coups multipliés la hache abat les chênes.
Le vil chasseur, dans l'antre ignoré du soleil,
Égorge lentement le lion dont ses chaines
    Ont surpris le noble sommeil.
On massacra longtemps la tribu sans défense.
    A leur mort assistait la France,
    Jouet des bourreaux triomphants;
Comme jadis, aux pieds des idoles impures,
Tour à tour, une veuve, en de longues tortures,
    Vit expirer ses sept enfants.

C'étaient là les vertus d'un sénat qu'on nous vante!
Le sombre esprit du mal sourit en le créant;
Mais ce corps aux cent bras, fort de notre épouvante,
    En son sein portait son néant.
Le colosse de fer s'est dissous dans la fange.
    L'anarchie, alors que tout change,
    Pense voir ses œuvres durer;
Mais ce Pygmalion, dans ses travaux frivoles,

Ne peut donner la vie aux horribles idoles
  Qu'il se fait pour les adorer.

IV

On dit que de nos jours viennent, versant des larmes,
Prier au champ fatal où ces preux sont tombés,
Les vierges, les soldats fiers de leurs jeunes armes,
  Et les vieillards lents et courbés.
Du ciel sur les bourreaux appelant l'indulgence,
  Là, nul n'implore la vengeance,
  Tous demandent le repentir ;
Et chez ces vieux Bretons, témoins de tant de crimes,
Le pèlerin, qui vient invoquer les victimes,
  Souvent lui-même est un martyr !

Février 1821.

LOUIS XVII

Capet! éveille-toi.

ODE CINQUIÈME

I

En ces temps-là, du ciel les portes d'or s'ouvrirent;
Du Saint des saints ému les feux se découvrirent :
Tous les cieux un moment brillèrent dévoilés;
Et les élus voyaient, lumineuses phalanges,
Venir une jeune âme entre de jeunes anges
    Sous les portiques étoilés.
C'était un bel enfant qui fuyait de la terre;
Son œil bleu du malheur portait le signe austère;
Ses blonds cheveux flottaient sur ses traits pâlissants;
Et les vierges du ciel, avec des chants de fête,
Aux palmes du martyre unissaient sur sa tête
    La couronne des innocents.

II

On entendit des voix qui disaient dans la nue :
— « Jeune ange, Dieu sourit à ta gloire ingénue;
« Viens, rentre dans ses bras pour ne plus en sortir;
« Et vous, qui du Très-Haut racontez les louanges,
    « Séraphins, prophètes, archanges,
« Courbez-vous, c'est un roi; chantez, c'est un martyr!

— « Où donc ai-je régné? demandait la jeune ombre
« Je suis un prisonnier, je ne suis point un roi.
« Hier je m'endormis au fond d'une tour sombre.
« Où donc ai-je régné? Seigneur, dites-le-moi.
« Hélas! mon père est mort d'une mort bien amère;
« Ses bourreaux, ô mon Dieu, m'ont abreuvé de fiel;
« Je suis un orphelin; je viens chercher ma mère,
　« Qu'en mes rêves j'ai vue au ciel. »

Les anges répondaient : — « Ton Sauveur te réclame.
« Ton Dieu d'un monde impie a rappelé ton âme.
« Fuis la terre insensée où l'on brise la croix,
« Où jusque dans la mort descend le régicide,
　« Où le meurtre d'horreur avide,
« Fouille dans les tombeaux pour y chercher des rois ! »

— « Quoi! de ma longue vie ai-je achevé le reste? »
Disait-il; « tous mes maux, les ai-je enfin soufferts?
« Est-il vrai qu'un geôlier, de ce rêve céleste,
« Ne viendra pas demain m'éveiller dans mes fers?
« Captif, de mes tourments cherchant la fin prochaine,
« J'ai prié, Dieu veut-il enfin me secourir?
« Oh! n'est-ce pas un songe? a-t-il brisé ma chaîne?
　« Ai-je eu le bonheur de mourir?

« Car vous ne savez point quelle était ma misère !
« Chaque jour dans ma vie amenait des malheurs;
« Et lorsque je pleurais, je n'avais pas de mère,
« Pour chanter à mes cris, pour sourire à mes pleurs.
« D'un châtiment sans fin languissante victime,
« De ma tige arraché comme un tendre arbrisseau,
« J'étais proscrit bien jeune, et j'ignorais quel crime
　« J'avais commis dans mon berceau.

« Et pourtant, écoutez : bien loin dans ma mémoire,
« J'ai d'heureux souvenirs avec ces temps d'effroi ;
« J'entendais en dormant des bruits confus de gloire,
« Et des peuples joyeux veillaient autour de moi.
« Un jour tout disparut dans un sombre mystère ;
« Je vis fuir l'avenir à mes destins promis :
« Je n'étais qu'un enfant, faible et seul sur la terre,
    « Hélas ! et j'eus des ennemis.

« Ils m'ont jeté vivant sous des murs funéraires ;
« Mes yeux voués aux pleurs n'ont plus vu le soleil,
« Mais vous que je retrouve, anges du ciel, mes frères,
« Vous m'avez visité souvent dans mon sommeil.
« Mes jours se sont flétris dans leurs mains meurtrières,
« Seigneur, mais les méchants sont toujours malheureux ;
« Oh ! ne soyez pas sourd comme eux à mes prières,
    « Car je viens vous prier pour eux. »

Et les anges chantaient : — « L'arche à toi se dévoile,
« Suis-nous : sur ton beau front nous mettrons une étoile.
« Prends les ailes d'azur des chérubins vermeils.
« Tu viendras avec nous bercer l'enfant qui pleure,
    « Ou, dans leur brûlante demeure,
« D'un souffle lumineux rajeunir les soleils. »

III

Soudain le chœur cessa, les élus écoutèrent :
Il baissa son regard par les larmes terni ;
Au fond des cieux muets les mondes s'arrêtèrent,
Et l'éternelle voix parla dans l'infini.

« O roi, je t'ai gardé loin des grandeurs humaines !

« Tu t'es réfugié du trône dans les chaînes.
   « Va, mon fils, bénis tes revers.
« Tu n'as point su des rois l'esclavage suprême,
« Ton front du moins n'est pas meurtri du diadème
   « Si tes bras sont meurtris de fers.

« Enfant, tu t'es courbé sous le poids de la vie.
« Et la terre, pourtant, d'espérance et d'envie
   « Avait entouré ton berceau !
« Viens, ton Seigneur lui-même eut ses douleurs divines,
« Et mon fils, comme toi, roi couronné d'épines,
   « Porta le sceptre de roseau ! »

   Décembre 1822.

LE RÉTABLISSEMENT

DE

LA STATUE DE HENRI IV

Accingunt omnes operi, pedibusque rotarum
Subjiciunt lapsus, et stupea vincula collo
Intendunt... Pueri circum innuptæque puellæ
Sacra canunt, funemque manu contingere gaudent!
VIRGILE.

ODE SIXIÈME

I

Je voyais s'élever, dans le lointain des âges,
Ces monuments, espoir de cents rois glorieux;
Puis je voyais crouler les fragiles images
  De ces fragiles demi-dieux.
Alexandre, un pêcheur des rives du Pirée
  Foule ta statue ignorée,
  Sur le pavé du Parthénon;
Et les premiers rayons de la naissante aurore
En vain dans le désert interrogent encore
  Les muets débris de Memnon.

Ont-ils donc prétendu, dans leur esprit superbe,
Qu'un bronze inanimé dût les rendre immortels?
Demain le temps peut-être aura caché sous l'herbe
  Leurs imaginaires autels.

Le proscrit à son tour peut remplacer l'idole;
    Des piédestaux du Capitole
    Sylla détrône Marius.
Aux outrages du sort insensé qui s'oppose!
Le sage, de l'affront dont frémit Théodose,
    Sourit avec Démétrius.

D'un héros toutefois l'image auguste et chère
Hérite du respect qui payait ses vertus :
Trajan domine encor les champs que de Tibère
    Couvrent les temples abattus.
Souvent, lorsqu'en l'horreur des discordes civiles
    La terreur planait sur les villes,
    Aux cris des peuples révoltés,
Un héros, respirant dans le marbre immobile,
Arrêtait tout à coup par son regard tranquille
    Les factieux épouvantés!

II

Eh quoi! sont-ils donc loin, ces jours de notre histoire
Où Paris sur son prince osa lever son bras;
Où l'aspèct de Henri, ses vertus, sa mémoire,
    N'ont pu désarmer les ingrats?
Que dis-je? ils ont détruit sa statue adorée.
    Hélas! cette horde égarée
    Mutilait l'airain renversé;
Et cependant, des morts souillant le saint asile
Leur sacrilége main demandait à l'argile
    L'empreinte de son front glacé!

Voulaient-ils donc jouir d'un portrait plus fidèle
Du héros dont leur haine a payé les bienfaits?

Voulaient-ils, réprouvant leur fureur criminelle,
    Le rendre à nos yeux satisfaits?
Non; mais c'était trop peu de briser son image :
      Ils venaient encor, dans leur rage,
    Briser son cercueil outragé.
Tel, troublant le désert d'un rugissement sombre,
Le tigre en se jouant cherche à dévorer l'ombre
    Du cadavre qu'il a rongé.

Assis près de la Seine, en mes douleurs amères,
Je me disais : « La Seine arrose encore Ivry,
Et les flots sont passés où, du temps de nos pères,
    Se peignaient les traits de Henri.
Nous ne verrons jamais l'image vénérée
    D'un roi qu'à la France éplorée
    Enleva sitôt le trépas;
Sans saluer Henri nous irons aux batailles,
Et l'étranger viendra chercher dans nos murailles
    Un héros qu'il n'y verra pas! »

III

Où courez-vous? — Quel bruit naît, s'élève et s'avance!
Qui porte ces drapeaux, signe heureux de nos rois?
Dieu! quelle masse au loin semble, en sa marche immense
    Broyer la terre sous son poids?
Répondez... Ciel! c'est lui! je vois sa noble tête...
    Le peuple, fier de sa conquête,
    Répète en chœur son nom chéri.
O ma lyre, tais-toi dans la publique ivresse;
Que seraient tes concerts près des chants d'allégresse
    De la France aux pieds de Henri?

Par mille bras trainé, le lourd colosse roule.
Ah ! volons, joignons-nous à ces efforts pieux.
Qu'importe si mon bras est perdu dans la foule !
  Henri me voit du haut des cieux.
Tout un peuple a voué ce bronze à ta mémoire;
  O chevalier, rival en gloire
  Des Bayard et des du Guesclin !
De l'amour des Français reçois la noble preuve,
Nous devons ta statue au denier de la veuve,
  A l'obole de l'orphelin.

N'en doutez pas : l'aspect de cette image auguste
Rendra nos maux moins grands, notre bonheur plus doux :
O Français, louez Dieu ; vous voyez un roi juste,
  Un Français de plus parmi vous.
Désormais, dans ses yeux, en volant à la gloire,
  Nous viendrons puiser la victoire ;
  Henri recevra notre foi ;
Et quand on parlera de ses vertus si chéres,
Nos enfants n'iront pas demander à nos péres
  Comment souriait le bon roi !

IV

Jeunes amis, dansez autour de cette enceinte,
Mêlez vos pas joyeux, mêlez vos heureux chants.
Henri, car sa bonté dans ses traits est empreinte,
  Bénira vos transports touchants.
Prés des vains monuments que des tyrans s'élèvent,
  Qu'après de longs siècles achèvent
  Les travaux d'un peuple opprimé,
Qu'il est beau cet airain où d'un roi tutélaire

ODE SIXIÈME.

La France aime à revoir le geste populaire
    Et le regard accoutumé !

Que le fier conquérant de la Perse avilie,
Las de léguer ses traits à de frêles métaux,
Menace, dans l'accès de sa vaste folie,
    D'imposer sa forme à l'Athos ;
Qu'un Pharaon cruel, superbe en sa démence,
    Couvre d'un obélisque immense
    Le grand néant de son cercueil ;
Son nom meurt, et bientôt l'ombre des Pyramides,
Pour l'étranger, perdu dans ces plaines arides,
    Est le seul bienfait de l'orgueil !

Un jour (mais repoussons tout présage funeste !),
Si des ans ou du sort les coups encor vainqueurs
Brisaient de notre amour le monument modeste,
    Henri ! tu vivrais dans nos cœurs ;
Cependant, que du Nil les montagnes altières,
    Cachant cent royales poussières,
    Du monde inutile fardeau,
Du temps et de la mort attestent le passage,
Et ne sont déjà plus à l'œil ému du sage
    Que la ruine d'un tombeau.

    Février 1820.

LA MORT
DU
DUC DE BERRY

> Le Meurtre, d'une main violente, brise les liens
> les plus sacrés,
> La Mort vient enlever le jeune homme florissant,
> et le Malheur s'approche comme un ennemi rusé
> au milieu des jours de fête.
> SCHILLER.

ODE SEPTIÈME

I

Modérons les transports d'une ivresse insensée ;
Le passage est bien court de la joie aux douleurs ;
La mort aime à poser sa main lourde et glacée
    Sur des fronts couronnés de fleurs.
Demain, souillés de cendre, humbles, courbant nos têtes,
    Le vain souvenir de nos fêtes
    Sera pour nous presque un remords ;
Nos jeux seront suivis des pompes sépulcrales ;
Car chez nous, malheureux ! l'hymne des saturnales
    Sert de prélude au chant des morts.

ODE SEPTIÈME.

II

Fuis les banquets : fais trêve à ton joyeux délire,
Paris, triste cité! détourne tes regards
Vers le cirque où l'on voit aux accords de la lyre
    S'unir les prestiges des arts,
Chœurs, interrompez-vous; cessez, danses légères;
    Qu'on change en torches funéraires
    Ces feux purs, ces brillants flambeaux; —
Dans cette enceinte, auprès d'une couche sanglante,
J'entends un prêtre saint dont la voix chancelante
    Dit la prière des tombeaux !

Sous ces lambris frappés des éclats de la joie,
Près d'un lit où soupire un mourant étendu,
D'une famille auguste au désespoir en proie,
    Je vois le cortége éperdu.
C'est un père à genoux, c'est un frère en alarmes,
    Une sœur qui n'a point de larmes
    Pour calmer ses sombres douleurs;
Car ses affreux revers ont, dès son plus jeune âge,
Dans ses yeux, enflammés d'un si mâle courage,
    Tari la source de ses pleurs.

Sur l'échafaud, aux cris d'un sénat sanguinaire,
Sa mère est morte en reine et son père en héros;
Elle a vu dans les fers périr son jeune frère,
    Et n'a pu trouver des bourreaux.
Et, quand des rois ligués la main brisa ses chaînes,
    Longtemps, sur des rives lointaines,
    Elle a fui nos bords désolés;
Elle a revu la France, après tant de misères,

Pour apprendre, en rentrant au palais de ses pères;
    Que ses maux n'étaient pas comblés!

Plus loin, c'est une épouse... Oh! qui peindra ses craintes,
Sa force, ses doux soins, son amour assidu?
Hélas! et qui dira ses lamentables plaintes
    Quand tout espoir sera perdu?
Quels étaient nos transports, ô vierge de Sicile,
    Quand naguère à ta main docile
    Berry joignit sa noble main!
Devais-tu donc, princesse, en touchant ce rivage,
Voir sitôt succéder le crêpe du veuvage
    Au chaste voile de l'hymen?

Berry, quand nous vantions ta paisible conquête,
Nos chants ont réveillé le dragon endormi;
L'anarchie en grondant a relevé sa tête,
    Et l'enfer même en a frémi.
Elle a rougi : soudain, du milieu des ténèbres,
    Clément poussa des cris funèbres :
    Ravaillac agita ses fers;
Et le monstre, étendant ses deux ailes livides,
Aux applaudissements des ombres régicides,
    S'envola du fond des enfers!

Le démon, vers nos bords tournant son vol funeste,
Voulut, brisant ces lis qu'il flétrit tant de fois
Epuiser d'un seul coup le déplorable reste
    D'un sang trop fertile en bons rois;
Longtemps le sbire obscur qu'il arma pour son crime,
    Rêveur, autour de la victime,
    Promena ses affreux loisirs;
Enfin le ciel permet que son vœu s'accomplisse :
Pleurons tous, car le meurtre a choisi pour complice
    Le tumulte de nos plaisirs!

Le fer brille... Un cri part : guerriers, volez aux armes !
C'en est fait : la duchesse accourt en pâlissant ;
Son bras soutient Berry, qu'elle arrose de larmes,
    Et qui l'inonde de son sang.
Dressez un lit funèbre : est-il quelque espérance ?...
    Hélas ! un lugubre silence
    A condamné son triste époux.
Assistez-le, madame, en ce moment horrible ;
Les soins cruels de l'art le rendront plus terrible,
    Les vôtres le rendront plus doux.

Monarque en cheveux blancs, hâte-toi, le temps presse ;
Un Bourbon va rentrer au sein de ses aïeux ;
Viens. accours vers ce fils, l'espoir de ta vieillesse :
    Car ta main doit fermer ses yeux ;
Il a béni sa fille, à son amour ravie ;
    Puis, des vanités de sa vie
    Il proclame un noble abandon ;
Vivant, il pardonna ses maux à la patrie ;
Et son dernier soupir, digne du Dieu qu'il prie,
    Est encore un cri de pardon.

Mort sublime ! ô regrets ! vois sa grande âme et pleure ;
Porte au ciel tes clameurs, ô peuple désolé.
Tu l'as trop peu connu : c'est à sa dernière heure
    Que le héros s'est révélé.
Pour consoler la veuve, apportez l'orpheline ;
    Donnez sa fille à Caroline,
    La nature encore a ses droits.
Mais, quand périt l'espoir d'une tige féconde,
Qui pourra consoler, dans sa terreur profonde,
    La France veuve de ses rois !

A l'horrible récit, quels cris expiatoires
Vont pousser nos guerriers, fameux par leur valeur!
L'Europe, qu'ébranlait le bruit de leurs victoires,
  Va retentir de leur douleur.
Mais toi, que diras-tu, chère et noble Vendée?
  Si longtemps de sang inondée,
  Tes regrets seront superflus!
Et tu seras semblable à la mère accablée,
Qui s'assied sur sa couche et pleure, inconsolée,
  Parce que son enfant n'est plus!

Bientôt vers Saint-Denis, désertant nos murailles,
Au bruit sourd des clairons, peuple, prêtres, soldats,
Nous suivrons à pas lents le char des funérailles,
  Entouré des chars des combats.
Hélas! jadis souillé par des mains téméraires,
  Saint-Denis, où dormaient ses pères,
  A vu déjà bien des forfaits;
Du moins, puisse, à l'abri des complots parricides,
Sous ces murs profanés, parmi ces tombes vides,
  Sa cendre reposer en paix!

III

D'Enghien s'étonnera, dans les célestes sphères,
De voir sitôt l'ami cher à ses jeunes ans,
A qui le vieux Condé, prêt à quitter nos terres,
  Léguait ses devoirs bienfaisants.
A l'aspect de Berry, leur dernière espérance,
  Des rois que révère la France
  Les ombres frémiront d'effroi;
Deux héros gémiront sur leurs races éteintes,

Et le vainqueur d'Ivry viendra mêler ses plaintes
    Aux pleurs du vainqueur de Rocroy.

Ainsi, Bourbon, au bruit du forfait sanguinaire,
On te vit vers d'Artois accourir désolé ;
Car tu savais les maux que laisse au cœur d'un père
    Un fils avant l'âge immolé.
Mais bientôt, chancelant dans ta marche incertaine,
    L'affreux souvenir de Vincenne
    Vint s'offrir à tes sens glacés ;
Tu pâlis ; et d'Artois, dans la douleur commune,
Sembla presque oublier sa récente infortune,
    Pour plaindre tes revers passés.

Et toi, veuve éplorée, au milieu de l'orage,
Attends des jours plus doux, espère un sort meilleur ;
Prends ta sœur pour modèle, et puisse ton courage
    Etre aussi grand que ton malheur !
Tu porteras comme elle une urne funéraire ;
    Comme elle, au sein du sanctuaire,
    Tu gémiras sur un cercueil ;
L'hydre des factions, qui, sorti des ténèbres,
A marqué pour ta sœur tant d'époques funèbres,
    Te fait aussi ton jour de deuil !

IV

Pourtant, ô frêle appui de la tige royale,
Si Dieu par ton secours signale son pouvoir,
Tu peux sauver la France, et de l'hydre infernale
    Tromper encor l'affreux espoir.
Ainsi, quand le serpent, auteur de tous les crimes,

Vouait d'avance aux noirs abimes
L'homme, que son forfait perdit,
Le Seigneur abaissa sa farouche arrogance ;
Une femme apparut, qui, faible et sans défense,
Brisa du pied son front maudit !

Février 1820.

LA NAISSANCE
DU
DUC DE BORDEAUX

> Le ciel... prodigue en leur faveur les miracles.
> La postérité de Joseph rentre dans la terre de Gessen,
> et cette conquête, due aux larmes des vainqueurs,
> ne coûte pas une larme aux vaincus.
> CHATEAUBRIAND, *Martyrs*.

ODE HUITIÈME

I

Savez-vous, voyageur, pourquoi, dissipant l'ombre,
D'innombrables clartés brillent dans la nuit sombre?
Quelle immense vapeur rougit les cieux couverts?
Et pourquoi mille cris, frappant la nue ardente,
    Dans la ville au loin rayonnante,
Comme un concert confus s'élèvent dans les airs?

II

O joie! ô triomphe! ô mystère!
Il est né l'enfant glorieux,
L'ange que promit à la terre
Un martyr partant pour les cieux!
L'avenir voilé se révèle.
Salut à la flamme nouvelle

Qui ranime l'ancien flambeau!
Honneur à ta première aurore,
O jeune lis qui viens d'éclore,
Tendre fleur qui sors d'un tombeau!

C'est Dieu qui l'a donné, le Dieu de la prière :
La cloche, balancée aux tours du sanctuaire,
Comme aux jours du repos, y rappelle nos pas.
C'est Dieu qui l'a donné; le Dieu de la victoire! —
 Chez les vieux martyrs de la gloire
Les canons ont tonné, comme au jour des combats.

 Ce bruit si cher à ton oreille,
 Joint aux voix des temples bénis,
 N'a-t-il donc rien qui te réveille,
 O toi qui dors à Saint-Denis?
 Lève-toi! Henri doit te plaire
 Au sein du berceau populaire!
 Accours, ô père triomphant!
 Enivre sa lèvre trompée,
 Et viens voir si ta grande épée
 Pèse aux mains du royal enfant.

Hélas! il est absent, il est au sein des justes.
Sans doute, en ce moment, de ses aïeux augustes
Le cortége vers lui s'avance consolé :
Car il rendit, mourant sous des coups parricides,
 Un héros à leurs tombes avides,
Une race de rois à leur trône isolé.

 Parmi tous ces nobles fantômes,
 Qu'il élève un front couronné,
 Qu'il soit fier dans les saints royaumes,
 Le père du roi nouveau-né!

Une race longue et sublime
Sort de l'immortelle victime :
Tel un fleuve mystérieux,
Fils d'un mont frappé du tonnerre,
De son cours fécondant la terre,
Cache sa source dans les cieux !

Honneur au rejeton qui deviendra la tige !
Henri, nouveau Joas, sauvé par un prodige,
A l'ombre de l'autel croîtra vainqueur du sort.
Un jour, de ses vertus notre France embellie,
    A ses sœurs, comme Cornélie,
Dira : Voilà mon fils, c'est mon plus beau trésor.

III

O toi, de ma pitié profonde
Reçois l'hommage solennel,
Humble objet des regards du monde,
Privé du regard paternel !
Puisses-tu, né dans la souffrance,
Et de ta mère et de la France
Consoler la longue douleur !
Que le bras divin t'environne,
Et puisse, ô Bourbon, la couronne
Pour toi ne pas être un malheur !

Oui, souris, orphelin, aux larmes de ta mère !
Ecarte, en te jouant, ce crêpe funéraire
Qui voile ton berceau des douleurs du cercueil ;
Chasse le noir passé qui nous attriste encore ;
    Sois à nos yeux comme une aurore !
Rends le jour et la joie à notre ciel en deuil.

Ivre d'espoir, ton roi lui-même,
Consacrant le jour où tu nais,
T'impose, avant le saint baptême,
Le baptême du Béarnais.
La veuve t'offre à l'orpheline !
Vers toi, conduit par l'héroïne,
Vient ton aïeul en cheveux blancs ;
Et la foule, bruyante et fière,
Se presse à ce Louvre, où naguère,
Muette, elle entrait à pas lents.

Guerriers, peuple, chantez : Bordeaux, lève ta tête,
Cité qui, la première, aux jours de la conquête,
Rendue aux fleurs de lis, as proclamé ta foi.
Et toi, que le martyr aux combats eût guidée,
    Sors de ta douleur, ô Vendée !
Un roi naît pour la France, un soldat naît pour toi.

IV

Rattachez la nef à la rive : —
La veuve reste parmi nous,
Et de sa patrie adoptive
Le ciel lui semble enfin plus doux.
L'espoir à la France l'enchaîne :
Aux champs où fut frappé le chêne
Dieu fait croître un frêle roseau.
L'amour retient l'humble colombe ;
Il faut prier sur une tombe,
Il faut veiller sur un berceau.

Dis, qu'irais-tu chercher au lieu qui te vit naître,
Princesse ? Parthénope outrage son vieux maître :

L'étranger, qu'attiraient des bords exempts d'hivers,
Voit Palerme en fureur, voit Messine en alarmes,
    Et, plaignant la Sicile en armes,
De ce funèbre Eden fuit les sanglantes mers!

    Mais que les deux volcans s'éveillent!
    Que le souffle du Dieu jaloux
    Des sombres géants qui sommeillent
    Rallume enfin l'ardent courroux;
    Devant les flots brûlants des laves,
    Que seront ces hautains esclaves,
    Ces chefs d'un jour, ces grands soldats?
    Courage! ô vous, vainqueurs sublimes! —
    Tandis que vous marchez aux crimes,
    La terre tremble sous vos pas!

Reste au sein des Français, ô fille de Sicile,
Ne fuis pas, pour des bords d'où le bonheur s'exile,
Une terre où le lis se relève immortel;
Où du peuple et des rois l'union salutaire
    N'est point cet hymen adultère
Du trône et des partis, des camps et de l'autel.

V

    Nous, ne craignons plus les tempêtes!
    Bravons l'horizon menaçant:
    Les forfaits qui chargeaient nos têtes
    Sont rachetés par l'innocent!
    Quand les nochers, dans la tourmente,
    Jadis voyaient l'onde écumante

Entr'ouvrir leur frêle vaisseau,
Sûrs de la clémence éternelle,
Pour sauver la nef criminelle
Ils y suspendaient un berceau.

Octobre 1820.

LE BAPTÊM

DU

DUC DE BORDEAUX

Sinite parvulos venire ad me. — Venerunt reges.
ÉVANGILE.

ODE NEUVIÈME

I

« Oh! disaient les peuples du monde,
« Les derniers temps sont-ils venus?
« Nos pas, dans une nuit profonde,
« Suivent des chemins inconnus.
« Où va-t-on? dans la nuit perfide,
« Quel est ce fanal qui nous guide,
« Tous courbés sous un bras de fer?
« Est-il propice? est-il funeste?
« Est-ce la colonne céleste?
« Est-ce une flamme de l'enfer?

« Les tribus des chefs se divisent :
« Les troupeaux chassent les pasteurs;
« Et les sceptres des rois se brisent
« Devant les faisceaux des préteurs.
« Les trônes tombent; l'autel croule;
« Les factions naissent en foule

« Sur les bords des deux Océans;
« Et les ambitions serviles,
« Qui dormaient comme des reptiles,
« Se lèvent comme des géants !

« Ah! malheur! nous avons fait gloire,
« Hélas! d'attentats inouïs,
« Tels qu'en cherche en vain la mémoire
« Dans les siècles évanouis.
« Malheur! tous nos forfaits l'appellent,
« Tous les signes nous le révèlent,
« Le jour des arrêts solennels.
« L'homme est digne enfin des abimes;
« Et rien ne manque à ses longs crimes
« Que les châtiments éternels. »

Le Très-Haut a pris leur défense,
Lorsqu'ils craignaient son abandon;
L'homme peut épuiser l'offense,
Dieu n'épuise pas le pardon !
Il mène au repentir l'impie :
Lui-même, pour nous, il expie
L'oubli des lois qu'il nous donna;
Pour lui seul il reste sévère;
C'est la victime du Calvaire
Qui fléchit le Dieu du Sina !

II

Par un autre berceau sa main nous sauve encore!
Le monde du bonheur n'ose entrevoir l'aurore,
Quoique Dieu des méchants ait puni les défis;
Et troublant leurs conseils, dispersant leurs phalanges,

Nous ait donné l'un de ses anges,
Comme aux antiques jours il nous donna son Fils;
Tel, lorsqu'il sort vivant du gouffre de ténèbres,
Le prophète voit fuir les visions funèbres!
La terre est sous ses pas, le jour luit à ses yeux;
Mais lui, tout ébloui de la flamme éternelle,
  Longtemps à sa vue infidèle
La lueur de l'enfer voile l'éclat des cieux.

Peuples, ne doutez pas! chantez votre victoire.
Un sauveur naît, vêtu de puissance et de gloire;
Il réunit le glaive et le sceptre en faisceau;
Des leçons du malheur naîtront nos jours prospères,
  Car de soixante rois, ses pères,
Les ombres sans cercueils veillent sur son berceau!

Son nom seul a calmé nos tempêtes civiles,
Ainsi qu'un bouclier il a couvert les villes.
La révolte et la haine ont déserté nos murs.
Tel du jeune lion, qui lui-même s'ignore,
  Le premier cri, paisible encore,
Fait de l'antre royal fuir cent monstres impurs.

III

 Quel est cet enfant débile
 Qu'on porte aux sacrés parvis?
 Toute une foule immobile
 Le suit de ses yeux ravis;
 Son front est nu, ses mains tremblent,
 Ses pieds, que des nœuds rassemblent,
 N'ont point commencé de pas;
 La faiblesse encor l'enchaîne;

Son regard ne voit qu'à peine
Et sa voix ne parle pas.

C'est un roi parmi les hommes;
En entrant dans le saint lieu,
Il devient ce que nous sommes. —
C'est un homme aux pieds de Dieu!
Cet enfant est notre joie;
Dieu pour sauveur nous l'envoie,
Sa loi l'abaisse aujourd'hui.
Les rois, qu'arme son tonnerre,
Sont tout par lui sur la terre,
Et ne sont rien devant lui!

Que tout tremble et s'humilie.
L'orgueil mortel parle en vain;
Le lion royal se plie
Au joug de l'Agneau divin.
Le père, entouré d'étoiles,
Vers l'enfant, faible et sans voiles,
Descend, sur les vents porté;
L'Esprit-Saint de feu l'inonde;
Il n'est encor né qu'au monde,
Qu'il naisse à l'éternité!

Marie, aux rayons modestes,
Heureuse et priant toujours,
Guide les vierges célestes
Vers son vieux temple aux deux tours.
Toutes les saintes armées,
Parmi les soleils semées,
Suivent son char triomphant;
La Charité les devance

La Foi brille, et l'Espérance
S'assied près de l'humble enfant!

IV

Jourdain! te souvient-il de ce qu'ont vu tes rives?
Naguère un pèlerin près de tes eaux captives
Vint s'asseoir et pleura, pareil en sa ferveur
A ces preux qui jadis, terrible et saint cortége,
  Ravirent au joug sacrilége
Ton onde baptismale et le tombeau sauveur!

Ce chrétien avait vu, dans la France usurpée,
Trône, autel, chartes, lois, tomber sous une épée;
Les vertus sans honneur, les forfaits impunis;
Et lui, des vieux croisés cherchait l'ombre sublime,
  Et, s'exilant près de Solime,
Aux lieux où Dieu mourut pleurait ses rois bannis!

L'eau du saint fleuve emplit sa gourde voyageuse;
Il partit; il revit notre rive orageuse,
Ignorant quel bonheur attendait son retour,
Et qu'à l'enfant des rois, du fond de l'Arabie,
  Il apportait, nouveau Tobie,
Le remède divin qui rend l'aveugle au jour.

Qu'il soit fier dans ses flots, le fleuve des prophètes!
Peuples, l'eau du salut est présente à nos fêtes;
Le ciel sur cet enfant a placé sa faveur;
Qu'il reçoive les eaux que reçut Dieu lui-même;
  Et qu'à l'onde de son baptême
Le monde rassuré reconnaisse un sauveur!

A vous, comme à Clovis, prince, Dieu se révèle,
Soyez du temple saint la colonne nouvelle.
Votre âme en vain du lis efface la blancheur;
Quittez l'orgueil du rang, l'orgueil de l'innocence.
    Dieu vous offre dans sa puissance,
La piscine du pauvre et la croix du pécheur.

V

L'enfant, quand du Seigneur sur lui brille l'aurore,
Ignore le martyre et sourit à la croix;
Mais un autre baptême, hélas ! attend encore
    Le front infortuné des rois. —
Des jours viendront, jeune homme, où ton âme troublée,
    Du fardeau d'un peuple accablée,
    Frémira d'un effroi pieux,
Quand l'évêque sur toi répandra l'huile austère,
Formidable présent qu'aux maîtres de la terre
    La colombe apporta des cieux.

Alors, ô roi chrétien ! au Seigneur sois semblable;
Sache être grand par toi, comme il est grand par lui :
Car le sceptre devient un fardeau redoutable
    Dès qu'on veut s'en faire un appui.
Un vrai roi sur sa tête unit toutes les gloires;
    Et si, dans ses justes victoires,
    Par la mort il est arrêté,
Il voit, comme Bayard, une croix dans son glaive,
Et ne fait, quand le ciel à la terre l'enlève,
    Que changer d'immortalité.

ODE DIXIÈME.

A LA MUSE.

Je vais, ô Muse, où tu m'envoies!
Je ne sais que verser des pleurs,
Mais qu'il soit fidèle à leurs joies,
Ce luth fidèle à leurs douleurs!
Ma voix, dans leur récente histoire,
N'a point, sur des tons de victoire,
Appris à louer le Seigneur.
O rois, victimes couronnées!
Lorsqu'on chante vos destinées,
On sait mal chanter le bonheur.

Mai 1821.

VISION

> 7. Quia defecimus in ira tua, et in furore tuo turbati sumus;
> 8. Posuisti iniquitates nostras in conspectu tuo, seculum nostrum in illuminatione vultus tui?
> 9. Quoniam omnes dies nostri defecerunt, et in ira tua defecimus.
>
> Ps. LXXXIX.

> Parce que nous sommes tombés dans votre colère, et que nous avons été troublés dans votre fureur;
> Vous avez placé nos iniquités en votre présence, et notre siècle dans la lumière de votre face;
> Puisque tous nos jours ont failli, et que nous sommes tombés dans votre colère!

ODE DIXIÈME

Voici ce qu'ont dit les prophétes,
Aux jours où ces hommes pieux
Voyaient en songe sur leurs têtes
L'Esprit saint descendre des cieux:
« Dès qu'un siècle, éteint pour le monde,
« Redescend dans la nuit profonde,
« De gloire ou de honte chargé,
« Il va répondre et comparaitre
« Devant le Dieu qui le fit naitre,
« Seul juge qui n'est pas jugé. »

Or écoutez, fils de la terre,
Vil peuple à la tombe appelé,

ODE DIXIÈME.

Ce qu'en un rêve solitaire
La vision m'a révélé : —
C'était dans la cité flottante,
De joie et de gloire éclatante,
Où le jour n'a pas de soleil,
D'où sortit la première aurore,
Et d'où résonneront encore
Les clairons du dernier réveil !

Adorant l'essence inconnue,
Les saints, les martyrs glorieux
Contemplaient, sous l'ardente nue,
Le triangle mystérieux !
Près du trône où dort le tonnerre,
Parut un spectre centenaire,
Par l'ange des Français conduit ;
Et l'ange, vêtu d'un long voile,
Etait pareil à l'humble étoile
Qui mène au ciel la sombre nuit.

Dans les cieux et dans les abîmes,
Une voix alors s'entendit,
Qui, jusque parmi ses victimes,
Fit trembler l'archange maudit.
Le char des séraphins fidèles,
Semé d'yeux, brillant d'étincelles,
S'arrêta sur son triple essieu,
Et la roue, aux flammes bruyantes,
Et les quatre ailes tournoyantes,
Se turent au souffle de Dieu.

LA VOIX.

« Déjà du livre séculaire
« La page a dix-sept fois tourné ;

« Le gouffre attend que ma colère
« Te pardonne ou t'ait condamné !
« Approche, — je tiens la balance :
« Te voilà nu dans ma présence,
« Siècle innocent ou criminel.
« Faut-il que ton souvenir meure ?
« Réponds, un siècle est comme une heure
« Devant mon regard éternel.

LE SIÈCLE.

« — J'ai, dans mes pensers magnanimes,
« Tout divisé, tout réuni ;
« J'ai soumis à mes lois sublimes
« Et l'immuable et l'infini ;
« J'ai pesé tes volontés mêmes...

LA VOIX.

« Fantôme, arrête ! tes blasphèmes
« Troublent mes saints d'un juste effroi,
« Sors de ton orgueilleuse ivresse
« Doute aujourd'hui de ta sagesse ;
« Car tu ne peux douter de moi.

« Fier de tes aveugles sciences,
« N'as-tu pas ri, dans tes clameurs,
« Et de mon être et des croyances
« Qui gardent les lois et les mœurs ?
« De la mort souillant le mystère,
« N'as-tu pas effrayé la terre
« D'un crime aux humains inconnu ?
« Des rois, avant les temps célestes,
« N'as-tu pas réveillé les restes ?

LE SIÈCLE.

« — O Dieu! votre jour est venu!

LA VOIX.

« Pleure, ô siècle! D'abord timide,
« L'erreur grandit comme un géant;
« L'athée invite au régicide :
« Le chaos est fils du néant.
« J'aimais une terre lointaine;
« Un roi bon, une belle reine
« Conduisaient son peuple joyeux;
« Je bénissais leurs jours augustes;
« Réponds : Qu'as-tu fait de ces justes?

LE SIÈCLE.

« — Seigneur! je les vois dans vos cieux.

LA VOIX.

« Oui : l'épouvante enfin t'éclaire!
« C'est moi qui marque leur séjour
« Aux réprouvés de ma colère,
« Comme aux élus de mon amour.
« Qu'un rayon tombe de ma face,
« Soudain tout s'anime ou s'efface,
« Tout naît ou retourne au tombeau.
« Mon souffle, propice ou terrible,
« Allume l'incendie horrible,
« Comme il éteint le pur flambeau!

« Que l'oubli muet te dévore.

7.

VISION.

LE SIÈCLE.

« — Seigneur, votre bras s'est levé ;
« Seigneur, le maudit vous implore !

LA VOIX.

« Non ; tais-toi, siècle réprouvé !

LE SIÈCLE.

« — Eh bien donc ! l'âge qui va naître
« Absoudra mes forfaits peut-être
« Par des forfaits plus odieux ! »
Ici gémit l'humble Espérance,
Et le bel ange de la France
De son aile voila ses yeux.

LA VOIX.

« Va, ma main t'ouvre les abimes ;
« Un siècle nouveau prend l'essor ;
« Mais, loin de t'absoudre, ses crimes,
« Maudit ! t'accuseront encor. »
Et comme l'ouragan qui gronde
Chasse à grand bruit jusque sur l'onde
Le flocon vers les mers jeté,
Longtemps la Voix inexorable
Poursuivit le Siècle coupable,
Qui tombait dans l'éternité.

1821.

BUONAPARTE

De Deo.

ODE ONZIÈME

I

Quand la terre engloutit les cités qui la couvrent ;
Que le vent sème au loin un poison voyageur ;
Quand l'ouragan mugit ; quand des monts brûlants s'ouvrent,
    C'est le réveil du Dieu vengeur.
Et si, lassant enfin les clémences célestes,
    Le monde à ces signes funestes
    Ose répondre en les bravant,
Un homme alors, choisi par la main qui foudroie,
Des aveugles fléaux ressaisissant la proie
    Paraît, comme un fléau vivant !

Parfois, élus maudits de la fureur suprême,
Entre les nations des hommes sont passés,
Triomphateurs longtemps armés de l'anathème, —
    Par l'anathème renversés !
De l'esprit de Nemrod héritiers formidables,
    Ils ont sur les peuples coupables
    Régné par la flamme et le fer !
Et dans leur gloire impie, en désastres féconde,
Ces envoyés du ciel sont apparus au monde,
    Comme s'ils venaient de l'enfer !

II

Naguère, de lois affranchie,
Quand la reine des nations
Descendit de la monarchie,
Prostituée aux factions ;
On vit, dans ce chaos fétide,
Naitre de l'hydre régicide
Un despote, empereur d'un camp.
Telle souvent la mer qui gronde
Dévore une plaine féconde
Et vomit un sombre volcan.

D'abord troublant du Nil les hautes catacombes,
Il vint, chef populaire, y combattre en courant,
Comme pour insulter des tyrans dans leurs tombes,
　　Sous sa tente de conquérant. —
Il revint pour régner sur ses compagnons d'armes.
　　En vain l'auguste France en larmes
　　Se promettait des jours plus beaux ;
Quand des vieux Pharaons il foulait la couronne,
Sourd à tant de néant, ce n'était qu'un grand trône
　　Qu'il rêvait sur leurs grands tombeaux !

Un sang royal teignit sa pourpre usurpatrice.
Un guerrier fut frappé par ce guerrier sans foi.
L'anarchie à Vincenne admira son complice, —
　　Au Louvre elle adora son roi.
Il fallut presque un Dieu pour consacrer cet homme.
　　Le prêtre-monarque de Rome
　　Vint bénir son front menaçant ;
Car sans doute, en secret effrayé de lui-même,
Il voulait recevoir son sanglant diadème
　　Des mains d'où le pardon descend.

III

Lorsqu'il veut, le Dieu secourable,
Qui livre au méchant le pervers,
Brise le jouet formidable
Dont il tourmentait l'univers.
Celui qu'un instant il seconde
Se dit le seul maître du monde ;
Fier, il s'endort dans son néant ;
Enfin, bravant la loi commune,
Quand il croit tenir sa fortune,
Le fantôme échappe au géant.

IV

Dans la nuit des forfaits, dans l'éclat des victoires,
Cet homme, ignorant Dieu, qui l'avait envoyé,
De cités en cités promenant ses prétoires,
    Marchait, sur sa gloire appuyé.
Sa dévorante armée avait, dans son passage,
    Asservi les fils de Pélage
    Devant les fils de Galgacus ;
Et quand dans leurs foyers il ramenait ses braves,
Aux fêtes qu'il vouait à ses vainqueurs esclaves,
    Il invitait les rois vaincus !

Dix empires conquis devinrent ses provinces.
Il ne fut pas content dans son orgueil fatal. —
Il ne voulait dormir qu'en une cour de princes,
    Sur un trône continental !
Ses aigles, qui volaient sous vingt cieux parsemées,
    Au Nord, de ses longues armées

Guidèrent l'immense appareil ;
Mais là parut l'écueil de sa course hardie.
Les peuples sommeillaient : un sanglant incendie
    Fut l'aurore du grand réveil !

    Il tomba roi ; — puis, dans sa route,
    Il voulut, fantôme ennemi,
    Se relever, afin sans doute
    De ne plus tomber à demi.
    Alors, loin de sa tyrannie,
    Pour qu'une effrayante harmonie
    Frappât l'orgueil anéanti,
    On jeta ce captif suprême
    Sur un rocher, débris lui-même
    De quelque ancien monde englouti !

Là, se refroidissant comme un torrent de lave,
Gardé par ses vaincus, chassé de l'univers,
Ce reste d'un tyran, en s'éveillant esclave,
    N'avait fait que changer de fers.
Des trônes restaurés écoutant la fanfare,
    Il brillait de loin comme un phare,
    Montrant l'écueil au nautonier.
Il mourut. — Quand ce bruit éclata dans nos villes,
Le monde respira dans les fureurs civiles,
    Délivré de son prisonnier !

Ainsi l'orgueil s'égare en sa marche éclatante,
Colosse né d'un souffle et qu'un regard abat. —
Il fit du glaive un sceptre et du trône une tente,
    Tout son règne fut un combat.
Du fléau qu'il portait lui-même tributaire,
    Il tremblait, prince de la terre ;
    Soldat, on vantait sa valeur.

Retombé dans son cœur comme dans un abime,
Il passa par la gloire, il passa par le crime,
   Il n'est arrivé qu'au malheur.

v

Peuples, qui poursuivez d'hommages
Les victimes et les bourreaux,
Laissez-le fuir seul dans les âges : —
Ce ne sont point là les héros !
Ces faux dieux, que leur siècle encense,
Dont l'avenir hait la puissance,
Vous trompent dans votre sommeil
Tels que ces nocturnes aurores
Où passent de grands météores,
Mais que ne suit pas le soleil.

Mars 1822.

LIVRE DEUXIÈME

—

1822-1823

—

Nos canimus surdis.

A MES ODES

..... Tentanda via est qua me quoque possim
Tollere humo, victorque virum volitare per ora.
Virgile.

ODE PREMIÈRE

I

Mes odes, c'est l'instant de déployer vos ailes.
Cherchez d'un même essor les voûtes immortelles;
    Le moment est propice... Allons!
    La foudre en grondant vous éclaire,
    Et la tempête populaire
    Se livre au vol des aquilons

Pour qui rêva longtemps le jour du sacrifice,
Oui, l'heure où vient l'orage est une heure propice;
    Mais moi, sous un ciel calme et pur,
    Si j'avais, fortuné génie,

Dans la lumière et l'harmonie
Vu flotter vos robes d'azur;

Si nul profanateur n'eût touché vos offrandes;
Si nul reptile impur, sur vos chastes guirlandes,
    N'eût traîné ses nœuds flétrissants;
    Si la terre, à votre passage,
    N'eût exhalé d'autre nuage
    Que la vapeur d'un doux encens;

J'aurais béni la muse et chanté ma victoire.
J'aurais dit au poëte, élancé vers la gloire:
    « O ruisseau! qui cherches les mers,
    « Coule vers l'océan du monde
    « Sans craindre d'y mêler ton onde;
    « Car ses flots ne sont pas amers. »

II

Heureux qui de l'oubli ne fuit point les ténèbres!
Heureux qui ne sait pas combien d'échos funèbres
    Le bruit d'un nom fait retentir!
    Et si la gloire est inquiète,
    Et si la palme du poëte
    Est une palme de martyr!

Sans craindre le chasseur, l'orage ou le vertige,
Heureux l'oiseau qui plane et l'oiseau qui voltige!
    Heureux qui ne veut rien tenter!
    Heureux qui suit ce qu'il doit suivre!
    Heureux qui ne vit que pour vivre,
    Qui ne chante que pour chanter!

III

Vous! ô mes chants, adieu! cherchez votre fumée!
Bientôt, sollicitant ma porte refermée,
    Vous pleurerez, au sein du bruit,
    Ce temps où, cachés sous des voiles,
    Vous étiez pareils aux étoiles,
    Qui ne brillent que pour la nuit,

Quand, tour à tour, prenant et rendant la balance,
Quelques amis, le soir, vous jugeaient en silence,
    Poëtes, par la lyre émus,
    Qui fuyaient la ville sonore,
    Et transplantaient les fleurs d'Isaure
    Dans les jardins d'Académus.

Comme un ange, porté sur ses ailes dorées,
Vous veniez, murmurant des paroles sacrées;
    Pour abattre et pour relever,
    Vous disiez, dans votre délire,
    Tout ce que peut chanter la lyre,
    Tout ce que l'âme peut rêver.

Disputant un prix noble en une sainte arène,
Vous laissiez tout l'Olympe aux fils de l'Hippocrène,
    Rivaux de votre ardent essor;
    Ainsi que l'amant d'Atalante,
    Pour rendre leur course plus lente,
    Vous leur jetiez les pommes d'or.

On vous voyait, suivis de sylphes et de fées,
Liant d'anciens faisceaux à nos jeunes trophées,

Chanter les camps et leurs travaux,
Ou pousser des cris prophétiques,
Ou demander aux temps gothiques
Leurs vieux contes toujours nouveaux.

Souvent vos luths pieux consolaient les couronnes,
Et du haut du trépied vous défendiez les trônes;
Souvent, appuis de l'innocent,
Comme un tribut expiatoire,
Vous mêliez, pour fléchir l'histoire,
Une larme à des flots de sang.

IV

C'en est fait maintenant, pareils aux hirondelles,
Partez; qu'un même but vous retrouve fidèles.
Et moi, pourvu qu'en vos combats
De votre foi nul cœur ne doute;
Et qu'une âme en secret écoute
Ce que vous lui direz tout bas;

Pourvu, quand sur les flots, en vingt courants contraires,
L'ouragan chassera vos voiles téméraires,
Qu'un seul ami, plaignant mon sort,
Vous voyant battus de l'orage,
Pose un fanal sur le rivage,
S'afflige, et vous souhaite un port;

D'un œil moins désolé je verrai vos naufrages,
Mais le temps presse, allez! rassemblez vos courages.
Il faut combattre les méchants.
C'est un sceptre aussi que la lyre!
Dieu, dont nos âmes sont l'empire,
A mis un pouvoir dans les chants.

V

Le poëte, inspiré lorsque la terre ignore,
Ressemble à ces grands monts que la nouvelle aurore
    Dore avant tous à son réveil.
    Et qui, longtemps vainqueurs de l'ombre,
    Gardent jusque dans la nuit sombre
    Le dernier rayon du soleil.

1823.

L'HISTOIRE

Ferrea vox.
VIRGILE.

ODE DEUXIÈME

I

Le sort des nations, comme une mer profonde,
A ses écueils cachés et ses gouffres mouvants.
Aveugle qui ne voit, dans les destins du monde,
Que le combat des flots sous la lutte des vents!

Un souffle immense et fort domine ces tempêtes.
Un rayon du ciel plonge à travers cette nuit.
Quand l'homme aux cris de mort mêle le cri des fêtes
Une secrète voix parle dans ce vain bruit.

Les siècles tour à tour, ces gigantesques frères,
Différents par leur sort, semblables dans leurs vœux,
Trouvent un but pareil par des routes contraires,
Et leurs fanaux divers brillent des mêmes feux

II

Muse! il n'est point de temps que tes regards n'embrassent;
Tu suis dans l'avenir leur cercle solennel;

Car les jours, et les ans, et les siècles ne tracent
Qu'un sillon passager dans le fleuve éternel.

Bourreaux, n'en doutez pas ; n'en doutez pas, victimes !
Elle porte en tous lieux son immortel flambeau,
Plane au sommet des monts, plonge au fond des abîmes,
Et souvent fonde un temple où manquait un tombeau.

Elle apporte leur palme aux héros qui succombent,
Du char des conquérants brise le frêle essieu,
Marche en rêvant au bruit des empires qui tombent,
Et dans tous les chemins montre les pas de Dieu !

Du vieux palais des temps elle pose le faîte ;
Les siècles à sa voix viennent se réunir ;
Sa main, comme un captif honteux de sa défaite,
Traîne tout le passé jusque dans l'avenir.

Recueillant les débris du monde en ses naufrages,
Son œil de mers en mers suit le vaste vaisseau,
Et sait voir tout ensemble, aux deux bornes des âges,
Et la première tombe et le dernier berceau !

  1823.

LA BANDE NOIRE

> Voyageur obscur, mais religieux,
> au travers des ruines de la patrie... Je priais.
> CH. NODIER.

ODE TROISIÈME

I

« O murs ! ô créneaux ! ô tourelles !
« Remparts ! fossés aux ponts mouvants !
« Lourds faisceaux de colonnes frêles !
« Fiers châteaux ! modestes couvents !
« Cloîtres poudreux, salles antiques,
« Où gémissaient les saints cantiques,
« Où riaient les banquets joyeux !
« Lieux où le cœur met ses chimères !
« Eglises où priaient nos mères,
« Tours où combattaient nos aïeux !

« Parvis où notre orgueil s'enflamme !
« Maisons de Dieu ! manoirs des rois !
« Temples que gardait l'oriflamme,
« Palais que protégeait la croix !
« Réduits d'amour ! arcs de victoires !
« Vous qui témoignez de nos gloires,
« Vous qui proclamez nos grandeurs !
« Chapelles ! donjons ! monastères !
« Murs voilés de tant de mystères !
« Murs brillants de tant de splendeurs !

« O débris ! ruines de France,
« Que notre amour en vain défend !
« Séjours de joie ou de souffrance,
« Vieux monuments d'un peuple enfant !
« Restes, sur qui le temps s'avance !
« De l'Armorique à la Provence,
« Vous que l'honneur eut pour abri !
« Arceaux tombés, voûtes brisées,
« Vestiges des races passées !
« Lit sacré d'un fleuve tari !

« Oui, je crois, quand je vous contemple,
« Des héros entendre l'adieu ;
« Souvent, dans les débris du temple,
« Brille comme un rayon de Dieu.
« Mes pas errants cherchent la trace
« De ces fiers guerriers dont l'audace
« Faisait un trône d'un pavois ;
« Je demande, oubliant les heures,
« Au vieil écho de leurs demeures
« Ce qui lui reste de leur voix.

« Souvent ma muse aventurière,
« S'enivrant de rêves soudains,
« Ceignit la cuirasse guerrière,
« Et l'écharpe des paladins ;
« S'armant d'un fer rongé de rouille,
« Elle déroba leur dépouille
« Aux lambris du long corridor ;
« Et vers des régions nouvelles,
« Pour hâter son coursier sans ailes,
« Osa chausser l'éperon d'or.

« J'aimais le manoir dont la route
« Cache dans les bois ses détours,
« Et dont la porte sous la voûte
« S'enfonce entre deux larges tours ;
« J'aimais l'essaim d'oiseaux funèbres
« Qui sur les toits, dans les ténèbres,
« Vient grouper ses noirs bataillons ;
« Ou, levant des voix sépulcrales,
« Tournoie en mobiles spirales
« Autour des légers pavillons.

« J'aimais la tour, verte de lierre,
« Qu'ébranle la cloche du soir ;
« Les marches de la croix de pierre
« Où le voyageur vient s'asseoir ;
« L'église veillant sur les tombes,
« Ainsi qu'on voit d'humbles colombes
« Couver les fruits de leur amour ;
« La citadelle crénelée,
« Ouvrant ses bras sur la vallée,
« Comme les ailes d'un vautour.

« J'aimais le beffroi des alarmes ;
« La cour où sonnaient les clairons ;
« La salle où, déposant leurs armes,
« Se rassemblaient les hauts barons ;
« Les vitraux éclatants ou sombres,
« Le caveau froid où, dans les ombres,
« Sous des murs que le temps abat,
« Les preux, sourds au vent qui murmure,
« Dorment couchés dans leur armure,
« Comme la veille d'un combat.

« Aujourd'hui, parmi les cascades,
« Sous le dôme des bois touffus,
« Les piliers, les sveltes arcades,
« Hélas! penchent leurs fronts confus;
« Les forteresses écroulées,
« Par la chèvre errante foulées,
« Courbent leur tête de granit;
« Restes qu'on aime et qu'on vénère!
« L'aigle à leurs tours suspend son aire,
« L'hirondelle y cache son nid.

« Comme cet oiseau de passage,
« Le poëte, dans tous les temps,
« Chercha, de voyage en voyage,
« Les ruines et le printemps.
« Ces débris, chers à la patrie,
« Lui parlent de chevalerie;
« La gloire habite leurs néants;
« Les héros peuplent ces décombres; —
« Si ce ne sont plus que des ombres,
« Ce sont des ombres de géants!

« O Français! respectons ces restes!
« Le ciel bénit les fils pieux
« Qui gardent, dans les jours funestes,
« L'héritage de leurs aïeux.
« Comme une gloire dérobée
« Comptons chaque pierre tombée,
« Que le temps suspende sa loi;
« Rendons les Gaules à la France,
« Les souvenirs à l'espérance,
« Les vieux palais au jeune roi!... »

II

—Tais-toi, lyre! Silence, ô lyre du poëte!
Ah! laisse en paix tomber ces débris glorieux
Au gouffre où nul ami, dans sa douleur muette,
    Ne les-suivra longtemps des yeux!
Témoins que les vieux temps ont laissés dans notre âge,
    Gardiens d'un passé qu'on outrage,
    Ah! fuyez ce siècle ennemi!
Croulez, restes sacrés, ruines solennelles!
Pourquoi veiller encor, dernières sentinelles
    D'un camp pour jamais endormi?

Ou plutôt, — que du temps la marche soit hâtée.
Quoi donc! n'avons-nous point parmi nous ces héros
Qui chassèrent les rois de leur tombe insultée,
    Que les morts ont eus pour bourreaux?
Honneur à ces vaillants que notre orgueil renomme!
    Gloire à ces braves! Sparte et Rome
    Jamais n'ont vu d'exploits plus beaux!
Gloire! ils ont triomphé de ces funèbres pierres,
Ils ont brisé des os, dispersé des poussières!
    Gloire! ils ont proscrit des tombeaux!

Quel Dieu leur inspira ces travaux intrépides?
Tout joyeux du néant par leurs soins découvert,
Peut-être ils ne voulaient que des sépulcres vides,
    Comme ils n'avaient qu'un ciel désert!
Ou, domptant les respects dont la mort nous fascine,
    Leur main peut-être, en sa racine,
    Frappait quelque auguste arbrisseau;
Et, courant en espoir à d'autres hécatombes,
Leur sublime courage, en attaquant ces tombes,
    S'essayait à vaincre un berceau!

Qu'ils viennent maintenant, que leur foule s'élance,
Qu'ils se rassemblent tous, ces soldats aguerris!
Voilà des ennemis dignes de leur vaillance :
    Des ruines et des débris.
Qu'ils entrent sans effroi sous ces portes ouvertes;
    Qu'ils assiégent ces tours désertes;
    Un tel triomphe est sans dangers.
Mais qu'ils n'éveillent pas les preux de ces murailles,
Ces ombres qui jadis ont gagné des batailles
    Les prendraient pour des étrangers!

Ce siècle entre les temps veut être solitaire.
Allons! frappez ces murs, des ans encor vainqueurs.
Non, qu'il ne reste rien des vieux jours sur la terre :
    Il n'en reste rien dans nos cœurs.
Cet héritage immense, où nos gloires s'entassent,
    Pour les nouveaux peuples qui passent,
    Est trop pesant à soutenir;
Il retarde leurs pas, qu'un même élan ordonne.
Que nous fait le passé? Du temps que Dieu nous donne,
    Nous ne gardons que l'avenir.

Qu'on ne nous vante plus nos crédules ancêtres!
Ils voyaient leurs devoirs où nous voyons nos droits.
Nous avons nos vertus. Nous égorgeons les prêtres,
    Et nous assassinons les rois. —
Hélas! il est trop vrai, l'antique honneur de France,
    La Foi, sœur de l'humble Espérance,
    Ont fui notre âge infortuné;
Des anciennes vertus le crime a pris la place;
Il cache leurs sentiers, comme la ronce efface
    Le seuil d'un temple abandonné.

Quand de ses souvenirs la France dépouillée,
Hélas! aura perdu sa vieille majesté,
Lui disputant encor quelque pourpre souillée
    Ils riront de sa nudité!
Nous, ne profanons point cette mère sacrée,
    Consolons sa gloire éplorée.
    Chantons ses astres éclipsés.
Car notre jeune muse, affrontant l'anarchie,
Ne veut pas secouer sa bannière, blanchie
    De la poudre des temps passés.

1823.

A MON PÈRE

Domestica facta.
HORACE.

ODE QUATRIÈME

I

Quoi ! toujours une lyre et jamais une épée !
Toujours d'un voile obscur ma vie enveloppée !
Point d'arène guerrière à mes pas éperdus !...
Mais jeter ma colère en strophes cadencées !
Consumer tous mes jours en stériles pensées,
    Toute mon âme en chants perdus !

Et cependant livrée aux tyrans qu'elle brave,
La Grèce aux rois chrétiens montre sa croix esclave !
Et l'Espagne à grands cris appelle nos exploits !
Car elle a de l'erreur connu l'ivresse amère ;
Et, comme un orphelin qu'on arrache à sa mère,
    Son vieux trône a perdu l'appui des vieilles lois.

Je rêve quelquefois que je saisis ton glaive,
O mon père ! et je vais, dans l'ardeur qui m'enlève,
Suivre au pays du Cid nos glorieux soldats,
Ou faire dire aux fils de Sparte révoltée
Qu'un Français, s'il ne peut rendre aux Grecs un Tyrtée,
    Leur sut rendre un Léonidas.

Songes vains! Mais du moins ne crois pas que ma muse
Ait pour tes compagnons des chants qu'elle refuse,
Mon père! le poëte est fidèle aux guerriers;
Des honneurs immortels il revêt la victoire,
Il chante sur leur vie, et l'amant de la gloire
Comme toutes les fleurs aime tous les lauriers.

II

O Français! des combats la palme vous décore
Courbés sous un tyran vous étiez grands encore.
Ce chef prodigieux par vous s'est élevé;
Son immortalité sur vos gloires se fonde,
Et rien n'effacera des annales du monde
  Son nom, par vos glaives gravé.

Ajoutant une page à toutes les histoires,
Il attelait des rois au char de ses victoires.
Dieu dans sa droite aveugle avait mis le trépas
L'univers haletait sous son poids formidable.
Comme ce qu'un enfant a tracé sur le sable,
Les empires, confus, s'effaçaient sous ses pas.

Flatté par la fortune, il fut puni par elle.
L'imprudent confiait son destin vaste et frêle
A cet orgueil, toujours sur la terre expié.
Où donc, en sa folie, aspirait ta pensée,
Malheureux! qui voulais, dans ta route insensée,
  Tous les trônes pour marchepied?

Son jour vint : on le vit, vers la France alarmée,
Fuir, trainant après lui, comme un lambeau d'armée,

Chars, coursiers et soldats, pressés de toutes parts.
Tel, en son vol immense atteint du plomb funeste,
Le grand aigle, tombant de l'empire céleste,
Sème sa trace au loin de son plumage épars.

Qu'il dorme maintenant dans son lit de poussière!
On ne voit plus, autour de sa couche guerrière,
Vingt courtisans royaux épier son réveil;
L'Europe, si longtemps sous son bras palpitante,
Ne compte plus, assise aux portes de sa tente,
    Les heures de son noir sommeil.

Reprenez, ô Français, votre gloire usurpée.
Assez dans tant d'exploits on n'a vu qu'une épée!
Assez de la louange il fatigua la voix!
Mesurez la hauteur du géant sur la poudre.
Quel aigle ne vaincrait, armé de votre foudre?
Et qui ne serait grand du haut de vos pavois?

L'étoile de Brennus luit encor sur vos têtes.
La Victoire eut toujours des Français à ses fêtes.
La paix du monde entier dépend de leur repos.
Sur les pas des Moreau, des Condé, des Xaintrailles,
Ce peuple glorieux dans les champs de batailles
    A toujours usé ses drapeaux.

III

Toi, mon père, ployant ta tente voyageuse,
Conte-nous les écueils de ta route orageuse,
Le soir, d'un cercle étroit, en silence entouré.
Si d'opulents trésors ne sont plus ton partage,
Va, tes fils sont contents de ton noble héritage
Le plus beau patrimoine est un nom révéré.

Pour moi, puisqu'il faut voir, et mon cœur en murmure,
Pendre aux lambris poudreux ta vénérable armure;
Puisque ton étendard dort pres de ton foyer,
Et que, sous l'humble abri de quelques vieux portiques,
Le coursier qui m'emporte aux luttes poétiques,
    Laisse rouiller ton char guerrier;

Lègue à mon luth obscur l'éclat de ton épée;
Et du moins qu'à ma voix, de ta vie occupée,
Ce beau souvenir prête un charme solennel;
Je dirai tes combats aux muses attentives,
Comme un enfant joyeux, parmi ses sœurs craintives,
Traine, débile et fier, le glaive paternel.

Août 1823.

AUX ROIS DE L'EUROPE.

LE REPAS LIBRE

Il y avait à Rome un antique usage : la veille
de l'exécution des condamnés à mort, on leur donnait, à la porte
de la prison, un repas public appelé *Repas libre.*
CHATEAUBRIAND, *les Martyrs.*

ODE CINQUIÈME

I

Lorsqu'à l'antique Olympe immolant l'Evangile,
Le préteur, appuyant d'un tribunal fragile
    Ses temples odieux,
Livide, avait proscrit des chrétiens pleins de joie,
Victimes qu'attendaient, acharnés sur leur proie,
    Les tigres et les dieux ;

Rome offrait un festin à leur élite sainte ;
Comme si, sur les bords du calice d'absinthe,
    Versant un peu de miel,
Sa pitié des martyrs ignorait l'énergie,
Et voulait consoler par une folle orgie,
    Ceux qu'appelait le ciel.

La pourpre recevait ces convives austères ;
Le falerne écumait dans de larges cratères
    Ceints de myrtes fleuris ;

Le miel d'Hybla dorait les vins de Malvoisie,
Et, dans les vases d'or, les parfums de l'Asie
    Lavaient leurs pieds meurtris.

Un art profond, mêlant les tributs des trois mondes,
Dévastait les forêts et dépeuplait les ondes
    Pour ce libre repas;
On eût dit qu'épuisant la prodigue nature,
Sybaris conviait aux banquets d'Epicure
    Ces élus du trépas.

Les tigres cependant s'agitaient dans leur chaîne :
Les léopards captifs de la sanglante arène
    Cherchaient le noir chemin;
Et bientôt, moins cruels que les femmes de Rome,
Ces monstres s'étonnaient d'être applaudis par l'homme,
    Baignés de sang humain.

On jetait aux lions les confesseurs, les prêtres.
Telle une main servile à de dédaigneux maîtres
    Offre un mets savoureux.
Lorsqu'au pompeux banquet siégeait leur saint conclave,
La pâle mort, debout, comme un muet esclave,
    Se tenait derrière eux.

II

O rois, comme un festin s'écoule votre vie.
La coupe des grandeurs, que le vulgaire envie,
    Brille dans votre main;
Mais, au concert joyeux de la fête éphémère,
Se mêle le cri sourd du tigre populaire
    Qui vous attend demain!

    1823.

LA LIBERTÉ

Christus nos liberavit.

ODE SIXIÈME

I

Quand l'impie a porté l'outrage au sanctuaire,
Tout fuit le temple en deuil, de splendeur dépouillé
Mais le prêtre fidèle, à genoux sur la pierre,
Prodigue plus d'encens, répand plus de prière,
Courbe plus bas son front devant l'autel souillé.

II

Non, sur nos tristes bords, ô belle voyageuse!
Sœur auguste des rois, fille sainte de Dieu,
Liberté! pur flambeau de la gloire orageuse,
    Non, je ne t'ai point dit adieu!
Car mon luth est de ceux dont les voix importunes
    Pleurent toutes les infortunes,
    Bénissent toutes les vertus.
Mes hymnes dévoués ne traînent point la chaîne
Du vil gladiateur, mais ils vont dans l'arène
    Du linceul des martyrs vêtus.

Dans l'âge où le cœur porte un souffle magnanime,
Où l'homme à l'avenir jette un défi sublime

Et montre à sa menace un sourire hardi ;
Avant l'heure où périt la fleur de l'espérance,
    Quand l'âme, lasse de souffrance,
Passe du frais matin à l'aride midi ;

Je disais : « Oh ! salut, vierge aimable et sévère !
« Le monde, ô Liberté ! suit tes nobles élans ;
« Comme une jeune épouse il t'aime, et te révère
    « Comme une aïeule en cheveux blancs !
« Salut ! tu sais, de l'âme écartant les entraves,
    « Descendre au cachot des esclaves
        « Plutôt qu'au palais des tyrans ;
« Aux concerts du Cédron mêlant ceux du Permesse,
« Ta voix douce a toujours quelque illustre promesse
    « Qu'entendent les héros mourants. »

Je disais. Souriant à mon ivresse austère,
Je vis venir à moi les sages de la terre :
« Voici la Liberté ! plus de sang ! plus de pleurs !
« Les peuples réveillés s'inclinent devant elle.
« Viens, ô son jeune amant ! car voici l'immortelle !... »
Et j'accourus, portant des palmes et des fleurs.

III

O Dieu ! leur liberté, c'était un monstre immense,
Se nommant Vérité parce qu'il était nu,
Balbutiant les cris de l'aveugle démence,
    Et l'aveu du vice ingénu !
La Fable eût pu donner à ses fureurs impies
    L'ongle flétrissant des harpies
        Et les mille bras d'Ægéon.
La dépouille de Rome ornait l'impure idole.

Le vautour remplaçait l'aigle à son Capitole.
    L'enfer peuplait son Panthéon.

Le Supplice hagard, la Torture écumante,
Lui conduisaient la Mort comme une heureuse amante.
Le monstre aux pieds foulait tout un peuple innocent;
Et les sages, menteurs aux paroles divines,
Soutenaient ses pas lourds, quand, parmi les ruines,
    Il chancelait, ivre de sang!

Mêlant les lois de Sparte aux fêtes de Sodome,
Dans tous les attentats cherchant tous les fléaux,
Par le néant de l'âme il croyait grandir l'homme,
    Et réveillait le vieux chaos.
Pour frapper leur couronne osant frapper leur tête,
    Des rois, perdus dans la tempête,
    Il brisait le trône avili;
Et, de l'éternité lui laissant quelque reste,
Daignait à Dieu, muet dans son exil céleste,
    Offrir un échange d'oubli!

IV

Et les sages disaient : « Gloire à notre sagesse!
« Voici les jours de Rome et les temps de la Grèce!
« Nations, de vos rois brisez l'indigne frein.
« Liberté! n'ayez plus de maîtres que vous-même :
« Car nous tenons de toi notre pouvoir suprême,
« Sois donc heureux et libre, ô peuple souverain!...»

Tyrans adulateurs! caresses mensongères!
O honte! Asie, Afrique, où sont tous vos sultans!
Que leurs sceptres sont doux, et leurs chaînes légères
    Près de ces bourreaux insultants!

Rends gloire, ô foule abjecte en tes fers assoupie,
    Au vil monstre d'Ethiopie,
    Par un fer jaloux mutilé!
Gloire aux muets cachés au harem du prophète!
Gloire à l'esclave obscur, qui leur livre sa tête,
    Du moins en silence immolé!

Le sultan, sous des murs de jaspe et de porphyre,
Jetant à cent beautés un dédaigneux sourire,
Foule la pourpre et l'or, et l'ambre et le corail,
Et de loin, en passant, le peuple peut connaître
    Où sont les plaisirs de son maître,
A la tête qui pend aux portes du sérail!

Peuple heureux! éveillant la révolte hardie,
Parmi ses toits troublés, dans l'ombre bien souvent,
L'inquiet janissaire égare l'incendie
    Sur l'aile bruyante du vent.
Peuple heureux! d'un vizir sa vie est le domaine;
    Un poison, que la mort promène,
    Flétrit son rivage infecté;
L'esclavage le courbe au joug de l'épouvante:
Peuple trois fois heureux! divins sages qu'on vante,
    Il n'a pas votre Liberté!

V

O France! c'est au ciel, qu'en nos jours de colère
A fui la Liberté, mère des saints exploits;
Il faut, pour réfléchir cet astre tutélaire,
Que, pur dans tous ses flots, le fleuve populaire
Coule à l'ombre du trône appuyé sur les lois!

Un Dieu du joug du mal a délivré le monde.
Parmi les opprimés il vint prendre son rang;
Rois! — en vœux fraternels sa parole est féconde;
    Peuple! — il fut pauvre, humble et souffrant.
La Liberté sourit à toutes les victimes,
    A tous les dévoûments sublimes,
    Sauveurs des Etats secourus;
A ses yeux la Vendée est sœur des Thermopyles:
Et le même laurier, dans les mêmes asiles,
    Unit Malesherbe et Codrus.

VI

Quand l'impie a porté l'outrage au sanctuaire,
Tout fuit le temple en deuil, de splendeur dépouillé;
Mais le prêtre fidèle, assis dans la poussière,
Prodigue plus d'encens, répand plus de prière,
Courbe plus bas son front devant l'autel souillé.

    Juillet 1823.

LA GUERRE D'ESPAGNE

Sine clade victor.

ODE SEPTIÈME

I

Oh! que la royauté, puissante et vénérable,
Fille, aux cheveux blanchis, des âges révolus,
Perçant de ses clartés leur nuit impénétrable,
    Où tant d'astres ne brillent plus;
Soumettant l'aigle au cygne et l'autour aux colombes,
    S'élevant de tombes en tombes;
    Géant que grandit son fardeau;
Consacrant sur l'autel le fer dont elle est ceinte,
Et mêlant les rayons de l'auréole sainte
    Aux fleurons du royal bandeau;

Oh! que la royauté, peuples, est douce et belle! —
A force de bienfaits elle achète ses droits.
Son bras fort, quand bouillonne une foule rebelle,
    Couvre les sceptres d'une croix.
Ce colosse d'airain, de ses mains séculaires,
    Dans les nuages populaires,
    Lève un phare aux feux éclatants;
Et, liant au passé l'avenir qu'il féconde,
Pose à la fois ses pieds, en vain battus de l'onde,
    Sur les deux rivages du temps.

II

Aussi, que de malheurs suprêmes
Elle impose aux infortunés,
Qui, sous le joug des diadèmes,
Courbèrent leurs fronts condamnés !
Il faut que leur cœur soit sublime.
Affrontant la foudre et l'abîme,
Leur nef ne doit pas fuir l'écueil.
Un roi, digne de la couronne,
Ne sait pas descendre du trône,
Mais il sait descendre au cercueil.

Il faut, comme un soldat, qu'un prince ait une épée,
Il faut, des factions quand l'astre impur a lui,
Que nuit et jour, bravant leur attente trompée,
  Un glaive veille auprès de lui;
Ou que de son armée il se fasse un cortége,
  Que son fier palais se protége
  D'un camp au front étincelant;
Car de la royauté la guerre est la compagne :
On ne peut te briser, sceptre de Charlemagne,
  Sans briser le fer de Roland !

III

Roland ! — N'est-il pas vrai, noble élu de la guerre,
Que ton ombre, éveillée aux cris de nos guerriers,
Aux champs de Roncevaux lorsqu'ils passaient naguère,
   Les prit pour d'anciens chevaliers?
Car le héros, assis sur sa tombe célèbre,
   Les voyait, vers les bords de l'Ebre

Déployant leur vol immortel,
Du haut des monts, pareils à l'aigle ouvrant ses ailes,
Secouer, pour chasser de nouveaux infidèles,
    L'éclatant cimier de Martel!

    Mais un autre héros encore,
    Pélage, l'effroi des tyrans,
    Pélage, autre vainqueur du Maure,
    Dans les cieux saluait nos rangs.
    Au char où notre gloire brille,
    Il attelait de la Castille
    Le vieux lion fier et soumis ;
    Répétant notre cri d'alarmes,
    Il mêlait sa lance à nos armes,
    Et sa voix nous disait : Amis!

                IV

Des pas d'un conquérant l'Espagne encor fumante
Pleurait, prostituée à notre liberté,
Entre les bras sanglants de l'effroyable amante,
    Sa royale virginité.
Ce peuple altier, chargé de despotes vulgaires,
    Maudissait, épuisé de guerres,
    Le monstre en ses champs accouru ;
Si las des vils tribuns et des tyrans serviles,
Que lui-même appelait l'étranger dans ses villes,
    Sans frémir d'être secouru!

Les Français sont venus : — du Rhin jusqu'au Bosphore,
Peuples de l'Aquilon, du couchant, du midi,
Pourquoi, vous dont le front, que l'effroi trouble encore,
    Se courba sous leur pied hardi,

Nations, de la veille à leur cnaîne échappées,
     Qu'on vit tomber sous leurs épées,
     Ou qui par eux avez vécu ;
Empires, potentats, cités, royaumes, princes ;
Pourquoi, puissants Etats, qui fûtes nos provinces,
     Me demander s'ils ont vaincu ?

     Ils ont appris à l'anarchie
     Ce que pèse le fer gaulois ;
     Mais par eux l'Espagne affranchie
     Ne peut rougir de leurs exploits ;
     Tous les peuples, que Dieu seconde,
     Quand l'hydre, en désastres féconde,
     Tourne vers eux son triple dard,
     Ont, ligués contre sa furie,
     Le temple pour même patrie,
     La croix pour commun étendard.

V

Pourtant, que désormais Madrid taise à l'histoire
Des succès trop longtemps par son orgueil redits,
Et le royal captif que l'ingrate victoire
     Dans ses murs envoya jadis.
Cadix nous a vengés de l'affront de Pavie.
     A l'ombre d'un héros ravie
     La gloire a rendu tous ses droits ;
Oubliant quel Français a porté ses entraves,
La fière Espagne a vu si les mains de nos braves
     Savent briser les fers des rois !

Préparez, Castillans, des fêtes solennelles,
Des murs de Sarragosse aux Champs d'Almonacid.

Mêlez à nos lauriers vos palmes fraternelles :
    Chantez Bayard; — chantons le Cid!
Qu'au vieil Escurial le vieux Louvre réponde;
    Que votre drapeau se confonde
    A nos drapeaux victorieux.
Que Gadès édifie un autel sur sa plage!
Que de lui-même, aux monts d'où se leva Pélage,
    S'allume un feu mystérieux?

    Pour témoigner de leurs paroles,
    Où sont ces nouveaux Décius?
    Le brasier attend les Scévoles!
    Le gouffre attend les Curtius!
    Quoi! trainant leurs fronts dans la poudre,
    Tous, de Bourbon, qui tient la foudre,
    Embrassent les sacrés genoux!... —
    Ah! la victoire est généreuse,
    Leur cause inique est malheureuse;
    Ils sont vaincus, ils sont absous!

VI

Un Bourbon pour punir ne voudrait pas combattre.
Le droit de son triomphe est toujours le pardon.
Pourtant des factions que son bras vient d'abattre
    Il éteint le dernier brandon.
Oh! de combien de maux, peuples, il vous délivre!
    Hélas! à quels forfaits se livre
    Le monstre, à ses pieds frémissant!
Nous qui l'avons vaincu, nous fûmes sa conquête.
Nous savons, lorsque tombe une royale tête,
    Combien il en coule de sang!

O nos guerriers, venez! vos mères sont contentes!
Vos bras, terreur du monde, en deviennent l'appui.
Assez on vit crouler de trônes sous vos tentes!
    Relevez les rois aujourd'hui.
Dieu met sur votre char son arche glorieuse;
    Votre tente victorieuse
    Est son tabernacle immortel;
Des saintes légions votre étendard dispose;
Il veut que votre casque à sa droite repose
    Entre les vases de l'autel!

VII

C'en est fait : loin de l'espérance
Chassant le crime épouvanté,
Les cieux commettent à la France
La garde de la royauté.
Son génie, éclairant les trames,
  Luit comme la lampe aux sept flammes,
Cachée aux temples du Jourdain;
Gardien des trônes qu'il relève,
Son glaive est le céleste glaive
Qui flamboie aux portes d'Eden!

Novembre 1823.

A

L'ARC DE TRIOMPHE

DE L'ÉTOILE

Non deficit alter.
VIRGILE.

ODE HUITIÈME

I

La France a des palais, des tombeaux, des portiques,
De vieux châteaux, tout pleins de bannières antiques,
Héroïques joyaux conquis dans les dangers;
Sa pieuse valeur, prodigue en fiers exemples,
    Pour parer ses superbes temples,
    Dépouille les camps étrangers.

On voit dans ses cités, de monuments peuplées,
Rome et ses dieux, Memphis et ses noirs mausolées;
Le lion de Venise en leurs murs a dormi!
Et quand, pour embellir nos vastes Babylones,
    Le bronze manque à ses colonnes,
    Elle en demande à l'ennemi!

Lorsque luit aux combats son armure enflammée,
Son oriflamme auguste et de lis parsemée
Chasse les escadrons ainsi que des troupeaux;

Puis elle offre aux vaincus des dons après les guerres,
    Et comme des hochets vulgaires,
  Y mêle leurs propres drapeaux.

II

Arc triomphal! la foudre, en terrassant ton maître,
Semblait avoir frappé ton front encore à naître.
Par nos exploits nouveaux te voilà relevé!
Car on n'a pas voulu, dans notre illustre armée,
    Qu'il fût de notre renommée
  Un monument inachevé!

Dis aux siècles le nom de leur chef magnanime.
Qu'on lise sur ton front que nul laurier sublime
A des glaives français ne peut se dérober.
Lève-toi jusqu'aux cieux, portique de victoire!
    Que le géant de notre gloire
  Puisse passer sans se courber!

    Novembre 1823.

LA MORT
DE
MADEMOISELLE DE SOMBREUIL

> Sunt lacrymæ rerum.
> **Virgile.**

ODE NEUVIÈME

I

Lyre! encore un hommage à la vertu qui t'aime!
Assez tu dérobas des hymnes d'anathème
Au funèbre Isaïe, au triste Ezéchiel!
Pour consoler les morts, pour pleurer les victimes,
    Lyre! il faut de ces chants sublimes,
    Dont tous les échos sont au ciel.

    Elle aussi, Dieu l'a rappelée!... —
    Les cieux nous enviaient Sombreuil;
    Ils ont repris leur exilée :
    Nous tous, bannis! traînons le deuil.
    Répondez, a-t-on vu son ombre
    S'évanouir dans la nuit sombre,
    Ou fuir vers le jour immortel?
    La vit-on monter ou descendre?
    Où déposerons-nous sa cendre?
    Est-ce à la tombe? est-ce à l'autel?

Ne pleurez pas, — prions : — les saints l'ont réclamée ;
Prions : adorez-la, vous qui l'avez aimée !
Elle est avec ses sœurs, anges purs et charmants,
Ces vierges qui, jadis, sur la croix attachées,
Ou, comme au sein des fleurs, sur des brasiers couchées,
    S'endormirent dans les tourments.

  Sa vie était un pur mystère
  D'innocence et de saints remords ;
  Cette âme a passé sur la terre
  Entre les vivants et les morts.
  Souvent, hélas ! l'infortunée,
  Comme si de sa destinée
  La mort eût rompu le lien,
  Sentit, avec des terreurs vaines,
  Se glacer dans ses pâles veines
  Un sang qui n'était pas le sien !

II

O jour ! où le trépas perdit son privilège,
Où, rachetant un meurtre au prix d'un sacrilège,
Le sang des morts coula dans son sein virginal !
Entre l'impur breuvage et le fer parricide,
Les bourreaux poursuivaient l'héroïne timide
D'une insulte funèbre et d'un rire infernal !

  Son triomphe est dans son supplice.
  Elle a, levant ses yeux au ciel,
  Bu le sang au même calice
  Où Jésus mourant but le fiel.
  Oh ! que d'amour dans ce courage !
  Mais, quand périrent dans l'orage

ODE NEUVIÈME.

Ses parents, que la France a plaints,
Pour consoler l'auguste fille
Dieu lui confia sa famille
Et de veuves et d'orphelins.

III

Car il lui fut donné de survivre au martyre : —
Elle fut sur nos bords, d'où la foi se retire,
Comme un rayon du soir resté sur l'horizon ;
Dieu la marqua d'un signe entre toutes les femmes ;
Et voulut dans son champ, où glanent si peu d'âmes,
Laisser cet épi mûr de la sainte moisson.

Elle était heureuse, ici même !
Du bras dont il venge ses droits,
Le Seigneur soutient ceux qu'il aime,
Et les aide à porter la croix.
Il montre, en visions étranges,
A Jacob l'échelle des anges,
A Saül les antres d'Endor ;
Sa main mystérieuse et sainte
Sait cacher le miel dans l'absinthe,
Et la cendre dans les fruits d'or.

Sa constante équité n'est jamais assoupie :
Le méchant, sous la pourpre où son bonheur s'expie,
Envie un toit de chaume au fidèle abattu ;
Et, quand l'impie heureux, bercé sur des abîmes,
 Se crée un enfer de ses crimes,
Le juste en pleurs se fait un ciel de sa vertu.

On dit qu'en dépouillant la vie,
Elle parut la regretter,
Et jeta des regards d'envie

Sur les fers qu'elle allait quitter.
« — O mon Dieu! retardez mon heure.
« Loin de la vallée où l'on pleure,
« Suis-je digne de m'envoler?
« Ce n'est pas la mort que j'implore,
« Seigneur; je puis souffrir encore,
« Et je veux encor consoler.

« Je pars : ayez pitié de ceux que j'abandonne!
« Quel amour leur rendra l'amour que je leur donne?
« Pourquoi du saint bonheur sitôt me couronner?
« Laissez mon âme encor sur leurs maux se répandre;
« Je n'aurai plus au ciel d'opprimés à défendre,
    « Ni d'oppresseurs à pardonner! »

Il faut donc que le juste meure! —
En vain, dans ses regrets nommés,
Ont passé devant sa demeure
Tous ses pauvres accoutumés.
Maintenant, ô fils des chaumières,
Payez son aumône en prières;
Suivez-la d'un pieux adieu,
Orphelins, veuves déplorables,
Vous tous, faibles et misérables,
Images augustes de Dieu!

IV

O Dieu! ne reprends pas ceux que ta flamme anime.
Si la vertu s'en va, que deviendra le crime?
Où pourront du méchant se reposer les yeux?
N'enlève pas au monde un espoir salutaire.
    Laisse des justes sur la terre!
N'as-tu donc pas, Seigneur, assez d'anges aux cieux?

    Décembre 1823.

LE DERNIER CHANT

> O muse, qui daignas me soutenir dans une carrière
> aussi longue que périlleuse, retourne maintenant aux célestes
> demeures!... Adieu, consolatrice de mes jours,
> toi qui partageas mes plaisirs,
> et bien plus souvent mes douleurs.
>
> CHATEAUBRIAND, *les Martyrs.*

ODE DIXIÈME

Et toi, dépose aussi la lyre!
Qu'importe le dieu qui t'inspire,
A ces mortels vains et grossiers?
On en rit quand ta main l'encense.
Brise donc ce luth sans puissance!
Descends de ce char sans coursiers!

— Oh! qu'il est saint et pur le transport du poëte,
Quand il voit en espoir, bravant la mort muette,
Du voyage des temps sa gloire revenir!
Sur les âges futurs, de sa hauteur sublime
Il se penche, écoutant son lointain souvenir;
Et son nom, comme un poids jeté dans un abîme,
Eveille mille échos au fond de l'avenir.

Je n'ai point cette auguste joie.
Les siècles ne sont point ma proie:

La gloire ne dit pas mon rang.
Ma muse, en l'orage qui gronde,
Est tombée au courant du monde,
Comme un lis aux flots d'un torrent.

Pourtant ma douce muse est innocente et belle.
L'astre de Bethléem a des regards pour elle :
J'ai suivi l'humble étoile, aux rois pasteurs pareil.
Le Seigneur m'a donné le don de sa parole,
Car son peuple l'oublie en un lâche sommeil ;
Et, soit que mon luth pleure, ou menace ou console,
Mes chants volent à Dieu, comme l'aigle au soleil.

Mon âme, à sa source embrasée,
Monte de pensée en pensée ;
Ainsi du ruisseau précieux
Où l'Arabe altéré s'abreuve,
La goutte d'eau passe au grand fleuve,
Du fleuve aux mers, des mers aux cieux.

Mais, ô fleurs sans parfums, foyers sans étincelles,
Hommes ! l'air parmi vous manque à mes larges ailes.
Votre monde est borné, votre souffle est mortel !
Les lyres sont pour vous comme des voix vulgaires.
Je m'enivre d'absinthe : enivrez-vous de miel.
Bien : — aimez vos amours et combattez vos guerres,
Vous, dont l'œil mort se ferme à tout rayon du ciel !

Sans éveiller d'écho sonore
J'ai haussé ma voix faible encore ;
Et ma lyre aux fibres d'acier
A passé sur ces âmes viles,
Comme sur le pavé des villes
L'ongle résonnant du coursier.

ODE DIXIÈME.

En vain j'ai fait gronder la vengeance éternelle;
En vain j'ai, pour fléchir leur âme criminelle,
Fait parler le pardon par la voix des douleurs.
Du haut des cieux tonnants, mon austère pensée,
Sur cette terre ingrate où germent les malheurs
Tombant, pluie orageuse ou propice rosée,
N'a point flétri l'ivraie et fécondé les fleurs.

  Du tombeau tout franchit la porte.
  L'homme, hélas! que le temps emporte,
  En vain contre lui se débat.
  Rien de Dieu ne trompe l'attente;
  Et la vie est comme une tente
  Où l'on dort avant le combat.

Voilà, tristes mortels, ce que leur âme oublie!
L'urne des ans pour tous n'est pas toujours remplie.
Mais qu'ils passent en paix sous le ciel outragé!
Qu'ils jouissent des jours dans leurs frêles demeures!
Quand dans l'éternité leur sort sera plongé,
Les insensés en vain s'attacheront aux heures,
Comme aux débris épars d'un vaisseau submergé.

  Adieu donc ce luth qui soupire!
  Muse, ici tu n'as plus d'empire,
  Ô muse, aux concerts immortels!
  Fuis la foule qui te contemple;
  Referme les voiles du temple;
  Rends leur ombre aux chastes autels.

Je vous rapporte, ô Dieu, le rameau d'espérance. —
Voici le divin glaive et la céleste lance:
J'ai mal atteint le but où j'étais envoyé.

Souvent, des vents jaloux jouet involontaire,
L'aiglon suspend son vol, à peine déployé;
Souvent, d'un trait de feu cherchant en vain la terre,
L'éclair remonte au ciel sans avoir foudroyé!

1823.

LIVRE TROISIÈME

—

1824-1828

—

> Le temps qui dérobe à la jeunesse ses années
> m'en a déjà ravi vingt-trois sur son aile. Mes jours
> s'écoulent à longs flots. Mais quelle que soit mon intelligence,
> étendue ou bornée, précoce ou tardive, elle sera toujours mesurée
> au but vers lequel m'entraîne le temps, me guide le ciel; car
> j'userai sans cesse de moi-même sous l'œil de celui qui
> me donne ma tâche, de mon divin Créateur.
> MILTON, *Sonnet.*

A MONSIEUR ALPHONSE DE L.

> Or, sachant ces choses,
> nous venons enseigner aux hommes la crainte de Dieu.
> II COR., v.

ODE PREMIÈRE

I

Pourtant, je m'étais dit : « Abritons mon navire.
Ne livrons plus ma voile au vent qui la déchire.
Cachons ce luth. Mes chants peut-être auraient vécu !...
Soyons comme un soldat qui revient sans murmure

Suspendre à son chevet un vain reste d'armure,
　　Et s'endort, vainqueur ou vaincu ! »

Je ne demandais plus à la muse que j'aime
Qu'un seul chant pour ma mort, solennel et suprême.
Le poëte avec joie au tombeau doit s'offrir ;
S'il ne souriait pas au moment où l'on pleure,
　　Chacun lui dirait : « Voici l'heure !
« Pourquoi ne pas chanter, puisque tu vas mourir ? »

C'est que la mort n'est pas ce que la foule en pense !
C'est l'instant où notre âme obtient sa récompense,
Où le fils exilé rentre au sein paternel.
Quand nous penchons près d'elle une oreille inquiète
La voix du trépassé, que nous croyons muette,
　　A commencé l'hymne éternel !

II

Plus tôt que je n'ai dû je reviens dans la lice ;
Mais tu le veux, ami ! Ta muse est ma complice ;
Ton bras m'a réveillé ; c'est toi qui m'as dit : « Va !
« Dans la mêlée encor jetons ensemble un gage.
　　« De plus en plus elle s'engage.
« Marchons, et confessons le nom de Jéhovah ! »

J'unis donc à tes chants quelques chants téméraires.
Prends ton luth immortel : nous combattrons en frères
Pour les mêmes autels et les mêmes foyers.
Montés au même char, comme un couple homérique,
Nous tiendrons, pour lutter dans l'arène lyrique,
　　Toi la lance, moi les coursiers.

Puis, pour faire une part à la faiblesse humaine,
Je ne sais quelle pente au combat me ramène.
J'ai besoin de revoir ce que j'ai combattu,
De jeter sur l'impie un dernier anathème,
    De te dire, à toi, que je t'aime,
Et de chanter encore un hymne à la vertu !

III

Ah ! nous ne sommes plus au temps où le poëte
Parlait au ciel en prêtre, à la terre en prophète !
Que Moïse, Isaïe, apparaisse en nos champs,
Les peuples qu'ils viendront juger, punir, absoudre,
Dans leurs yeux pleins d'éclairs méconnaîtront la foudre
    Qui tonne en éclats dans leurs chants.

Vainement ils iront s'écriant dans les villes :
« Plus de rébellions ! plus de guerres civiles !
« Aux autels du veau d'or pourquoi danser toujours ?
« Dagon va s'écrouler ; Baal va disparaître.
    « Le Seigneur a dit à son prêtre :
« Pour faire pénitence, ils n'ont que peu de jours ! »

« Rois, peuples, couvrez-vous d'un sac souillé de cendre !
« Bientôt sur la nuée un juge doit descendre.
« Vous dormez ! que vos yeux daignent enfin s'ouvrir.
« Tyr appartient aux flots, Gomorrhe à l'incendie.
« Secouez le sommeil de votre âme engourdie,
    « Et réveillez-vous pour mourir !

« Ah ! malheur au puissant qui s'enivre en des fêtes,
« Riant de l'opprimé qui pleure, et des prophètes !

« Ainsi que Balthazar, ignorant ses malheurs,
« Il ne voit pas aux murs de la salle bruyante
         « Les mots qu'une main flamboyante
« Trace en lettres de feu parmi des nœuds de fleurs !

« Il sera rejeté comme ce noir génie,
« Effrayant par sa gloire et par son agonie,
« Qui tomba jeune encor, dont ce siècle est rempli.
« Pourtant Napoléon du monde était le faîte.
« Ses pieds éperonnés des rois pliaient la tête,
         « Et leur tête gardait le pli.

« Malheur donc ! — Oh ! malheur au mendiant qui frappe
« Hypocrite et jaloux, aux portes du satrape !
« A l'esclave en ses fers ! au maître en son château !
« A qui, voyant marcher l'innocent aux supplices,
         « Entre deux meurtriers complices,
« N'étend point sous ses pas son plus riche manteau !

« Malheur à qui dira : « Ma mère est adultère ! »
« A qui voile un cœur vil sous un langage austère !
« A qui change en blasphème un serment effacé !
« Au flatteur médisant, reptile à deux visages !
« A qui s'annoncera sage entre tous les sages !
         « Oui, malheur à cet insensé !

« Peuples, vous ignorez le Dieu qui vous fit naître ?
« Et pourtant vos regards le peuvent reconnaître ;
« Dans vos biens, dans vos maux, à toute heure, en tout lieu,
« Un Dieu compte vos jours, un Dieu règne en vos fêtes.
         « Lorsqu'un chef vous mène aux conquêtes,
« Le bras qui vous entraîne est poussé par un Dieu !

ODE PREMIÈRE.

« A sa voix, en vos temps de folie et de crime,
« Les révolutions ont ouvert leur abîme.
« Les justes ont versé tout leur sang précieux ;
« Et les peuples, troupeau qui dormait sous le glaive,
« Ont vu comme Jacob, dans un étrange rêve,
     « Des anges remonter aux cieux !

« Frémissez donc ! Bientôt, annonçant sa venue,
« Le clairon de l'archange entr'ouvrira la nue.
« Jour d'éternels tourments ! jour d'éternel bonheur !
« Resplendissant d'éclairs, de rayons, d'auréoles,
     « Dieu vous montrera vos idoles,
« Et vous demandera : — « Qui donc est le Seigneur ? »

« La trompette, sept fois sonnant dans les nuées,
« Poussera jusqu'à lui, pâles, exténuées,
« Les races à grands flots se heurtant dans la nuit ;
« Jésus appellera sa mère virginale ;
« Et la porte céleste et la porte infernale
     « S'ouvriront ensemble avec bruit !

« Dieu vous dénombrera d'une voix solennelle.
« Les rois se courberont sous le vent de son aile.
« Chacun lui portera son espoir, ses remords.
« Sous les mers, sur les monts, au fond des catacombes,
     « A travers le marbre des tombes,
« Son souffle remûra la poussière des morts !

« O siècle ! arrache-toi de tes pensers frivoles.
« L'air va bientôt manquer dans l'espace où tu voles !
« Mortels ! gloire, plaisirs, biens, tout est vanité !
« A quoi pensez-vous donc, vous qui, dans vos demeures,
« Voulez voir en riant entrer toutes les heures !...
     « L'éternité ! l'éternité ! »

IV

Nos sages répondront : — « Que nous veulent ces hommes?
« Ils ne sont pas du monde et du temps dont nous sommes.
« Ces poëtes sont-ils nés au sacré vallon?
« Où donc est leur Olympe? où donc est leur Parnasse?
  « Quel est leur Dieu qui nous menace?
« A-t-il le char de Mars? A-t-il l'arc d'Apollon?

« S'ils veulent emboucher le clairon de Pindare,
« N'ont-ils pas Hiéron, la fille de Tindare,
« Castor, Pollux, l'Elide et les Jeux des vieux temps ;
« L'arène où l'encens roule en longs flots de fumée;
« La roue aux rayons d'or, de clous d'airain semée,
  « Et les quadriges éclatants?

« Pourquoi nous effrayer de clartés symboliques?
« Nous aimons qu'on nous charme en des chants bucoliques,
« Qu'on y fasse lutter Ménalque et Palémon.
« Pour dire l'avenir à notre âme débile,
  « On a l'écumante Sibylle,
« Que bat à coups pressés l'aile d'un noir démon.

« Pourquoi dans nos plaisirs nous suivre comme une ombre?
« Pourquoi nous dévoiler dans sa nudité sombre
« L'affreux sépulcre ouvert devant nos pas tremblants?
« Anacréon, chargé du poids des ans moroses,
« Pour songer à la mort se comparait aux roses
  « Qui mouraient sur ses cheveux blancs.

« Virgile n'a jamais laissé fuir de sa lyre
« Des vers qu'à Lycoris son Gallus ne pût lire.

« Toujours l'hymne d'Horace au sein des Ris est né ;
« Jamais il n'a versé de larmes immortelles :
  « La poussière des cascatelles
« Seule a mouillé son luth de myrtes couronné ! »

V

Voilà de quels dédains leurs âmes satisfaites
Accueilleraient, ami, Dieu même et ses prophètes !
Et puis, tu les verrais, vainement irrité,
Continuer, joyeux, quelque festin folâtre,
Ou pour dormir aux sons d'une lyre idolâtre
  Se tourner de l'autre côté.

Mais qu'importe ? accomplis ta mission sacrée.
Chante, juge, bénis ; ta bouche est inspirée !
Le Seigneur en passant t'a touché de sa main.
Et pareil au rocher qu'avait frappé Moïse
  Pour la foule au désert assise,
La poésie en flots s'échappe de ton sein !

Moi, fussé-je vaincu, j'aimerai ta victoire.
Tu le sais, pour mon cœur, ami de toute gloire,
Les triomphes d'autrui ne sont pas un affront.
Poëte, j'eus toujours un chant pour les poëtes ;
Et jamais le laurier qui pare d'autres têtes
  Ne jeta d'ombre sur mon front !

Souris même à l'envie amère et discordante.
Elle outrageait Homère, elle attaquait le Dante.
Sous l'arche triomphale elle insulte au guerrier.
Il faut bien que ton nom dans ses cris retentisse ;

Le temps amène la justice :
Laisse tomber l'orage et grandir ton laurier!

VI

Telle est la majesté de tes concerts suprêmes,
Que tu sembles savoir comment les anges mêmes
Sur les harpes du ciel laissent errer leurs doigts!
On dirait que Dieu même, inspirant ton audace,
Parfois dans le désert t'apparaît face à face,
    Et qu'il te parle avec la voix!

Octobre 1825.

A MONSIEUR DE CHATEAUBRIAND

On ne tourmente pas les arbres stériles et desséchés ; ceux-là seulement sont battus de pierres dont le front est couronné de fruits d'or.

ABENHAMED.

ODE DEUXIÈME

I

Il est, Châteaubriand, de glorieux navires
Qui veulent l'ouragan plutôt que les zéphires.
Il est des astres, rois des cieux étincelants,
Mondes volcans jetés parmi les autres mondes,
    Qui volent dans les nuits profondes
Le front paré des feux qui dévorent leurs flancs.

Le génie a partout des symboles sublimes.
Ses plus chers favoris sont toujours des victimes,
Et doivent aux revers l'éclat que nous aimons ;.
Une vie éminente est sujette aux orages :
La foudre a des éclats, le ciel a des nuages
    Qui ne s'arrêtent qu'aux grands monts !

Oui, tout grand cœur a droit aux grandes infortunes ;
Aux âmes que le sort sauve des lois communes,
C'est un tribut d'honneur par la terre payé.
Le grand homme en souffrant s'élève au rang des justes.
    La gloire en ses trésors augustes
N'a rien qui soit plus beau qu'un laurier foudroyé !

II

Aussi, dans une cour, dis-moi, qu'allais-tu faire?
N'es-tu pas, noble enfant d'une orageuse sphère,
Que nul malheur n'étonne et ne trouve en défaut,
De ces amis des rois, rares dans les tempêtes,
Qui, ne sachant flatter qu'au péril de leurs têtes,
    Les courtisent sur l'échafaud?

Ce n'est pas lorsqu'un trône a retrouvé le faite,
Ce n'est pas dans les temps de puissance et de fête,
Que la faveur des cours sur de tels fronts descend.
Il faut l'onde en courroux, l'écueil et la nuit sombre,
    Pour que le pilote qui sombre
Jette au phare sauveur un œil reconnaissant.

Va, c'est en vain déjà qu'aux jours de la conquête
Une main de géant a pesé sur ta tête;
Et chaque fois qu'au gouffre entraînée à grands pas,
La tremblante patrie errait au gré du crime,
Elle eut pour s'appuyer au penchant de l'abîme
    Ton front, qui ne se courbe pas!

III

A ton tour soutenu par la France unanime,
Laisse donc s'accomplir ton destin magnanime!
Chacun de tes revers pour ta gloire est compté.
Quand le sort t'a frappé, tu dois lui rendre grâce,
    Toi qu'on voit à chaque disgrâce
Tomber plus haut encor que tu n'étais monté!

Juin 1824.

LES

FUNÉRAILLES DE LOUIS XVII.

Ces changements lui sont peu difficiles; c'est l'œuvre
de la droite du Très-Haut.
Ps. LXXVI, 10.

ODE TROISIÈME

I

La foule au seuil d'un temple en priant est venue.
Mères, enfants, vieillards, gémissent réunis ;
Et l'airain qu'on balance ébranle dans la nue
  Les hauts clochers de Saint-Denis.
Le sépulcre est troublé dans ses mornes ténèbres.
  La Mort, de ses couches funèbres,
  Resserre les rangs incomplets.
Silence au noir séjour que le trépas protége ! —
Le Roi chrétien, suivi de son dernier cortége,
  Entre dans son dernier palais.

II

Un autre avait dit : — « De ma race
« Ce grand tombeau sera le port ;
« Je veux, aux rois que je remplace,
« Succéder jusque dans la mort.

« Ma dépouille ici doit descendre!
« C'est pour faire place à ma cendre
« Qu'on dépeupla ces noirs caveaux.
« Il faut un nouveau maître au monde;
« A ce sépulcre, que je fonde,
« Il faut des ossements nouveaux.

« Je promets ma poussière à ces voûtes funestes.
« A cet insigne honneur ce temple a seul des droits
« Car je veux que le ver qui rongera mes restes
    « Ait déjà dévoré des rois.
« Et lorsque mes neveux, dans leur fortune altière,
    « Domineront l'Europe entière,
    « Du Kremlin à l'Escurial,
« Ils viendront tour à tour dormir dans ces lieux sombres,
« Afin que je sommeille, escorté de leurs ombres,
    « Dans mon linceul impérial! »

Celui qui disait ces paroles
Croyait, soldat audacieux,
Voir, en magnifiques symboles,
Sa destinée écrite aux cieux.
Dans ses étreintes foudroyantes,
Son aigle, aux serres flamboyantes,
Eût étouffé l'aigle romain;
La Victoire était sa compagne;
Et le globe de Charlemagne
Etait trop léger pour sa main.

Eh bien! des potentats ce formidable maître
Dans l'espoir de sa mort par le ciel fut trompé.
De ses ambitions c'est la seule peut-être
    Dont le but lui soit échappé.
En vain tout secondait sa marche meurtrière;

En vain sa gloire incendiaire
En tous lieux portait son flambeau ;
Tout chargé de faisceaux, de sceptres, de couronnes,
Ce vaste ravisseur d'empires et de trônes
Ne put usurper un tombeau !

Tombé sous la main qui châtie,
L'Europe le fit prisonnier.
Premier roi de sa dynastie,
Il en fut aussi le dernier.
Une île où grondent les tempêtes
Reçut ce géant des conquêtes,
Tyran que nul n'osait juger,
Vieux guerrier qui, dans sa misère,
Dut l'obole de Bélisaire
A la pitié de l'étranger.

Loin du sacré tombeau qu'il s'arrangeait naguère,
C'est là que, dépouillé du royal appareil,
Il dort enveloppé de son manteau de guerre,
Sans compagnon de son sommeil.
Et tandis qu'il n'a plus de l'empire du monde
Qu'un noir rocher battu de l'onde,
Qu'un vieux saule battu du vent,
Un roi longtemps banni, qui fit nos jours prospères
Descend au lit de mort où reposaient ses pères
Sous la garde du Dieu vivant.

III

C'est qu'au gré de l'humble qui prie,
Le Seigneur, qui donne et reprend,
Rend à l'exilé sa patrie,
Livre à l'exil le conquérant !

Dieu voulait qu'il mourût en France,
Ce roi si grand dans la souffrance,
Qui des douleurs portait le sceau ;
Pour que, victime consolée,
Du seuil noir de son mausolée,
Il pût voir encor son berceau.

IV

Oh ! qu'il s'endorme en paix dans la nuit funéraire !
N'a-t-il pas oublié ses maux pour nos malheurs ?
Ne nous lègue-t-il pas à son généreux frère,
    Qui pleure en essuyant nos pleurs ?
N'a-t-il pas, dissipant nos rêves politiques,
    De notre âge et des temps antiques,
    Proclamé l'auguste traité ?
Loi sage qui, domptant la fougue populaire,
Donne aux sujets égaux un maître tutélaire,
    Esclave de leur liberté !

    Sur nous un roi chevalier veille.
    Qu'il conserve l'aspect des cieux !
    Que nul bruit de longtemps n'éveille
    Ce sépulcre silencieux !
    Hélas ! le démon régicide,
    Qui, du sang des Bourbons avide,
    Paya de meurtres leurs bienfaits,
    A comblé d'assez de victimes
    Ces murs, dépeuplés par des crimes,
    Et repeuplés par des forfaits !

Qu'il sache que jamais la couronne ne tombe !
Ce haut sommet échappe à son fatal niveau.
Le supplice, où des rois le corps mortel succombe,

N'est pour eux qu'un sacre nouveau.
Louis, chargé de fers par des mains déloyales,
　　Dépouillé des pompes royales,
　　Sans cour, sans guerriers, sans hérauts;
Gardant sa royauté devant la hache même,
Jusque sur l'échafaud prouva son droit suprême,
　　En faisant grâce à ses bourreaux!

v

De Saint-Denis, de Sainte-Hélène,
Ainsi je méditais le sort;
Sondant d'une vue incertaine
Ces grands mystères de la mort.
Qui donc êtes-vous, Dieu superbe,
Quel bras jette les tours sous l'herbe,
Change la pourpre en vil lambeau?
D'où vient votre souffle terrible,
Et quelle est la main invisible
Qui garde les clefs du tombeau?

　　Septembre 1824.

LE SACRE DE CHARLES X

> Os superbum conticescat,
> Simplex fides acquiescat
>   Dei magisterio.
>
> Que l'orgueil se taise,
> que la simple foi contemple l'exercice du pouvoir de Dieu
> PROSE, *Prières du sacre.*

ODE QUATRIÈME

I

L'orgueil depuis trente ans est l'erreur de la terre,
C'est lui qui sous les droits étouffa le devoir;
C'est lui qui dépouilla de son divin mystère
  Le sanctuaire du pouvoir.
L'orgueil enfanta seul nos fureurs téméraires,
  Et ces lois dont tant de nos frères
  Ont subi l'arrêt criminel,
Et ces règnes sanglants, et ces hideuses fêtes,
Où, sur un échafaud se proclamant prophètes,
  Des bourreaux créaient l'Eternel!

En vain, pour dissiper cette ingrate folie,
Les leçons du Seigneur sur nous ont éclaté;
Dans les faits merveilleux que notre siècle oublie,
  En vain Dieu s'est manifesté!
En vain un conquérant, aux ailes enflammées,
  A rempli du bruit des armées

Le monde en ses fers engourdi;
Des peuples obstinés l'aveuglement vulgaire
N'a point vu quelle main poussait ses chars de guerre
   Du septentrion au midi!

II

Qui jamais de Clovis surpassa l'insolence,
Peuples? dans son orgueil il plaçait son appui.
Ne mettant que le monde et lui dans la balance,
   Il crut qu'elle penchait sous lui.
Il bravait de vingt rois les armes épuisées;
   Des nations s'étaient brisées
   Sur ce Sicambre audacieux;
Sur la terre à ses yeux rien n'était redoutable :
Il fallut pour courber cette tête indomptable
   Qu'une colombe vînt des cieux!

Peuples! au même autel elle est redescendue!
Elle vient, échappée aux profanations,
Comme elle a de Clovis fléchi l'âme éperdue,
   Vaincre l'orgueil des nations.
Que le siècle à son tour comme un roi s'humilie.
   De la voix qui réconcilie
   L'oracle est enfin entendu;
La royauté, longtemps veuve de ses couronnes,
De la chaîne d'airain qui lie au ciel les trônes,
   A retrouvé l'anneau perdu.

III

Naguère on avait vu les tyrans populaires,
Attaquant le passé comme un vieil ennemi,
Poursuivre, sous l'abri des marbres séculaires,

Le trésor gardé par Remy.
Du pontife endormi profanant le front pâle,
De sa tunique épiscopale
Ils déchirèrent les lambeaux;
Car ils bravaient la mort dans sa majesté sainte;
Et les vieillards souvent s'écriaient, pleins de crainte:
« Que leur ont donc fait les tombeaux? »

Mais, trompant des vautours la fureur criminelle,
Dieu garda sa colombe au lis abandonné.
Elle va sur un roi poser encor son aile :
Ce bonheur à Charle est donné!
Charles sera sacré suivant l'ancien usage,
Comme Salomon, le roi sage,
Qui goûta les célestes mets,
Quand Sadoch et Nathan d'un baume l'arrosèrent,
Et s'approchant de lui, sur le front le baisèrent,
En disant : « Qu'il vive à jamais!»

IV

Le vieux pays des Francs, parmi ses métropoles,
Compte une église illustre, où venaient tous nos rois,
De ce pas triomphant dont tremblent les deux pôles
S'humilier devant la croix.
Le peuple en racontait cent prodiges antiques :
Ce temple a des voûtes gothiques,
Dont les saints aimaient les détours;
Un séraphin veillait à ses portes fermées;
Et les anges du ciel, quand passaient leurs armées,
Plantaient leurs drapeaux sur ses tours!

C'est là que pour la fête on dresse des trophées.
L'or, la moire et l'azur parent les noirs piliers

Comme un de ces palais où voltigeaient les fées,
    Dans les rêves des chevaliers.
D'un trône et d'un autel les splendeurs s'y répondent,
    Des festons de flambeaux confondent
    Leurs rayons purs dans le saint lieu;
Le lis royal s'enlace aux arches tutélaires;
Le soleil, à travers les vitraux circulaires,
    Mêle aux fleurs des roses de feu.

v

Voici que le cortége à pas égaux s'avance.
Le pontife aux guerriers demande CHARLES DIX.
L'autel de Reims revoit l'oriflamme de France
    Retrouvée aux murs de Cadix.
Les cloches dans les airs tonnent; le canon gronde;
    Devant l'aîné des rois du monde
    Tout un peuple tombe à genoux;
Mille cris de triomphe en sons confus se brisent;
Puis le roi se prosterne, et les évêques disent :
    — « Seigneur, ayez pitié de nous!

« Celui qui vient en pompe à l'autel du Dieu juste,
« C'est l'héritier nouveau du vieux droit de Clovis,
« Le chef des douze pairs, que son appel auguste
    « Convoque en ces sacrés parvis.
« Ses preux, quand de sa voix leur oreille est frappée,
    « Touchent le pommeau de l'épée,
    « Et l'ennemi pâlit d'effroi;
« Lorsque ses légions rentrent après la guerre,
« Leur marche pacifique ébranle encor la terre : —
    « O Dieu! prenez pitié du roi!

« Car vous êtes plus grand que la grandeur des hommes !
« Nous vous louons, Seigneur, nous vous confessons Dieu !
« Vous nous placez au faîte, et dès que nous y sommes,
     « A la vie il faut dire adieu !
« Vous êtes Sabaoth, le Dieu de la victoire !
     « Les chérubins, remplis de gloire,
          « Vous ont proclamé Saint trois fois ;
« Dans votre éternité le temps se précipite ;
« Vous tenez dans vos mains le monde qui palpite
     « Comme un passereau sous nos doigts ! »

VI

Le roi dit : « Nous jurons, comme ont juré nos pères,
« De rendre à nos sujets paix, amour, équité ;
« D'aimer aux mauvais jours, comme en des temps prospères,
     « La Charte de leur liberté.
« Nous vivrons dans la foi par nos aïeux chérie.
     « Des ordres de chevalerie
          « Nous suivrons le chemin étroit.
« Pour sauver l'opprimé nos pas seront agiles.
« Ainsi nous le jurons sur les saints Evangiles :
     « Que Dieu soit en aide au bon droit ! »

Montjoye et Saint-Denis ! — Voilà que Clovis même
Se lève pour l'entendre, et les deux saints guerriers,
Charlemagne et Louis, portant pour diadème
     Une auréole de lauriers ;
Et Charles Sept, guidé par Jeanne encor ravie ;
     Et François Premier, dont Pavie
          Trouva l'armure sans défaut ;
Et du dernier martyr l'héroïque fantôme,

Ce roi, deux fois sacré pour un double royaume,
    A l'autel et sur l'échafaud !

Devant ces grands témoins de la grandeur française,
Le saint-chrême de Charle a rajeuni les droits.
Il reçoit, sans faiblir, cette couronne où pèse
    La gloire de soixante rois.
L'archevêque bénit l'épée héréditaire,
    Et le sceptre, et la main austère
    Dont nul signe n'est démenti ;
Puis il plonge à leur tour dans le divin calice
Ces gants, qu'un roi jamais n'a jetés dans la lice,
    Sans qu'un monde en ait retenti !

VII

Entre, ô peuple ! — Sonnez, clairons, tambours, fanfare !
Le prince est sur le trône ; il est grand et sacré !
Sur la foule ondoyante il brille comme un phare
    Des flots d'une mer entouré.
Mille chantres des airs, du peuple heureuse image,
    Mêlant leur voix et leur plumage,
    Croisent leur vol sous les arceaux ;
Car les Francs, nos aïeux, croyaient voir dans la nue
Planer la Liberté, leur mère bien connue,
    Sur l'aile errante des oiseaux.

Le voilà prêtre et roi ! — De ce titre sublime
Puisque le double éclat sur sa couronne a lui,
Il faut qu'il sacrifie : où donc est la victime ? —
    La victime c'est encor lui !
Ah ! pour les rois français qu'un sceptre est formidable !
    Ils guident ce peuple indomptable,
    Qui des peuples règle l'essor ;

Le monde entier gravite et penche sur leur trône;
Mais aussi l'indigent que cherche leur aumône
　　Compte leurs jours comme un trésor !

VIII

PRIÈRE.

O Dieu ! garde à jamais ce roi qu'un peuple adore !
Romps de ses ennemis les flèches et les dards,
Qu'ils viennent du couchant, qu'ils viennent de l'aurore,
　　Sur des coursiers ou sur des chars !
Charles, comme au Sina, t'a pu voir face à face !
　　Du moins qu'un long bonheur efface
　　Ses bien longues adversités.
Qu'ici-bas des élus il ait l'habit de fête.
Prête à son front royal deux rayons de ta tête;
　　Mets deux anges à ses côtés !

　　　　Reims, mai — juin 1825.

AU

COLONEL G.-A. GUSTAFFSON

Habet sua sidera tellus.
Ancienne devise.

ODE CINQUIÈME

I

Ce siècle, jeune encore, est déjà pour l'histoire
Presque une éternité de malheurs et de gloire.
Tous ceux qu'il a vus naître ont vieilli dans vingt ans.
Il semble, tant sa place est vaste en leur mémoire,
Qu'il ne peut achever ses destins éclatants
Sans fermer avec lui le grand cercle des temps.

Chez des peuples fameux, en des jours qu'on renomme,
Pour un siècle de gloire il suffisait d'un homme.
Le nôtre a déjà vu passer bien des flambeaux!
Il peut lutter sans crainte avec Athène et Rome;
Que lui fait la grandeur des âges les plus beaux?
Il les domine tous, rien que par ses tombeaux!

A peine il était né, que d'Enghien sur la poudre
Mourut sous un arrêt que rien ne peut absoudre.
Il vit périr Moreau; Byron, nouveau Rhiga.
Il vit des cieux vengés tomber avec sa foudre

Cet aigle dont le vol douze ans se fatigua
Du Caire au Capitole et du Tage au Volga !

« — Qu'importe ? dit la foule. Ah ! laissons les tempêtes
« Naître, grossir, tonner, sur ces sublimes têtes ;
« Pourvu que chaque jour amène son festin,
« Que toujours le soleil rayonne pour nos fêtes,
« Et qu'on nous laisse en paix couler notre destin,
« Oublier jusqu'au soir, dormir jusqu'au matin !

« Que le crime s'élève et que l'innocent tombe,
« Qu'importe ? — Des héros sont morts ! paix à leur tombe !
« Et nous-mêmes ?... Qui sait si demain nous vivrons ?
« Quand nous aurons atteint le terme où tout succombe,
« Nous dirons : Le temps passe ! et nous ignorerons
« Quels vents ont amené l'orage sur nos fronts. »

II

Ce ne sont point là les paroles,
Toi dont nul n'a jamais douté,
Toi qui sans relâche t'immoles
Au culte de la Vérité !
Victime et vengeur des victimes,
Ton cœur aux dévoûments sublimes
S'offrit en tout temps, en tout lieu ;
Toute ta vie est un exemple,
Et ta grande âme est comme un temple
D'où ne sort que la voix d'un Dieu !

Il suffit de ton témoignage
Pour que tout mortel, incliné,
Aille rendre un public hommage
A ce qu'il avait profané.

Ta bouche, pareille au temps même,
N'a besoin que d'un mot suprême
Pour récompenser ou punir;
Et parlant plus haut dans notre âge
Que la flatterie et l'outrage,
Dicte l'histoire à l'avenir !

Puisqu'il n'est plus d'autres miracles
Que les hommes nés parmi nous,
Tu succèdes aux vieux oracles
Que l'on écoutait à genoux.
A ta voix, qui juge les races,
Nos demi-dieux changent de places;
Comme à des champs mystérieux,
Quand la nuit déroulait ses voiles,
Jadis on voyait les étoiles
Descendre ou monter dans les cieux !

Pour mériter ce rang auguste,
Aux vertus par le ciel offert,
Qui plus que lui fut noble et juste?
Et qui, surtout, a plus souffert?
Cet homme a payé tant de gloire
Par des malheurs que la mémoire
Ne peut rappeler sans effroi;
C'est un enfant des Scandinaves,
C'est Gustave, fils des Gustaves;
C'est un exilé, c'est un roi.

III

Il avait un ami dans ses fraîches années
Comme lui tout empreint du sceau des destinées.
C'est ce jeune d'Enghien qui fut assassiné !

Gustave à ce forfait se jeta sur ses armes;
Mais quand il vit l'Europe insensible à ses larmes,
Calme et stoïque, il dit : « Pourquoi donc suis-je né?

« Puisque du meurtrier les nations vassales
« Courbent leurs fronts tremblants sous ses mains colossales;
« Puisque sa volonté des princes est la loi;
« Puisqu'il est le soleil qui domine leur sphère;
« Sur un trône aujourd'hui je n'ai plus rien à faire,
  « Moi qui voudrais régner en roi ! »

Il céda. — Dieu montrait, par cet exemple insigne,
Qu'il refuse parfois la victoire au plus digne;
Que plus tard, pour punir, il apparait soudain;
Qu'il fait seul ici-bas tomber ce qu'il élève;
Et que pour balancer Bonaparte et son glaive,
Il fallait déjà plus que le sceptre d'Odin !

Gustave, jeune encor, quitta le diadème,
Pour que rien re manquât à sa grandeur suprême,
Et tant que de l'Europe, en proie aux longs revers,
Sous les pas du géant vacilla l'équilibre,
Plus haut que tous les rois il leva son front libre,
  Echappé du trône et des fers !

IV

Combien d'un tel exil diffère
Le malheur du tyran banni,
Lorsqu'au fond de l'autre hémisphère,
Il tomba, confus et puni !
Quand sous la haine universelle
L'usurpateur enfin chancelle,

Dans sa chute il est insulté :
En vain il lutte, opiniâtre,
Et de sa pourpre de théâtre
Rien ne reste à sa nudité !

Sa morne infortune est pareille
A la mer aux bords détestés,
Dont l'eau morte à jamais sommeille
Sur de fastueuses cités.
Ce lac, noir vengeur de leurs crimes,
Du ciel, qui maudit ses abimes,
Ne peut réfléchir les tableaux ;
Et l'œil cherche en vain quelque dôme
De l'éblouissante Sodome,
Sous les ténèbres de ses flots.

Gustave ! âme forte et loyale !
Si parfois, d'un bras raffermi,
Tu reprends ta robe royale,
C'est pour couvrir quelque ennemi.
Dans ta retraite, que j'envie,
Tu portes sur ta noble vie
Un souvenir calme et sans fiel ;
Reine, comme toi, sans asile,
La Vertu, que la terre exile,
Dans ton grand cœur retrouve un ciel !

V

Ah ! laisse croître l'herbe en tes cours solitaires !
Que t'importe, au milieu de tes pensers austères,
Qu'on n'ose, de nos jours, saluer un héros ;
Et que chez d'autres rois puissants, heureux encore,

AU COLONEL GUSTAFFSON.

Une foule de chars ébranlent dès l'aurore
Les grands pavés de marbre et l'azur des vitraux.

Tu règnes, cependant! tu règnes sur toute âme
Dont ce siècle glacé n'a pas éteint la flamme;
Sur tout cœur né pour croire, aimer et secourir;
Sur tous ces chevaliers que tant d'oubli protége,
Etranges courtisans dont le rare cortége
N'accourt au seuil des rois qu'à l'heure d'y mourir.

En tous lieux où la foi, l'honneur et le génie
Rendent un libre hommage à la vertu bannie,
Ton nom règne, entouré d'un éclat immortel.
Par un beau dévoûment toute vie animée,
Toute gloire nouvelle, en notre âge allumée,
Est un flambeau de plus brûlant sur ton autel.

Ni maître! ni sujet! — Seul homme sur la terre,
Qui d'un pouvoir humain ne soit pas tributaire,
Dieu seul sur tes destins a de suprêmes droits;
Et comme la comète, aux clartés vagabondes,
Marche libre à travers les soleils et les mondes,
Tu passes à côté des peuples et des rois!

Septembre 1825.

LES DEUX ILES

Dites-moi d'où il est venu, je vous dirai où il est allé.
E. H.

ODE SIXIÈME

I

Il est deux Iles dont un monde
Sépare les deux Océans,
Et qui de loin dominent l'onde,
Comme des têtes de géants.
On devine, en voyant leurs cimes,
Que Dieu les tira des abimes
Pour un formidable dessein;
Leur front de coups de foudre fume,
Sur leurs flancs nus la mer écume,
Des volcans grondent dans leur sein.

Ces îles, où le flot se broie,
Entre des écueils décharnés,
Sont comme deux vaisseaux de proie,
D'une ancre éternelle enchaînés.
La main qui de ces noirs rivages
Disposa les sites sauvages,
Et d'effroi les voulut couvrir,
Les fit si terribles peut-être,
Pour que Bonaparte y pût naître,
Et Napoléon y mourir!

« Là fut son berceau! — Là sa tombe! »
Pour les siècles, c'en est assez.
Ces mots, qu'un monde naisse ou tombe,
Ne seront jamais effacés.
Sur ces îles, à l'aspect sombre,
Viendront, à l'appel de son ombre,
Tous les peuples de l'avenir;
Les foudres qui frappent leurs crêtes,
Et leurs écueils, et leurs tempêtes,
Ne sont plus que son souvenir!

Loin de nos rives, ébranlées
Par les orages de son sort,
Sur ces deux îles isolées
Dieu mit sa naissance et sa mort;
Afin qu'il pût venir au monde
Sans qu'une secousse profonde
Annonçât son premier moment,
Et que sur son lit militaire,
Enfin, sans remuer la terre,
Il pût expirer doucement!

II

Comme il était rêveur au matin de son âge!
Comme il était pensif au terme du voyage!
C'est qu'il avait joui de son rêve insensé;
Du trône et de la gloire il savait le mensonge,
Il avait vu de près ce que c'est qu'un tel songe,
Et quel est le néant d'un avenir passé!

Enfant, des visions, dans la Corse, sa mère,
Lui révélaient déjà sa couronne éphémère,

Et l'aigle impérial planant sur son pavois ;
Il entendait d'avance, en sa superbe attente,
L'hymne qu'en toute langue, aux portes de sa tente,
Son peuple universel chantait tout d'une voix :

III

ACCLAMATION.

« Gloire à Napoléon ! gloire au maître suprême !
« Dieu même a sur son front posé le diadème.
« Du Nil au Borysthène il règne triomphant.
« Les rois, fils de cent rois, s'inclinent quand il passe,
　　« Et dans Rome il ne voit d'espace
　　« Que pour le trône d'un enfant !

« Pour porter son tonnerre aux villes effrayées,
« Ses aigles ont toujours les ailes déployées.
« Il régit le conclave ; il commande au divan.
« Il mêle à ses drapeaux, de sang toujours humides,
　　« Des croissants pris aux Pyramides,
　　« Et la croix d'or du grand Yvan !

« Le Mamelouk bronzé, le Goth plein de vaillance,
« Le Polonais, qui porte une flamme à sa lance,
« Prêtent leur force aveugle à ses ambitions.
« Ils ont son vœu pour loi, pour foi sa renommée.
　　« On voit marcher dans son armée
　　« Tout un peuple de nations !

« Sa main, s'il touche un but où son orgueil aspire,
« Fait à quelque soldat l'aumône d'un empire,
« Ou fait veiller des rois au seuil de son palais,

« Pour qu'il puisse, en quittant les combats ou les fêtes,
    « Dormir en paix dans ses conquêtes,
    « Comme un pêcheur sur ses filets !

« Il a bâti si haut son aire impériale,
« Qu'il nous semble habiter cette sphère idéale
« Où jamais on n'entend un orage éclater !
« Ce n'est plus qu'à ses pieds que gronde la tempête ;
    « Il faudrait, pour frapper sa tête,
    « Que la foudre pût remonter ! »

IV

La foudre remonta ! — Renversé de son aire,
Il tomba tout fumant de cent coups de tonnerre.
    Les rois punirent leur tyran.
On l'exposa vivant sur un roc solitaire ;
Et le géant captif fut remis par la terre
    A la garde de l'Océan.

Oh ! comme à Saint-Hélène il dédaignait sa vie,
Quand le soir il voyait, avec un œil d'envie,
    Le soleil fuir sous l'horizon ;
Et qu'il s'égarait seul sur le sable des grèves,
Jusqu'à ce qu'un Anglais, l'arrachant de ses rêves,
    Le ramenât dans sa prison !

Comme avec désespoir ce prince de la guerre
S'entendait accuser par tous ceux qui naguère
    Divinisaient son bras vainqueur !
Car des peuples ligués la clameur solennelle
Répondait à la voix implacable, éternelle,
    Qui se lamentait dans son cœur !

V

IMPRÉCATION.

« Honte! opprobre! malheur! anathème! vengeance!
« Que la terre et les cieux frappent d'intelligence!
« Enfin nous avons vu le colosse crouler!
« Que puissent retomber sur ses jours, sur sa cendre,
  « Tous les pleurs qu'il a fait répandre,
  « Tout le sang qu'il a fait couler!

« Qu'à son nom, du Volga, du Tibre, de la Seine,
« Des murs de l'Alhambra, des fossés de Vincenne,
« De Jaffa, du Kremlin qu'il brûla sans remords,
« Des plaines du carnage et des champs de victoire,
« Tonne, comme un écho de sa fatale gloire,
  « La malédiction des morts!

« Qu'il voie autour de lui se presser ses victimes!
« Que tout ce peuple, en foule échappé des abîmes,
« Innombrable, annonçant les secrets du cercueil,
« Mutilé par le fer, sillonné par la foudre,
« Heurtant confusément des os noircis de poudre,
« Lui fasse un Josaphat de Sainte-Hélène en deuil!

« Qu'il vive pour mourir tous les jours, à toute heure!
« Que le fier conquérant baisse les yeux et pleure!
« Sachant sa gloire à peine et riant de ses droits,
« Des geôliers ont chargé d'une chaîne glacée
  « Cette main qui s'était lassée
  « A courber les têtes des rois!

« Il crut que sa fortune, en victoires féconde,
« Vaincrait le souvenir du peuple roi du monde,
« Mais Dieu vient, et d'un souffle éteint son noir flambeau,
« Et ne laisse au rival de l'éternelle Rome
« Que ce qu'il faut de place et de temps à tout homme
         « Pour se coucher dans le tombeau.

Ces mers auront sa tombe, et l'oubli la devance.
« En vain à Saint-Denis il fit parer d'avance
« Un sépulcre de marbre et d'or étincelant :
« Le ciel n'a pas voulu que de royales ombres
« Vissent, en revenant pleurer sous ces murs sombres,
« Dormir dans leur tombeau son cadavre insolent! »

VI

Qu'une coupe vidée est amère! et qu'un rêve
Commencé dans l'ivresse avec terreur s'achève!
Jeune, on livre à l'espoir sa crédule raison ;
Mais on frémit plus tard, quand l'âme est assouvie,
         Hélas! et qu'on revoit sa vie
         De l'autre bord de l'horizon!

Ainsi quand vous passez au pied d'un mont sublime,
Longtemps en conquérant vous admirez sa cime,
Et ses pics, que jamais les ans n'humiliront ;
Ses forêts, vert manteau qui pend aux rocs sauvages,
         Et ces couronnes de nuages
         Qui s'amoncellent sur son front!

Montez donc, et tentez ces zones inconnues! —
Vous croyiez fuir aux cieux...Vous vous perdez aux nues

Le mont change à vos yeux d'aspects et de tableaux ·
C'est un gouffre obscurci de sapins centenaires,
    Où les torrents et les tonnerres
    Croisent des éclairs et des flots!

VII

Voilà l'image de la gloire :
D'abord un prisme éblouissant,
Puis un miroir expiatoire,
Où la pourpre paraît du sang!
Tour à tour puissante, asservie,
Voilà quel double aspect sa vie
Offrit à ses âges divers.
Il faut à son nom deux histoires :
Jeune, il inventait ses victoires;
Vieux, il méditait ses revers.

En Corse, à Sainte-Hélène encore,
Dans les nuits d'hiver, le nocher,
Si quelque orageux météore
Brille au sommet d'un noir rocher,
Croit voir le sombre capitaine,
Projetant son ombre lointaine,
Immobile, croiser ses bras ;
Et dit que, pour dernière fête,
Il vient régner dans la tempête,
Comme il régnait dans les combats!

VIII

S'il perdit un empire, il aura deux patries,
De son seul souvenir illustres et flétries,

L'une aux mers d'Annibal, l'autre aux mers de Vasco;
Et jamais de ce siècle attestant la merveille,
On ne prononcera son nom, sans qu'il n'éveille
 Aux bouts du monde un double écho!

Telles, quand une bombe ardente, meurtrière,
Décrit dans un ciel noir sa courbe incendiaire,
Se balance au-dessus des murs épouvantés,
Puis, comme un vautour chauve, à la serre cruelle,
Qui frappe en s'abattant la terre de son aile,
Tombe, et fouille à grand bruit le pavé des cités;

Longtemps après sa chute, on voit fumer encore
La bouche du mortier, large, noire et sonore,
D'où monta pour tomber le globe au vol pesant,
Et la place où la bombe, éclatée en mitrailles,
Mourut, en vomissant la mort de ses entrailles,
 Et s'éteignit en embrasant!

Juillet 1825

A LA COLONNE

DE LA PLACE VENDÔME.

Parva magnis.

ODE SEPTIÈME

I

O monument vengeur! trophée indélébile!
Bronze qui, tournoyant sur ta base immobile,
Sembles porter au ciel ta gloire et ton néant;
Et, de tout ce qu'a fait une main colossale,
Seul es resté debout; — ruine triomphale
    De l'édifice du géant!

Débris du grand empire et de la grande armée,
Colonne d'où si haut parle la renommée,
Je t'aime : l'étranger t'admire avec effroi.
J'aime tes vieux héros, sculptés par la Victoire,
    Et tous ces fantômes de gloire
    Qui se pressent autour de toi.

J'aime à voir sur tes flancs, colonne étincelante,
Revivre ces soldats qu'en leur onde sanglante
Ont roulés le Danube, et le Rhin, et le Pô!
Tu mets comme un guerrier le pied sur ta conquête.
J'aime ton piédestal d'armures, et ta tête
    Dont le panache est un drapeau!

Au bronze de Henri mon orgueil te marie :
J'aime à vous voir tous deux, honneur de la patrie,
Immortels, dominant nos troubles passagers,
Sortir, signes jumeaux d'amour et de colère,
    Lui, de l'épargne populaire,
    Toi, des arsenaux étrangers !

Que de fois, tu le sais, quand la nuit sous ses voiles
Fait fuir la blanche lune ou trembler les étoiles,
Je viens, triste, évoquer tes fastes devant moi ;
Et, d'un œil enflammé dévorant ton histoire,
Prendre, convive obscur, ma part de tant de gloire,
    Comme un pâtre au banquet d'un roi !

Que de fois j'ai cru voir, ô colonne française,
Ton airain ennemi rugir dans la fournaise !
Que de fois, ranimant tes combattants épars,
Heurtant sur tes parois leurs armes dérouillées,
    J'ai ressuscité ces mêlées
    Qui t'assiégent de toutes parts !

Jamais, ô monument, même ivres de leur nombre,
Les étrangers sans peur n'ont passé sous ton ombre.
Leurs pas n'ébranlent point ton bronze souverain.
Quand le sort une fois les poussa vers nos rives,
Ils n'osaient étaler leurs parades oisives
    Devant tes batailles d'airain !

II

Mais quoi ! n'entends-je point, avec de sourds murmures,
De ta base à ton front bruire les armures ?
Colonne ! il m'a semblé qu'éblouissant mes yeux,

Tes bataillons cuivrés cherchaient à redescendre...
Que tes demi-dieux, noirs d'une héroïque cendre,
Interrompaient soudain leur marche vers les cieux !

Leur voix mêlait des noms à leur vieille devise·
— « Tarente, Reggio, Dalmatie et Trévise! »
Et leurs aigles sortant de leur puissant sommeil,
Suivaient d'un bec ardent cette aigle à double tête,
Dont l'œil, ami de l'ombre où son essor s'arrête,
Se baisse à leur regard, comme aux feux du soleil !

Qu'est-ce donc ? — Et pourquoi, bronze envié de Rome,
Vois-je tes légions frémir comme un seul homme ?
Quel impossible outrage à ta hauteur atteint ?
Qui donc a réveillé ces ombres immortelles,
Ces aigles qui, battant ta base de leurs ailes,
Dans leur ongle captif pressent leur foudre éteint ?

III

Je comprends : — l'étranger, qui nous croit sans mémoire,
Veut, feuillet par feuillet, déchirer notre histoire,
Ecrite avec du sang, à la pointe du fer. —
Ose-t-il, imprudent, heurter tant de trophées ?
De ce bronze, forgé de foudres étouffées,
    Chaque étincelle est un éclair !

Est-ce Napoléon qu'il frappe en notre armée ?
Veut-il de cette gloire, en tant de lieux semée,
Disputer l'héritage à nos vieux généraux ?
Pour un fardeau pareil il a la main débile :
L'empire d'Alexandre et les armes d'Achille
    Ne se partagent qu'aux héros.

Mais non : l'Autrichien, dans sa fierté qu'il dompte,
Est content, si leurs noms ne disent que sa honte.
Il fait de sa défaite un titre à nos guerriers.
Et craignant des vainqueurs moins que des feudataires,
Il pardonne aux fleurons de nos ducs militaires,
    Si ce ne sont que des lauriers.

Bronze ! il n'a donc jamais, fier pour une victoire,
Subi de tes splendeurs l'aspect expiatoire?
D'où vient tant de courage à cet audacieux?
Croit-il impunément toucher à nos annales?
Et comment donc lit-il ces pages triomphales
    Que tu déroules dans les cieux?

Est-ce un langage obscur à ses regards timides?
Eh ! qu'il s'en fasse instruire au pied des Pyramides,
A Vienne, au vieux Kremlin, au morne Escurial!
Qu'il en parle à ces rois, cour dorée et nombreuse,
Qui naguère peuplait d'une tente poudreuse
    Le vestibule impérial.

IV

A quoi pense-t-il donc l'étranger qui nous brave?
N'avions-nous pas hier l'Europe pour esclave?
Nous, subir de son joug l'indigne talion !
Non! au champ du combat nous pouvons reparaître.
On nous a mutilés; mais le temps a peut-être
    Fait croître l'ongle du lion.

De quel droit viennent-ils découronner nos gloires?
Les Bourbons ont toujours adopté des victoires.
Nos rois t'ont défendu d'un ennemi tremblant,

ODE SEPTIÈME.

O trophée! à leurs pieds tes palmes se déposent;
    Et si tes quatre aigles reposent,
    C'est à l'ombre du drapeau blanc.

Quoi! le globe est ému de volcans électriques;
Derrière l'Océan grondent les Amériques;
Stamboul rugit! Hellé remonte aux jours anciens·
Lisbonne se débat aux mains de l'Angleterre...
Seul, le vieux peuple franc s'indigne que la terre
    Tremble à d'autres pas que les siens!

Prenez garde, étrangers : — nous ne savons que faire!
La paix nous berce en vain dans son oisive sphère,
L'arène de la guerre a pour nous tant d'attrait!
Nous froissons dans nos mains, hélas! inoccupées,
    Des lyres à défaut d'épées!
    Nous chantons comme on combattrait!

Prenez garde! La France, où grandit un autre âge,
N'est pas si morte encor qu'elle souffre un outrage!
Les partis pour un temps voileront leur tableau.
Contre une injure ici tout s'unit, tout se lève,
Tout s'arme, et la Vendée aiguisera son glaive
    Sur la pierre de Waterlo.

Vous dérobez des noms! — Quoi donc? Faut-il qu'on aille
Lever sur tous vos champs des titres de bataille?
Faut-il, quittant ces noms par la valeur trouvés,
Pour nos gloires, chez vous, chercher d'autres baptêmes?
    Sur l'airain de vos canons mêmes
    Ne sont-ils point assez gravés?

L'étranger briserait le blason de la France!
On verrait, enhardi par notre indifférence,

Sur nos fiers écussons tomber son vil marteau !
Ah !... comme ce Romain qui remuait la terre,
Vous portez, ô Français ! et la paix et la guerre
    Dans le pli de votre manteau.

Votre aile en un moment touche, à sa fantaisie,
  L'Afrique par Cadix et par Moscou l'Asie.
Vous chassez en courant Anglais, Russes, Germains ;
Les tours croulent devant vos trompettes fatales ;
    Et de toutes les capitales
    Vos drapeaux savent le chemin.

Quand leur destin se pèse avec vos destinées,
Toutes les nations s'inclinent détrônées.
La gloire pour vos noms n'a point assez de bruit.
Sans cesse autour de vous les Etats se déplacent.
Quand votre astre paraît, tous les autres s'effacent ;
    Quand vous marchez, l'univers suit !

Que l'Autriche en rampant de nœuds vous environne,
Les deux géants de France ont foulé sa couronne !
L'histoire, qui des temps ouvre le Panthéon,
Montre empreints aux deux fronts du vautour d'Allemagne
    La sandale de Charlemagne,
    L'éperon de Napoléon.

Allez ! — Vous n'avez plus l'aigle qui, de son aire,
Sur tous les fronts trop hauts portait votre tonnerre ;
Mais il vous reste encor l'oriflamme et les lis.
Mais c'est le coq gaulois qui réveille le monde ;
Et son cri peut promettre à votre nuit profonde
    L'aube du soleil d'Austerlitz !

v

C'est moi qui me tairais ! moi qu'enivrait naguère
Mon nom saxon, mêlé parmi des cris de guerre !
Moi, qui suivais le vol d'un drapeau triomphant !
Qui, joignant aux clairons ma voix entrecoupée,
Eus pour premier hochet le nœud d'or d'une épée !
Moi, qui fus un soldat quand j'étais un enfant !

Non, frères ! non, Français de cet âge d'attente !
Nous avons tous grandi sur le seuil de la tente.
Condamnés à la paix, aiglons bannis des cieux,
Sachons du moins, veillant aux gloires paternelles,
Garder de tout affront, jalouses sentinelles,
    Les armures de nos aïeux !

    Février 1827.

FIN

Ubi defuit orbis.

ODE HUITIÈME

I

Ainsi d'un peuple entier je feuilletais l'histoire !
Livre fatal de deuil, de grandeur, de victoire ;
Et je sentais frémir mon luth contemporain,
Chaque fois que passait un grand nom, un grand crime,
Et que l'une sur l'autre, avec un bruit sublime,
    Retombaient les pages d'airain.

Fermons-le maintenant, ce livre formidable.
Cessons d'interroger ce sphinx inabordable
Qui le garde en silence, à la fois monstre et dieu.
L'énigme qu'il propose échappe à bien des lyres ;
Il n'en écrit le mot, sur le front des empires,
    Qu'en lettres de sang et de feu.

II

Ne cherchons pas ce mot. — Alors, pourquoi, poëte,
Ne l'endormais-tu pas sur ta lyre muette ?
Pourquoi la mettre au jour et la prostituer ?
Pourquoi ton chant sinistre et ta voix insensée ?...
    — C'est qu'il fallait à ma pensée
    Tout un grand peuple à remuer.

ODE HUITIÈME.

Des révolutions j'ouvrais le gouffre immonde ?
C'est qu'il faut un chaos à qui veut faire un monde.
C'est qu'une grande voix dans ma nuit m'a parlé.
C'est qu'enfin je voulais, menant au but la foule,
    Avec le siècle qui s'écroule
    Confronter le siècle écroulé.

Le génie a besoin d'un peuple que sa flamme
Anime, éclaire, échauffe, embrase comme une âme.
Il lui faut tout un monde à régir en tyran.
Dès qu'il a pris son vol du haut de la falaise,
    Pour que l'ouragan soit à l'aise,
    Il n'a pas trop de l'Océan !

C'est là qu'il peut ouvrir ses ailes ; là qu'il gronde
Sur un abîme large et sur une eau profonde ;
C'est là qu'il peut bondir, géant capricieux,
Et tournoyer, debout dans l'orage qui tombe,
    D'un pied s'appuyant sur la tombe,
    Et d'un bras soutenant les cieux !

    Mai 1828.

LIVRE QUATRIÈME

1819-1827

Spiritus flat ubi vult.

LE POÈTE

Muse! contemple ta victime!
LAMARTINE

ODE PREMIÈRE

I

Qu'il passe en paix, au sein d'un monde qui l'ignore,
L'auguste infortuné que son âme dévore!
    Respectez ses nobles malheurs;
Fuyez, ô plaisirs vains, son existence austère;
Sa palme qui grandit, jalouse et solitaire,
    Ne peut croître parmi vos fleurs.

Il souffre assez de maux, sans y joindre vos joies!
Chaque pas qui l'enfonce en de sublimes voies
    Par une douleur est compté.

Il pleure sa jeunesse avant l'âge envolée,
Sa vie, humble roseau, qui se trouve accablée
    Du poids de l'immortalité.

Il pleure, ô belle enfance, et ta grâce et les charmes,
Et ton rire innocent et tes naïves larmes,
    Ton bonheur doux et turbulent,
Et, loin des vastes cieux, l'aile que tu reposes,
Et, dans les jeux bruyants, ta couronne de roses
    Que flétrirait son front brûlant!

Il accuse et son siècle, et ses chants, et sa lyre,
Et la coupe enivrante où, trompant son délire,
    La gloire verse tant de fiel,
Et ses vœux, poursuivant des promesses funestes,
Et son cœur, et la muse, et tous ces dons célestes,
    Hélas! qui ne sont pas le ciel!

II

Ah! si du moins, couché sur le char de la vie,
L'hymne de son triomphe et les cris de l'envie
    Passaient sans troubler son sommeil!
S'il pouvait dans l'oubli préparer sa mémoire!
Ou, voilé de rayons, se cacher dans sa gloire,
    Comme un ange dans le soleil!

Mais sans cesse il faut suivre, en la commune arène,
Le flot qui le repousse et le flot qui l'entraîne!
    Les hommes troublent son chemin!
Sa voix grave se perd dans leurs vaines paroles,
Et leur fol orgueil mêle à leurs jouets frivoles
    Le sceptre qui pèse à sa main!

Pourquoi traîner ce roi si loin de ses royaumes?
Qu'importe à ce géant un cortége d'atomes?
    Fils du monde, c'est vous qu'il fuit.
Que fait à l'immortel votre éphémère empire?
Sans les chants de sa voix, sans les sons de sa lyre,
    N'avez-vous point assez de bruit?

III

Laissez-le dans son ombre où descend la lumière. —
Savez-vous qu'une Muse, épurant sa poussière,
    Y charme en secret ses ennuis?
Et que, laissant pour lui les éternelles fêtes,
La colombe du Christ et l'aigle des prophètes
    Souvent y visitent ses nuits?

Sa veille redoutable, en ses visions saintes,
Voit les soleils naissants et les sphères éteintes
    Passer en foule au fond du ciel;
Et, suivant dans l'espace un chœur brûlant d'archanges,
Cherche, aux mondes lointains, quelles formes étranges
    Y revêt l'Etre universel.

Savez-vous que ses yeux ont des regards de flamme?
Savez-vous que le voile étendu sur son âme
    Ne se lève jamais en vain?
De lumière dorée et de flammes rougie,
Son aile, en un instant, de l'infernale orgie
    Peut monter au banquet divin.

Laissez donc loin de vous, ô mortels téméraires,
Celui que le Seigneur marqua, parmi ses frères,

De ce signe funeste et beau,
Et dont l'œil entrevoit plus de mystères sombres
Que les morts effrayés n'en lisent, dans les ombres,
Sous la pierre de leur tombeau !

IV

Un jour vient dans sa vie, où la Muse elle-même,
D'un sacerdoce auguste armant son luth suprême,
L'envoie au monde ivre de sang,
Afin que, nous sauvant de notre propre audace,
Il apporte d'en haut à l'homme qui menace
La prière du Tout-Puissant.

Un formidable esprit descend dans sa pensée.
Il paraît; et soudain, en éclairs élancée,
Sa parole luit comme un feu.
Les peuples prosternés en foule l'environnent ;
Sina mystérieux, les foudres le couronnent,
Et son front porte tout un Dieu !

Août 1823.

A MONSIEUR ALPH. DE L.

LA LYRE ET LA HARPE

Alternis dicetis, amant alterna Camœnæ.
VIRGILE.
Et cœpit loqui, prout Spiritus sanctus dabat eloqui.
ACT. APOST.

ODE DEUXIÈME

LA LYRE.

Dors, ô fils d'Apollon! ses lauriers te couronnent,
Dors en paix! Les neuf Sœurs t'adorent comme un roi;
De leurs chœurs nébuleux les Songes t'environnent;
    La Lyre chante auprès de toi!

LA HARPE.

Éveille-toi, jeune homme, enfant de la misère!
Un rêve ferme au jour tes regards obscurcis,
Et pendant ton sommeil, un indigent, ton frère,
    A ta porte en vain s'est assis!

LA LYRE.

Ton jeune âge est cher à la Gloire,
Enfant, la Muse ouvrit tes yeux,

Et d'une immortelle mémoire
Couronna ton nom radieux !
En vain Saturne te menace :
Va, l'Olympe est né du Parnasse,
Les poëtes ont fait les dieux !

LA HARPE.

Homme, une femme fut ta mère.
Elle a pleuré sur ton berceau ;
Souffre donc. Ta vie éphémère
Brille et tremble, ainsi qu'un flambeau.
Dieu, ton maître, a d'un signe austère
Tracé ton chemin sur la terre,
Et marqué ta place au tombeau.

LA LYRE.

Chante. Jupiter règne, et l'univers l'implore :
Vénus embrasse Mars d'un souris gracieux ;
Iris brille dans l'air, dans les champs brille Flore ;
Chante : les immortels, du couchant à l'aurore,
    En trois pas parcourent les cieux !

LA HARPE.

Prie ! Il n'est qu'un vrai Dieu, juste dans sa clémence,
Par' la fuite des temps sans cesse rajeuni.
Tout s'achève dans lui, par lui tout recommence.
Son être emplit le monde ainsi qu'une âme immense ;
    L'Eternel vit dans l'infini.

LA LYRE.

Ta douce muse à fuir t'invite.
Cherche un abri calme et serein ;

Les mortels, que le sage évite,
Subissent le siècle d'airain.
Viens; près de tes lares tranquilles,
Tu verras de loin dans les villes
Mugir la Discorde aux cent voix
Qu'importe à l'heureux solitaire
Que l'Autan dévaste la terre
S'il ne fait qu'agiter ses bois!

LA HARPE.

Dieu, par qui tout forfait s'expie,
Marche avec celui qui le sert.
Apparais dans la foule impie,
Tel que Jean, qui vint du désert.
Va donc, parle au peuple du monde :
Dis-leur la tempête qui gronde,
Révèle le Juge irrité;
Et pour mieux frapper leur oreille,
Que ta voix s'élève pareille
A la rumeur d'une cité !

LA LYRE.

L'aigle est l'oiseau du Dieu qu'avant tous on adore.
Du Caucase à l'Athos l'aigle planant dans l'air,
Roi du feu qui féconde et du feu qui dévore,
Contemple le soleil et vole sur l'éclair !

LA HARPE.

La colombe descend du ciel, qui la salue,
Et, voilant l'Esprit saint sous son regard de feu,
Chère au vieillard choisi comme à la vierge élue,
Porte un rameau dans l'arche, annonce au monde un Dieu!

ODE DEUXIEME.

LA LYRE.

Aime! Eros règne à Gnide, à l'Olympe, au Tartare.
Son flambeau de Sestos allume le doux phare;
Il consume Ilion par la main de Pâris.
Toi, fuis de belle en belle, et change avec leurs charmes
    L'Amour n'enfante que des larmes;
    Les Amours sont frères des Ris!

LA HARPE.

L'Amour divin défend de la haine infernale.
Cherche pour ton cœur pur une âme virginale;
Chéris-la! Jéhovah chérissait Israël.
Deux êtres que dans l'ombre unit un saint mystère
    Passent en s'aimant sur la terre,
    Comme deux exilés du ciel!

LA LYRE.

    Jouis! c'est au fleuve des ombres
    Que va le fleuve des vivants.
    Le sage, s'il a des jours sombres,
    Les laisse aux dieux, les jette aux vents.
    Enfin, comme un pâle convive,
    Quand la mort imprévue arrive,
    De sa couche il lui tend la main;
    Et, riant de ce qu'il ignore,
    S'endort dans la nuit sans aurore,
    En rêvant un doux lendemain!

LA HARPE

    Soutiens ton frère qui chancelle,
    Pleure si tu le vois souffrir :

Veille avec soin, prie avec zèle,
Vis en songeant qu'il faut mourir.
Le pécheur croit, lorsqu'il succombe,
Que le néant est dans la tombe,
Comme il est dans la volupté;
Mais quand l'ange impur le réclame,
Il s'épouvante d'être une âme,
Et frémit de l'éternité !

Le poëte écoutait, à peine à son aurore,
Ces deux lointaines voix qui descendaient du ciel ;
Et plus tard il osa parfois, bien faible encore,
Dire à l'écho du Pinde un hymne du Carmel !

Avril 1829.

MOÏSE SUR LE NIL

En ce même temps, la fille de Pharaon
vint au fleuve pour se baigner, accompagnée de ses filles,
qui marchaient le long du bord de l'eau.
Ex.

ODE TROISIÈME

« Mes sœurs, l'onde est plus fraîche aux premiers feux du jour!
« Venez : le moissonneur repose en son séjour ;
  « La rive est solitaire encore ;
« Memphis élève à peine un murmure confus,
« Et nos chastes plaisirs, sous ces bosquets touffus,
  « N'ont d'autre témoin que l'aurore.

« Au palais de mon père on voit briller les arts ;
« Mais ces bords pleins de fleurs charment plus mes regards
  « Qu'un bassin d'or ou de porphyre ;
« Ces chants aériens sont mes concerts chéris ;
« Je préfère aux parfums qu'on brûle en nos lambris
  « Le souffle embaumé du zéphyre !

« Venez : l'onde est si calme et le ciel est si pur!
« Laissez sur ces buissons flotter les plis d'azur
  « De vos ceintures transparentes ;
« Détachez ma couronne et ces voiles jaloux ;
« Car je veux aujourd'hui folâtrer avec vous,
  « Au sein des vagues murmurantes.

« Hâtons-nous... Mais parmi les brouillards du matin,
« Que vois-je? — regardez à l'horizon lointain...
  « Ne craignez rien, filles timides!
« C'est sans doute, par l'onde entrainé vers les mers
« Le tronc d'un vieux palmier qui, du fond des déserts,
  « Vient visiter les Pyramides.

« Que dis-je! si j'en crois mes regards indécis,
« C'est la barque d'Hermès ou la conque d'Isis,
  « Que pousse une brise légère.
« Mais non : c'est un esquif où, dans un doux repos,
« J'aperçois un enfant qui dort au sein des flots,
  « Comme on dort au sein de sa mère!

« Il sommeille ; et, de loin, à voir son lit flottant,
« On croirait voir voguer sur le fleuve inconstant
  « Le nid d'une blanche colombe.
« Dans sa couche enfantine il erre au gré du vent ;
« L'eau le balance, il dort, et le gouffre mouvant
  « Semble le bercer dans sa tombe!

« Il s'éveille ; accourez, ô vierges de Memphis!
« Il crie... Ah! quelle mère a pu livrer son fils
  « Au caprice des flots mobiles?
« Il tend les bras; les eaux grondent de toute part.
« Hélas! contre la mort il n'a d'autre rempart
  « Qu'un berceau de roseaux fragiles.

« Sauvons-le... — C'est peut-être un enfant d'Israël.
« Mon père les proscrit : mon père est bien cruel
  « De proscrire ainsi l'innocence!
« Faible enfant! ses malheurs ont ému mon amour,

ODE TROISIÈME.

« Je veux être sa mère : il me devra le jour,
  « S'il ne me doit pas la naissance. »

Ainsi parlait Iphis, l'espoir d'un roi puissant,
Alors qu'aux bords du Nil son cortége innocent
    Suivait sa course vagabonde ;
Et ces jeunes beautés, qu'elle effaçait encor,
Quand la fille des rois quittait ses voiles d'or,
    Croyaient voir la fille de l'onde.

Sous ses pieds délicats déjà le flot frémit.
Tremblante, la pitié, vers l'enfant qui gémit
    La guide en sa marche craintive,
Elle a saisi l'esquif ! fière de ce doux poids,
L'orgueil sur son beau front, pour la première fois
    Se mêle à la pudeur naïve !

Bientôt, divisant l'onde et brisant les roseaux,
Elle apporte à pas lents l'enfant sauvé des eaux
    Sur le bord de l'arène humide ;
Et ses sœurs tour à tour, au front du nouveau-né,
Offrant leur doux sourire à son œil étonné,
    Déposaient un baiser timide !

Accours, toi qui, de loin, dans un doute cruel,
Suivais des yeux ton fils sur qui veillait le ciel ;
    Viens ici comme une étrangère ;
Ne crains rien : en pressant Moïse entre tes bras,
Tes pleurs et tes transports ne te trahiront pas,
    Car Iphis n'est pas encor mère !

Alors, tandis qu'heureuse et d'un pas triomphant,
La vierge, au roi farouche, amenait l'humble enfant,
    Baigné des larmes maternelles,

On entendait en chœur, dans les cieux étoilés,
Des anges, devant Dieu, de leurs ailes voilés,
    Chanter les lyres éternelles.

« Ne gémis plus, Jacob, sur la terre d'exil ;
« Ne mêle plus tes pleurs aux flots impurs du Nil :
    « Le Jourdain va t'ouvrir ses rives.
« Le jour enfin approche où vers les champs promis
« Gessen verra s'enfuir, malgré leurs ennemis,
    « Les tribus si longtemps captives.

« Sous les traits d'un enfant délaissé sur les flots,
« C'est l'élu du Sina, c'est le roi des fléaux,
    « Qu'une vierge sauve de l'onde.
« Mortels, vous dont l'orgueil méconnaît l'Eternel,
« Fléchissez : un berceau va sauver Israël,
    « Un berceau doit sauver le monde ! »

Février 1820.

LE DÉVOUEMENT

> In urbi omne mortalium genus vis pestilentiæ depopulabatur, nulla cœli intemperie, quæ occurreret oculis. Sed domus corporibus exanimis, itinera funeribus complebantur ; non sexus, non ætas periculo vacua.
>
> TACIT.

> Dans la ville, la peste dévorait tout ce qui meurt ; aucun nuage dans le ciel ne s'offrait aux yeux ; mais les maisons étaient pleines de corps sans vie, les voies de funérailles. Ni le sexe ni l'âge n'étaient exempts du péril.

ODE QUATRIÈME

I

Je rends grâce au Seigneur : il m'a donné la vie !
La vie est chère à l'homme, entre les dons du ciel ;
Nous bénissons toujours le Dieu qui nous convie
    Au banquet d'absinthe et de miel.
Un nœud de fleurs se mêle aux fers qui nous enlacent ;
    Pour vieillir parmi ceux qui passent,
    Tout homme est content de souffrir ;
L'éclat du jour nous plaît ; l'air des cieux nous enivre.
Je rends grâce au Seigneur : c'est le bonheur de vivre
    Qui fait la gloire de mourir !

Malheureux le mortel qui meurt, triste victime,
Sans qu'un frère sauvé vive par son trépas,

Sans refermer sur lui, comme un Romain sublime,
    Le gouffre où se perdent ses pas !
Infortuné le peuple, en proie à l'anathème,
    Qui voit, se consumant lui-même,
    Périr son nom et son orgueil,
Sans que toute la terre à sa chute s'incline,
Sans qu'un beau souvenir reste sur sa ruine,
    Comme un flambeau sur un cercueil !

II

Quand Dieu, las de forfaits, se lève en sa colère,
Il suscite un fléau formidable aux cités,
Qui laisse après sa fuite un effroi séculaire
    Aux murs longtemps inhabités.
D'un vil germe, ignoré des peuples en démence,
    Un géant pâle, un spectre immense
    Sort et grandit au milieu d'eux ;
Et la ville veut fuir, mais le monstre fidèle,
Comme un horrible époux la couvre de son aile,
    Et l'étreint dans ses bras hideux !

Le peuple en foule alors sous le mal qui fermente
Tombe, ainsi qu'en nos champs la neige aux blancs flocons ;
Tout succombe, et partout la mort qui s'alimente
    Renaît des cadavres féconds.
Le monstre l'une à l'autre enchaîne ses victimes ;
    Il les traîne aux mêmes abîmes ;
    Il se repaît de leurs lambeaux ;
Et parmi les bûchers, le deuil et les décombres,
Les vivants sans abris, tels que d'impures ombres,
    Errent loin des morts sans tombeaux.

Quand le cirque s'ouvrait, aux jours des funérailles,
Tous les Romains en paix, par leurs licteurs couverts,

Voyaient de loin lutter les captifs des batailles,
  Livrés aux tigres des déserts.
Ainsi dans leur effroi les nations s'assemblent;
  Un long cri monte aux cieux qui tremblent,
  Au loin, de mers en mers porté.
Le monde armé, craignant l'hydre aux ailes rapides,
Garde sous leur fléau ces mourants homicides,
  Et les menace, épouvanté!

III

Alors n'est-il pas vrai, sybarites des villes,
Que les jeux sont plus doux et les plaisirs meilleurs
Lorsqu'un mal, plus affreux que les haines civiles,
  Séme en d'autres murs les douleurs?
Loin des couches de feu qu'infecte un germe immonde,
  Qu'avec charme l'enfant du monde
  Sur un lit parfumé s'endort!
Et qu'on savoure mieux l'air natal de la vie,
Quand tout un peuple en deuil, qui pleure et nous envie,
  Respire ailleurs un vent de mort!

Chacun reste absorbé dans un cercle éphémère.
La mère embrasse en paix l'enfant qui lui sourit
Sans s'informer des lieux où le sein d'une mère
  Est mortel au fils qu'il nourrit!
Quelque pitié vulgaire au fond des cœurs s'éveille,
  Entre les fêtes de la veille
  Et les fêtes du lendemain;
Car tels sont les humains : plaindre les importe
Ils passent à côté d'une grande infortune
  Sans s'arrêter sur le chemin.

IV

Quelques hommes pourtant, qu'un feu secret anime,
Se lèvent de la foule, et chacun dans leurs yeux
Cherche quel beau destin, quel avenir sublime,
 Rayonne sur leurs fronts joyeux. —
Un triomphe éclatant peut-être les réclame?
  Quel espoir enivre leur âme?
  Quel bien? quel trésor? quel honneur?... —
Ainsi toujours, hélas! dans ce monde stérile,
Si la vertu paraît, à son aspect tranquille
  Nous la prenons pour le bonheur!

O peuples! ces mortels, qu'un Dieu guide et seconde,
Vont d'un pas assuré, d'un regard radieux,
Combattre le fléau devant qui fuit le monde :
 Adressez-leur vos longs adieux.
Et vous, ô leurs parents, leurs épouses, leurs mères!
  Contenez vos larmes amères;
  Laissez les victimes s'offrir :
Ne les poursuivez pas de plaintes téméraires;
Devaient-ils préférer aucun d'entre leurs frères
  A ceux pour qui l'on peut mourir?

Bientôt s'ouvre pour eux la cité solitaire.
Mille spectres vivants les appellent en pleurs,
Surpris qu'il soit encore un mortel sur la terre
 Qui vienne au cri de leurs douleurs.
Ils parlent, et déjà leur voix rassure et guide
  Ces peuples qu'un fléau livide
  Pousse au tombeau d'un bras de fer,
Et le monstre, attaqué dans les murs qu'il opprime,

Frémit comme Satan, quand, sauveur et victime,
    Un Dieu parut dans son enfer !

Ils contemplent de près l'hydre non assouvie.
Pour ravir ses secrets, résignés à leur sort,
Leur art audacieux lui dispute la vie,
    Ou l'interroge dans la mort.
Quand leurs secours sont vains, leur prière console.
    Le mourant croit à leur parole,
    Que le ciel ne peut démentir ;
Et si le trépas même, enfin, frappe leur tête,
De l'apôtre serein l'humble voix ne s'arrête
    Qu'au dernier souffle du martyr !

V

O mortels trop heureux ! qui pourrait vous atteindre,
Vous qui domptez la mort en affrontant ses coups !
Lorsqu'en vous admirant la foule ose vous plaindre,
    Je vous suis de mes pleurs jaloux.
Infortuné ! jamais, victime volontaire,
    Je n'irai, pour sauver la terre,
    Braver un fléau dévorant,
Ni, calmant par mes soins ses douleurs meurtrières,
Mêler ma plainte amie et mes saintes prières
    Aux soupirs impurs d'un mourant !

Hélas ! ne puis-je aussi m'immoler pour mes frères ?
N'est-il plus d'opprimés ? n'est-il plus de bourreaux ?
Sur quel noble échafaud, dans quels murs funéraires
    Chercher le trépas des héros ?
Oui, que brisant mon corps, la torture sanglante,

Sur la croix, à ma soif brûlante
Offre le breuvage de fiel;
Fier et content, Seigneur, je dirai vos louanges;
Car l'ange du martyre est le plus beau des anges
Qui portent les âmes au ciel!

Décembre 1821

A

L'ACADÉMIE DES JEUX FLORAUX

At mihi jam puero cœlestia sacra placebant,
Inque suum furtim musa trahebat opus.
Ovid.

ODE CINQUIÈME

Vous dont le poétique empire
S'étend des bords du Rhône aux rives de l'Adour,
Vous dont l'art tout-puissant n'est qu'un joyeux délire,
Rois des combats du chant, rois des jeux de la lyre,
    O maîtres du savoir d'amour !

Aussi belle qu'à sa naissance,
Votre muse se rit des ans et des douleurs ;
Le temps semble en passant respecter son enfance ;
Et la gloire, à ses yeux se voilant d'innocence,
    Cache ses lauriers sous des fleurs.

Salut ! enfant, j'ai pour ma mère
Cueilli quelques rameaux dans vos sacrés bosquets ;
Votre main s'est offerte à ma main téméraire ;
Etranger, vous m'avez accueilli comme un frère,
    Et fait asseoir dans vos banquets.

  Parmi les juges de l'arène
L'athlète fut admis, vainqueur bien faible encor.
Jamais pourtant, errant sur les monts de Pyrène,
Il n'avait réveillé de belle suzeraine
  Aux sons hospitaliers du cor.

  D'une fée, aux lointaines sphères,
Jamais il n'avait dit les magiques jardins ;
Ni, le soir, pour charmer des dames peu sévères,
Conté, près du foyer, les exploits des trouvères,
  Et les amours des paladins.

  D'autres, d'une voix immortelle,
Vous peindront d'heureux jours en de joyeux accords.
Moi, la douleur m'éprouve, et mes chants viennent d'elle.
Je souffre et je console, et ma muse fidèle
  Se souvient de ceux qui sont morts.

  Mai 1822.

A MONSIEUR DE CHATEAUBRIAND

LE GÉNIE

Les circonstances ne forment pas les hommes; elles les montrent : elles dévoilent, pour ainsi dire, la royauté du génie, dernière ressource des peuples éteints. Ces rois qui n'en ont pas le nom, mais qui règnent véritablement par la force du caractère et la grandeur des pensées, sont élus par les événements auxquels ils doivent commander. Sans ancêtres et sans postérité, seuls de leur race, leur mission remplie, ils disparaissent en laissant à l'avenir des ordres qu'il exécutera fidèlement.

F. DE LAMENNAIS.

ODE SIXIÈME

I

Malheur à l'enfant de la terre,
Qui, dans ce monde injuste et vain,
Porte en son âme solitaire
Un rayon de l'Esprit divin !
Malheur à lui ! l'impure envie
S'acharne sur sa noble vie,
Semblable au vautour éternel ;
Et, de son triomphe irritée,

Punit ce nouveau Prométhée
D'avoir ravi le feu du ciel !

La gloire, fantôme céleste,
Apparaît de loin à ses yeux ;
Il subit le pouvoir funeste
De son sourire impérieux !
Ainsi l'oiseau, faible et timide,
Veut en vain fuir l'hydre perfide
Dont l'œil le charme et le poursuit ;
Il voltige de cime en cime,
Puis il accourt, et meurt victime
Du doux regard qui l'a séduit.

Ou, s'il voit luire enfin l'aurore
Du jour promis à ses efforts,
Vivant, si son front se décore
Du laurier qui croît pour les morts ;
L'erreur, l'ignorance hautaine,
L'injure impunie, et la haine,
Usent les jours de l'immortel.
Du malheur imposant exemple,
La gloire l'admet dans son temple,
Pour l'immoler sur son autel !

II

Pourtant, fallût-il être en proie
A l'injustice, à la douleur,
Qui n'accepterait avec joie
Le génie au prix du malheur ?
Quel mortel, sentant dans son âme
S'éveiller la céleste flamme

Que le temps ne saurait ternir,
Voudrait, redoutant sa victoire,
Au sein d'un bonheur sans mémoire,
Fuir son triste et noble avenir?

Chateaubriand, je t'en atteste,
Toi, qui, déplacé parmi nous,
Reçus du ciel le don funeste
Qui blesse notre orgueil jaloux;
Quand ton nom doit survivre aux âges,
Que t'importe, avec ses outrages,
A toi, géant, un peuple nain?
Tout doit un tribut au génie.
Eux, ils n'ont que la calomnie :
Le serpent n'a que son venin.

Brave la haine empoisonnée!
Le nocher rit des flots mouvants,
Lorsque sa poupe couronnée
Entre au port à l'abri des vents.
Longtemps ignoré dans le monde,
Ta nef a lutté contre l'onde
Souvent prête à l'ensevelir;
Ainsi jadis le vieil Homère
Errait inconnu sur la terre,
Qu'un jour son nom devait remplir!

III

Jeune encor, quand des mains du crime
La France en deuil reçut des fers,
Tu fuis : le souffle qui t'anime
S'éveilla dans l'autre univers.
Contemplant ces vastes rivages,

Ces grands fleuves, ces bois sauvages,
Aux humains tu disais adieu ;
Car dans ces lieux que l'homme ignore.
Du moins ses pas n'ont point encore
Effacé les traces de Dieu.

Tu vins, dans un temps plus tranquille,
Fouler cette terre des arts,
Où croît le laurier de Virgile,
Où tombent les murs des Césars.
Tu vis la Grèce humble et domptée :
Hélas ! il n'est plus de Tyrtée
Chez ces peuples, jadis si grands ;
Les Grecs courbent leurs fronts serviles,
Et le rocher des Thermopyles
Porte les tours de leurs tyrans !

Ces cités que vante l'histoire
Pleurent leurs enfants aguerris ;
Le vieux souvenir de leur gloire
N'habite plus que leurs débris.
Les dieux ont fui : dans les prairies,
Adieu les blanches théories !
Plus de jeux, plus de saints concerts :
Adieu les fêtes fraternelles !
L'airain qui gronde aux Dardanelles
Trouble seul les temples déserts.

Mais si la Grèce est sans prestiges
Tu savais des lieux solennels
Où sont de plus sacrés vestiges,
Des monuments plus éternels,
Une tombe pleine de vie,
Et Jérusalem asservie

ODE SIXIÈME.

Qu'un pacha foule sans remord,
Et le Bédouin, fils du Numide,
Et Carthage, et la Pyramide,
Tente immobile de la mort !

Enfin, au foyer de tes pères
Tu vins, rapportant pour trésor
Tes maux aux rives étrangères,
Et les hautes leçons du sort.
Tu déposas ta douce lyre :
Dès lors, la raison qui t'inspire
Au sénat parla par ta voix,
Et la liberté rassurée
Confia sa cause sacrée
A ton bras, défenseur des rois.

Dans cette arène, où l'on t'admire,
Sois fier d'avoir tant combattu,
Honoré du double martyre
Du génie et de la vertu.
Poursuis, remplis notre espérance;
Sers ton prince, éclaire la France,
Dont les destins vont s'accomplir.
L'anarchie, altière et servile,
Pâlit devant ton front tranquille
Qu'un tyran n'a point fait pâlir.

Que l'envie, aux pervers unie,
Te poursuive de ses clameurs,
Ton noble essor, fils du Génie,
T'enlève à ces vaines rumeurs.
Tel l'oiseau du cap des tempêtes
Voit les nuages sur nos têtes

Rouler leurs flots séditieux ;
Pour lui, loin des bruits de la terre,
Bercé par son vol solitaire,
Il va s'endormir dans les cieux!

Juillet 1820.

LA FILLE D'O-TAITI

> Que fait-il donc, celui que sa douleur attend !
> Sans doute il n'aime pas celui qu'elle aime tant
> ALFRED DE VIGNY, *Dolorida*.

ODE SEPTIÈME

« Oh! dis-moi, tu veux fuir? et la voile inconstante
« Va bientôt de ces bords t'enlever à mes yeux?
« Cette nuit j'entendais, trompant ma douce attente,
« Chanter les matelots, qui repliaient leur tente.
 « Je pleurais à leurs cris joyeux !

« Pourquoi quitter notre île? En ton île étrangère,
« Les cieux sont-ils plus beaux? a-t-on moins de douleurs ?
« Les tiens, quand tu mourras, pleureront-ils leur frère?
« Couvriront-ils tes os du plane funéraire
 « Dont on ne cueille pas les fleurs ?

« Te souvient-il du jour où les vents salutaires
« T'amenèrent vers nous pour la première fois?
« Tu m'appelas de loin sous nos bois solitaires,
« Je ne t'avais point vu jusqu'alors sur nos terres,
 « Et pourtant je vins à ta voix.

« Oh! j'étais belle alors; mais les pleurs m'ont flétrie.
« Reste, ô jeune étranger! ne me dis pas adieu.

« Ici, nous parlerons de ta mère chérie ;
« Tu sais que je me plais aux chants de ta patrie.
    « Comme aux louanges de ton Dieu.

« Tu rempliras mes jours : à toi je m'abandonne.
« Que t'ai-je fait pour fuir? Demeure sous nos cieux.
« Je guérirai tes maux, je serai douce et bonne,
« Et je t'appellerai du nom que l'on te donne
    « Dans le pays de tes aïeux!

« Je serai, si tu veux, ton esclave fidèle,
« Pourvu que ton regard brille à mes yeux ravis.
« Reste, ô jeune étranger! reste, et je serai belle.
« Mais tu n'aimes qu'un temps, comme notre hirondelle.
    « Moi, je t'aime comme je vis.

« Hélas! tu veux partir. — Aux monts qui t'ont vu naître,
« Sans doute quelque vierge espère ton retour.
« Eh bien! daigne avec toi m'emmener, ô mon maître!
« Je lui serai soumise, et l'aimerai peut-être,
    « Si ta joie est dans son amour!

« Loin de mes vieux parents, qu'un tendre orgueil enivre,
« Du bois où dans tes bras j'accourus sans effroi,
« Loin des fleurs, des palmiers, je ne pourrai plus vivre,
« Je mourrais seule ici. Va, laisse-moi te suivre,
    « Je mourrai du moins près de toi.

« Si l'humble bananier accueillit ta venue,
« Si tu m'aimas jamais, ne me repousse pas.
« Ne t'en va pas sans moi dans ton île inconnue,
« De peur que ma jeune âme, errante dans la nue,
    « N'aille seule suivre tes pas! »

Quand le matin dora les voiles fugitives,
En vain on la chercha sous son dôme léger ;
On ne la revit plus dans les bois, sur les rives.
Pourtant la douce vierge, aux paroles plaintives.
    N'était pas avec l'étranger.

    Janvier 1821.

A MONSIEUR ULRIC GUTTINGUER.

L'HOMME HEUREUX

Beatus qui non prosper.

ODE HUITIÈME

« Je vous abhorre, ô dieux ! Hélas ! si jeune encore,
    « Je puis déjà ce que je veux ;
« Accablé de vos dons, ô dieux ! je vous abhorre !
« Que vous ai-je donc fait pour combler tous mes vœux ?

« Du détroit de Léandre aux colonnes d'Alcide,
    « Mes vaisseaux parcourent les mers ;
« Mon palais engloutit, ainsi qu'un gouffre avide,
« Les trésors des cités et les fruits des déserts.

« Je dors au bruit des eaux, au son lointain des lyres,
    « Sur un lit aux pieds de vermeil ;
« Et sur mon front brûlant, appelant les zéphyres,
« Dix vierges de l'Indus veillent pour mon sommeil.

« Je laisse, en mes banquets, à l'ingrat parasite
    « Des mets que repousse ma main ;
« Et dans les plats dorés, ma faim, que rien n'excite,
« Dédaigne des poissons nourris de sang humain.

« Aux bords du Tibre, aux monts qui vomissent les laves,
    « J'ai des jardins délicieux ;
« Mes domaines, partout couverts de mes esclaves,
« Fatiguent mes coursiers, importunent mes yeux !

« Je vois les grands me craindre et César me sourire ;
    « Je protége les suppliants ;
« J'ai des pavés de marbre et des bains de porphyre ;
« Mon char est salué d'un peuple de clients.

« Je m'ennuie au forum, je m'ennuie aux arènes ;
    « Je demande à tous : Que fait-on ?
« Je fais jeter par jour un esclave aux murènes,
« Et je m'amuse à peine à ce jeu de Caton.

« Les femmes de l'Europe et celles de l'Asie
    « Touchent peu mon cœur déjà mort ;
« Dans une coupe d'or l'ennui me rassasie,
« Et le pauvre qui pleure est jaloux de mon sort !

« D'implacables faveurs me poursuivent sans cesse,
    « Vous m'avez flétri dans ma fleur,
« Dieux ! donnez l'espérance à ma froide jeunesse,
« Je vous rends tous ces biens pour un peu de bonheur. »

———

Dans le temple traînant sa langueur opulente,
Ainsi parlait Celsus de sa couche indolente ;
Il blasphémait ses dieux ; et, bénissant le ciel,
Un martyr expirait devant l'impur autel !

1822.

L'AME

> Je ne sais quel destin trouble l'esprit des mortels, semblables à des cylindres, ils roulent çà et là accablés d'une infinité de maux... Mais prends courage, la race des hommes est divine ; lorsque, dépouillé de ton corps, tu t'élèveras dans les régions éthérées, la mort n'aura plus sur toi de pouvoir, tu seras un dieu immortel et incorruptible.
>
> *Vers dorés de Pythagore.*

ODE NEUVIÈME

I

Fils du ciel, je fuirai les honneurs de la terre ;
Dans mon abaissement je mettrai mon orgueil,
Je suis le roi banni, superbe et solitaire,
    Qui veut le trône ou le cercueil ;
Je hais le bruit du monde et je crains sa poussière.
    La retraite, paisible et fière,
    Réclame un cœur indépendant ;
Je ne veux point d'esclave et ne veux point de maître,
Laissez-moi rêver seul au désert de mon être : —
    J'y cherche le buisson ardent

Toi, qu'aux douleurs de l'homme un Dieu caché convie,
Compagne sous les cieux de l'humble humanité,
Passagère immortelle, esclave de la vie,
    Et reine de l'éternité,

ODE NEUVIÈME.

Ame! aux instants heureux comme aux heures funèbres,
    Rayonne au fond de mes ténèbres;
    Règne sur mes sens combattus;
Oh! de ton sceptre d'or romps leur chaîne fatale,
Et nuit et jour, pareille à l'antique vestale,
    Veille au feu sacré des vertus.

Est-ce toi dont le souffle a visité ma lyre,
Ma lyre, chaste sœur des harpes de Sion;
Et qui viens dans ma nuit avec un doux sourire,
    Comme une belle vision?
Sur mes terrestres fers, ô vierge glorieuse
    Pose l'aile mystérieuse
    Qui t'emporte au ciel dévoilé.
Viens-tu m'apprendre, écho de la voix infinie,
Quelque secret d'amour, de joie ou d'harmonie,
    Que les anges t'ont révélé?

II

    Vis-tu ces temps d'innocence,
    Où, quand rien n'était maudit,
    Dieu, content de sa puissance,
    Fit le monde, et s'applaudit?
    Vis-tu, dans ces jours prospères,
    Du jeune aïeul de nos pères
    Eve enchanter le réveil;
    Et, dans la sainte phalange,
    Au front du premier archange
    Luire le premier soleil!

    Vis-tu, des torrents de l'être,
    Parmi de brûlants sillons,

Les astres, joyeux de naître,
S'échapper en tourbillons,
Quand Dieu, dans sa paix féconde,
Penché de loin sur le monde,
Contemplait ces grands tableaux,
Lui, centre commun des âmes,
Foyer de toutes les flammes,
Océan de tous les flots ?

III

Suivais-tu du Seigneur la marche solennelle,
Lorsque l'Esprit porta la parole éternelle
De l'abime des eaux aux régions du feu ;
Au jour où, menaçant la terre virginale,
Comme, d'un char léger pressant l'ardent essieu,
Un roi vaincu refuse une lutte inégale,
Le chaos, éperdu, s'enfuyait devant Dieu ?

As-tu vu, loin des cieux, châtiant ses complices,
Le roi du mal, armé du sceptre des supplices,
Dans le gouffre où jamais la terreur ne s'endort ;
Lieu funèbre où, pleurant les songes de la terre,
Le crime se réveille enfantant le remord,
Et qu'un Dieu visita, revêtu de mystère,
Quand d'enfer en enfer il poursuivit la mort ?

IV

Montre-moi l'Eternel, donnant, comme un royaume,
Le temps à l'éphémère et l'espace à l'atome ;
Le vide obscur, des nuits tombeau silencieux,
Les foudres se croisant dans leur sphère tonnante,

Et la comète rayonnante
Traînant sa chevelure éparse dans les cieux

Mon esprit sur ton aile, ô puissante compagne,
Vole de fleur en fleur, de montagne en montagne,
Remonte aux champs d'azur d'où l'homme fut banni,
Du secret éternel lève le voile austère ;
    Car il voit plus loin que la terre :
Ma pensée est un monde errant dans l'infini.

           V

Mais la vie, ô mon âme! a des piéges dans l'ombre.
Sois le guerrier captif qui garde sa prison,
Des feux de l'ennemi compte avec soin le nombre,
Et sous le jour brûlant, ainsi qu'en la nuit sombre,
    Surveille au loin tout l'horizon.

Je ne suis point celui qu'une ardeur vaine enflamme,
Qui refuse à son cœur un amour chaste et saint,
Porte à Dagon l'encens que Jéhovah réclame,
Et, voyageur sans guide, erre autour de son âme,
    Comme autour d'un cratère éteint.

Il n'ose, offrant à Dieu sa nudité parée,
Flétrir les fleurs d'Eden d'un souffle criminel ;
Fils banni, qui, traînant sa misère ignorée,
Mendie et pleure assis sur la borne sacrée
    De l'héritage paternel.

Et les anges entre eux disent : « Voilà l'impie!
« Il a bu des faux biens le philtre empoisonneur ;
« Devant le juste heureux que son crime s'expie ;

« Dieu rejette son âme ! elle s'est assoupie
  « Durant la veille du Seigneur. »

Toi, — puisses-tu bientôt, secouant ma poussière,
Retourner radieuse au radieux séjour !
Tu remonteras pure à la source première,
Et, comme le soleil emporte sa lumière,
  Tu n'emporteras que l'amour !

VI

Malheureux l'insensé dont la vue asservie
Ne sent point qu'un esprit s'agite dans la vie !
Mortel, il reste sourd à la voix du tombeau,
Sa pensée est sans aile, et son cœur est sans flamme
  Car il marche, ignorant son âme,
Tel qu'un aveugle errant qui porte un vain flambeau.

Juin 1823.

LE CHANT DE L'ARÈNE

> Généreux Grecs,
> Voilà les prix que remporteront les vainqueurs.
> Homère.

ODE DIXIÈME

L'athlète vainqueur dans l'arène
Est en honneur dans la cité ;
Son nom, sans que le temps l'entraîne,
Par les peuples est répété,
Depuis cette plage inféconde
Où dort sur la borne du monde
L'hiver, vieillard au dur sommeil,
Jusqu'aux lieux où, quand naît l'aurore,
On entend sous l'onde sonore
Hennir les coursiers du Soleil.

Voici la fête d'Olympie !
Tressez l'acanthe et le laurier !
Que les dieux confondent l'impie !
Que l'antique audace assoupie
Se réveille au cœur du guerrier !

Venez, vous que la gloire enchaîne,
Voyez les prêtres d'Apollon,
Pour votre victoire prochaine,
Ravir des couronnes au chêne
Qui, jadis, a vaincu Milon.

Venez de Corinthe et de Crète,
De Tyr aux tissus précieux,
De Scylla, que bat la tempête,
Et d'Athos, où l'aigle s'arrête
Pour voir de plus haut dans les cieux !

Venez de l'île des Colombes,
Venez des mers de l'Archipel,
De Rhode, aux riches hécatombes,
Dont les guerriers jusqu'en leurs tombes
De Bellone entendent l'appel !

Venez du palais centenaire
Dont Cécrops a fondé la tour ;
D'Argos, de Sparte, qu'on vénère ;
De Lemnos, où naît le tonnerre,
D'Amathonte, où naquit l'amour !

Les temples saints, les gynécées,
Chargés de verdoyants festons,
Tels que de jeunes fiancées,
Sous des guirlandes enlacées,
Ont caché leurs chastes frontons.

Les Archontes et les Ephores
Dans le stade se sont assis ;
Les vierges et les canéphores
Ont purifié les amphores
Suivant les rites d'Eleusis.

On a consulté la pythie
Et ceux qui parlent en rêvant.
A l'heure où s'éveille Clytie,

ODE DIXIÈME.

D'un vautour fauve de Scythie
On a jeté la plume au vent.

Le vainqueur de la course agile
Recevra deux trépieds divins,
Et la coupe agreste et fragile,
Dont Bacchus a touché l'argile,
Lorsqu'il goûta les premiers vins.

Celui dont le disque mobile
Renversera les trois faisceaux,
Aura cette urne indélébile
Que sculpta d'une main habile
Phlégon, du pays de Naxos.

Juges de la gloire innocente,
Nous offrons au lutteur ardent
Une chlamyde éblouissante
De Sidon, qui, riche et puissante,
Joint le caducée au trident.

Lutteurs, discoboles, athlètes,
Réparez vos forces au bain ;
Puis venez vaincre dans nos fêtes,
Afin d'obtenir des poëtes
Un chant sur le mode thébain !

L'athlète vainqueur dans l'arène
Est en honneur dans la cité !
Son nom, sans que le temps l'entraine,
Par les peuples est répété,
Depuis cette plage inféconde
Où dort sur la borne du monde

L'Hiver, vieillard au dur sommeil,
Jusqu'aux lieux où, quand naît l'aurore
On entend sous l'onde sonore
Hennir les coursiers du Soleil

Janvier 1824.

LE CHANT DU CIRQUE

> Panem et circenses !
> Juvénal.

ODE ONZIÈME

César, empereur magnanime,
Le monde, à te plaire unanime,
A tes fêtes doit concourir !
Eternel héritier d'Auguste,
Salut ! prince immortel et juste,
César ! sois salué par ceux qui vont mourir !

Seul entre tous les rois, César aux dieux de Rome
Peut en libations offrir le sang de l'homme.
A nos solennités nous invitons la Mort.
De monstres pour nos jeux nous dépeuplons le monde,
Nous mêlons dans le cirque, où fume un sang immonde,
Les tigres d'Hyrcanie aux barbares du Nord.

Des colosses d'airain, des vases de porphyre,
Des ancres, des drapeaux que gonfle le zéphire,
Parent du champ fatal les murs éblouissants ;
Les parfums chargent l'air d'un odorant nuage,
Car le peuple romain aime que le carnage
Exhale ses vapeurs parmi des flots d'encens.

Des portes tout à coup les gonds d'acier gémissent.
La foule entre en froissant les grilles, qui frémissent

Les panthères dans l'ombre ont tressailli d'effroi,
Et poussant mille cris qu'un long bruit accompagne,
Comme un fleuve épandu de montagne en montagne,
De degrés en degrés roule le peuple-roi.

Les deux chaises d'ivoire ont reçu les édiles.
L'hippopotame informe et les noirs crocodiles
Nagent autour du cirque en un large canal;
Dans leurs cages de fer les cinq cents lions grondent!
Les Vestales en chœur, dont les chants se répondent,
Apportent l'autel chaste et le feu virginal.

L'œil ardent, le sein nu, l'impure courtisane
Près du foyer sacré pose un trépied profane.
On voile de cyprès l'autel des Suppliants.
A travers leur cortége et de rois et d'esclaves,
Les sénateurs, vêtus d'augustes laticlaves,
Dans la foule, de loin, comptent tous leurs clients.

Chaque vierge est assise auprès d'une matrone
A la voix des tribuns on voit autour du trône
Les soldats du prétoire en cercle se ranger;
Les prêtres, de Cybèle entonnent la louange;
Et sur de vils tréteaux, les histrions du Gange
Chantent en attendant ceux qui vont s'égorger.

Les voilà!... — Tout le peuple applaudit et menace
Ces captifs, que César d'un bras puissant ramasse
Des temples de Manès aux antres d'Irmensul.
Ils entrent tour à tour, et le licteur les nomme;
Vil troupeau, que la mort garde aux plaisirs de Rome,
Et que d'un fer brûlant a marqué le consul!

On découvre en leurs rangs, à leur tête penchée,
Des juifs, traînant partout une honte cachée;

Plus loin, d'altiers Gaulois que nul péril n'abat;
Et d'infâmes chrétiens, qui, dépouillés d'armures,
Refusant aux bourreaux leurs chants ou leurs murmures,
Vont souffrir sans orgueil et mourir sans combat.

Bientôt quand rugiront les bêtes échappées,
Les murs, tout hérissés de piques et d'épées,
Livreront cette proie entière à leur fureur. —
Du trône de César la pourpre orne le faîte,
Afin qu'un jour plus doux, durant l'ardente fête,
Flatte les yeux divins du clément empereur.

  César, empereur magnanime,
  Le monde, à te plaire unanime,
  A tes fêtes doit concourir!
  Eternel héritier d'Auguste,
  Salut! prince immortel et juste,
César! sois salué par ceux qui vont mourir!

Janvier 1824.

LE CHANT DU TOURNOI

> Servants d'amour, regardez doucement
> Aux échafauds anges de paradis;
> Lors jouterez fort et joyeusement,
> Et vous serez honorés et chéris.
>
> *Ancienne ballade.*

ODE DOUZIÈME

Largesse, ô chevaliers! largesse aux suivants d'armes!
Venez tous! soit qu'au sein des jeux ou des alarmes
Votre écu de Milan porte le vert dragon,
Le manteau noir d'Agra, semé de blanches larmes,
La fleur de lis de France ou le pal d'Aragon.

    Déjà la lice est ouverte;
    Les clercs en ont fait le tour;
    La bannière blanche et verte
    Flotte au front de chaque tour;
    La foule éclate en paroles;
    Les légères banderoles
    Se mêlent en voltigeant;
    Et le héros du portique
    Sur l'or de sa dalmatique
    Suspend le griffon d'argent.

    Les maisons peuplent leur faîte;
    Au loin gronde le beffroi;

Tout nous promet une fête
Digne des regards du roi.
La reine à ce jour suprême
A de son épargne même
Consacré douze deniers,
Et, pour l'embellir encore,
Racheté des fers du Maure
Douze chrétiens prisonniers.

Or, comme la loi l'ordonne,
Chevaliers au cœur loyal,
Avant que le clairon sonne,
Ecoutez l'édit royal!
Car, sans l'entendre en silence,
Celui qui saisit la lance
N'a plus qu'un glaive maudit.
Croyez ces conseils prospères!
C'est ce qu'ont dit à nos pères
Ceux à qui Dieu l'avait dit!

D'abord, des saintes louanges
Chantez les versets bénis,
Chantez Jésus, les archanges,
Et monseigneur saint Denis!
Jurez sur les Evangiles
Que si vos bras sont fragiles,
Rien ne ternit votre honneur,
Que vous pourrez, s'il se lève,
Montrer au roi votre glaive,
Comme votre âme au Seigneur!

D'un saint touchez la dépouille!
Jurez, comtes et barons,
Que nulle fange ne souille

L'or pur de vos éperons !
Que de ses vassaux fidèles,
Dans ses noires citadelles,
Nul de vous n'est le bourreau !
Que, du sort bravant l'épreuve,
Pour l'orphelin et la veuve
Votre épée est sans fourreau !

Preux que l'honneur accompagne,
N'oubliez pas les vertus
Des vieux pairs de Charlemagne,
Des vieux champions d'Artus !
Malheur au vainqueur sans gloire
Qui doit sa lâche victoire
A de hideux nécromants !
Honte au guerrier sans vaillance
Qui combat la noble lance
Avec d'impurs talismans !

Un jour, sur les murs funestes
De son infâme château,
On voit pendre ses vils restes
Aux bras d'un sanglant poteau ;
Eternisant ses supplices,
Les enchanteurs, ses complices,
Dans les ombres déchaînés,
Parmi d'affreux sortiléges,
A leurs festins sacriléges
Mêlent ses os décharnés !

Mais gloire au guerrier austère !
Gloire au pieux châtelain !
Chaque belle sans mystère
Brode son nom sur le lin.

ODE DOUZIÈME.

Le mélodieux trouvère,
A son glaive, qu'on révère,
Consacre un chant immortel.
Dans sa tombe est une fée;
Et l'on donne à son trophée
Pour piédestal un autel.

Donc, en vos âmes courtoises,
Gravez, pairs et damoisels,
La loi des joutes gauloises,
Et des galants carrousels!
Par les juges de l'épée,
Par leur belle détrompée,
Les félons seront honnis.
Leur opprobre est sans refuges :
Ceux que condamnent les juges
Par les dames sont punis.

Largesse, ô chevaliers! largesse aux suivants d'armes!
Venez tous! soit qu'au sein des jeux ou des alarmes
Votre écu de Milan porte le vert dragon,
Le manteau noir d'Agra, semé de blanches larmes,
La fleur de lis de France ou le pal d'Aragon.

    Janvier 1824.

L'ANTECHRIST

> Après que les mille ans seront accomplis,
> Satan sera délié; il sortira de sa prison, et il séduira les nations
> qui sont aux quatre coins du monde, Gog et Magog.
> Saint Jean, *Apocalypse.*

ODE TREIZIÈME

I

Il viendra, — quand viendront les dernières ténèbres;
Que la source des jours tarira ses torrents;
Qu'on verra les soleils, au front des nuits funèbres,
    Pâlir comme des yeux mourants;
Quand l'abîme inquiet rendra des bruits dans l'ombre,
    Que l'enfer comptera le nombre
    De ses soldats audacieux,
Et qu'enfin le fardeau de la suprême voûte
Fera, comme un vieux char tout poudreux de sa route,
    Crier l'axe affaibli des cieux.

Il viendra, — quand la mère, au fond de ses entrailles,
Sentira tressaillir son fruit épouvanté;
Quand nul ne suivra plus les saintes funérailles
    Du juste, en sa tombe attristé;
Lorsque approchant des mers sans lit et sans rivages
L'homme entendra gronder, sous le vaisseau des âges,
    La vague de l'éternité.

Il viendra,— quand l'orgueil, et le crime, et la haine,
De l'antique alliance auront enfreint le vœu ;
Quand les peuples verront, craignant leur fin prochaine,
Du monde décrépit se détacher la chaîne ;
Les astres se heurter dans leurs chemins de feu ;
Et dans le ciel, — ainsi qu'en ses salles oisives,
Un hôte se promène, attendant ses convives, —
Passer et repasser l'ombre immense de Dieu.

II

Parmi les nations il luira comme un signe.
Il viendra des captifs dissiper la rançon ;
Le Seigneur l'enverra pour dévaster la vigne,
  Et pour disperser la moisson.

Les peuples ne sauront, dans leur stupeur profonde,
  Si ses mains dans quelque autre monde
   Ont porté le sceptre ou les fers ;
Et dans leurs chants de deuil et leurs hymnes de fête,
Ils se demanderont si les feux de sa tête
   Sont des rayons ou des éclairs.

Tantôt ses traits au ciel emprunteront leurs charmes ;
Tel qu'un ange, vêtu de radieuses armes,
Tout son corps brillera de reflets éclatants,
Et ses yeux souriront, baignés de douces larmes,
Comme la jeune aurore au front du beau printemps.

Tantôt, hideux amant de la nuit solitaire,
Noir dragon, déployant l'aile aux ongles de fer,
Pâle, et s'épouvantant de son propre mystère,

Du sein profané de la terre
Ses pas feront monter les vapeurs de l'enfer.

La nature entendra sa voix miraculeuse.
Son souffle emportera les cités aux déserts;
Il guidera des vents la course nébuleuse;
    Il aura des chars dans les airs;
Il domptera la flamme, il marchera sur l'onde;
    On verra l'arène inféconde
    Sous ses pieds de fleurs s'émailler,
Et les astres sur lui descendre en auréole;
Et les morts tressaillir au bruit de sa parole
    Comme s'ils allaient s'éveiller!

Fleuve aux flots débordés, volcan aux noires laves,
Il n'aura point d'amis pour avoir plus d'esclaves;
Il pèsera sur tous de toute sa hauteur;
Le monde, où passera le funeste fantôme,
Paraîtra sa conquête et non pas son royaume;
Il ne sera qu'un maître où Dieu fut un pasteur.

Il semblera, courbé sur la terre asservie,
Porter un autre poids, vivre d'une autre vie.
Il ne pourra vieillir, il ne pourra changer.
Les fleurs que nous cueillons pour lui seront flétries;
Sans tendresse et sans foi, dans toutes nos patries
    Il sera comme un étranger.

Son attente jamais ne sera l'espérance.
Battu de ses désirs comme d'un flot des mers,
Sa science en secret envira l'ignorance,
    Et n'aura que des fruits amers.

Il bravera l'arrêt suspendu sur sa tête,
    Calme comme avant la tempête,
    Et muet comme après la mort ;
Et son cœur ne sera qu'une arène insensible
Où, dans le noir combat d'un hymen impossible,
    Le Crime étreindra le Remord !

Du temps prêt à finir il saisira le reste.
Son bras du dernier port éteindra le fanal !
Dieu, qui combla de maux son envoyé céleste,
Accablera de biens le Messie infernal.
Couché sur ses plaisirs ainsi que sur des proies,
Ses yeux n'exprimeront, durant son vain pouvoir,
Que la honte cachée au sein des fausses joies,
Et l'orgueil, qui se lève au fond du désespoir.

De l'enfer aux mortels apportant les messages,
Sa main, semant l'erreur au champ de la raison,
Mêlera dans sa coupe, où boiront les faux sages,
Les venins aux parfums et le miel au poison.

Comme un funèbre mur, entre le ciel et l'homme
Il osera placer un effroyable adieu ;
Ses forfaits n'auront pas de langue qui les nomme,
Et l'athée effrayé dira : Voilà mon Dieu !

III

Enfin, quand ce héros du suprême mystère
Aura de crime en crime usé ses noirs destins,
Que la sainte vertu, que la foi salutaire
    Trouveront tous les cœurs éteints ;

Quand du signe du meurtre et du sceau des supplices
 Il aura marqué ses complices,
 Que son troupeau sera compté ;
Il quittera la vie ainsi qu'une demeure,
Et son règne ici-bas n'aura pour dernière heure
 Que l'heure de l'éternité.

1823.

ÉPITAPHE

Hic præteritos commemora dies, æternos meditare.

ODE QUATORZIÈME

    Jeune ou vieux, imprudent ou sage,
Toi qui, de cieux en cieux errant comme un nuage,
Suis l'instinct d'un plaisir ou l'appel d'un besoin,
    Voyageur, où vas-tu si loin? —
N'est-ce donc pas ici le but de ton voyage?

La Mort, qui partout pose un pied victorieux,
A couvert mes splendeurs d'ombres expiatoires.
Mon nom même a subi son voile injurieux;
Et le morne oubli cache à ton œil curieux
S'il est dans mon néant quelqu'une de tes gloires.

    Passant, comme toi j'ai passé.
Le fleuve est revenu se perdre dans sa source.
Fais silence : assieds-toi sur ce marbre brisé.
Pose un instant le poids qui fatigue ta course :
J'eus de même un fardeau, qu'ici j'ai déposé.

Si tu veux du repos, si tu cherches de l'ombre,
Ta couche est prête, accours! loin du bruit on y dort.
Si ton fragile esquif lutte sur la mer sombre,
Viens, c'est ici l'écueil; viens, c'est ici le port!

ÉPITAPHE.

Ne sens-tu rien ici dont tressaille ton âme?
Rien qui borne tes pas d'un cercle impérieux?
    Sur l'asile qui te réclame
Ne lis-tu pas ton nom en mots mystérieux?

Ephémère histrion qui sait son rôle à peine,
Chaque homme, ivre d'audace ou palpitant d'effroi,
Sous le sayon du pâtre ou la robe du roi,
Vient passer à son tour son heure sur la scène.

Ne foule pas les morts d'un pied indifférent :
Comme moi dans leur ville il te faudra descendre,
L'homme de jour en jour s'en va pâle et mourant,
Et tu ne sais quel vent doit emporter ta cendre.

Mais devant moi ton cœur à peine est agité!
Quoi donc! pas un soupir! pas même une prière!
Tout ton néant te parle, et n'est point écouté!

Tu passes : — en effet, qu'importe cette pierre?
Que peut cacher la tombe à ton œil attristé?
Quelques os desséchés, un reste de poussière,
    Rien peut-être, — et l'éternité!

1823.

A MONSIEUR DE V.

UN

CHANT DE FÊTE DE NÉRON

Nescio quid molle atque facetum.
HORACE.

ODE QUINZIÈME

Amis! l'ennui nous tue, et le sage l'évite!
Venez tous admirer la fête où vous invite
Néron, César, consul pour la troisième fois;
Néron, maître du monde et Dieu de l'harmonie,
    Qui, sur le mode d'Ionie,
Chante, en s'accompagnant de la lyre à dix voix!

Que mon joyeux appel sur l'heure vous rassemble!
Jamais vous n'aurez eu tant de plaisirs ensemble,
Chez Pallas l'affranchi, chez le Grec Agénor,
Ni dans ces gais festins d'où s'exilait la gêne,
Où l'austère Sénèque, en louant Diogène,
    Buvait le falerne dans l'or!

Ni lorsque sur le Tibre, Aglaé, de Phalère,
Demi-nue, avec nous voguait dans sa galère,
Sous des tentes d'Asie aux brillantes couleurs;

Ni quand, au son des luths, le préfet des Bataves
    Jetait aux lions vingt esclaves
Dont on avait caché les chaines sous des fleurs !

Venez, Rome à vos yeux va brûler, — Rome entière !
J'ai fait sur cette tour apporter ma litière
Pour contempler la flamme en bravant ses torrents.
Que sont les vains combats des tigres et de l'homme ?
Les sept monts aujourd'hui sont un grand cirque, où Rome
    Lutte avec les feux dévorants.

C'est ainsi qu'il convient au maître de la terre
De charmer son ennui profond et solitaire !
Il doit lancer parfois la foudre, comme un dieu !
Mais venez, la nuit tombe et la fête commence !
    Déjà l'incendie, hydre immense,
Lève son aile sombre et ses langues de feu !

Voyez-vous ? voyez-vous ? sur sa proie enflammée,
Il déroule en courant ses replis de fumée ;
Il semble caresser ces murs qui vont périr ;
Dans ses embrassements les palais s'évaporent...
— Oh ! que n'ai-je aussi, moi, des baisers qui dévorent,
    Des caresses qui font mourir !

Ecoutez ces rumeurs, voyez ces vapeurs sombres,
Ces hommes dans les feux errants comme des ombres,
Ce silence de mort par degrés renaissant !
Les colonnes d'airain, les portes d'or s'écroulent !
    Des fleuves de bronze qui roulent
Portent des flots de flamme au Tibre frémissant !

Tout périt ! jaspe, marbre, et porphyre, et statues,
Malgré leurs noms divins dans la cendre abattues.

ODE QUINZIÈME.

Le fléau triomphant vole au gré de mes vœux,
Il va tout envahir dans sa marche agrandie,
Et l'Aquilon joyeux tourmente l'incendie,
    Comme une tempête de feux.

Fier Capitole, adieu ! — Dans les feux qu'on excite,
L'aqueduc de Sylla semble un pont du Cocyte.
Néron le veut : ces tours, ces dômes tomberont.
Bien : sur Rome, à la fois, partout, la flamme gronde !
    — Rends-lui grâces, reine du monde :
Vois quel beau diadème il attache à ton front !

Enfant, on me disait que les voix sibyllines
Promettaient l'avenir aux murs des sept collines,
Qu'aux pieds de Rome, enfin, mourrait le temps dompté,
Que son astre immortel n'était qu'à son aurore... —
Mes amis ! dites-moi combien d'heures encore
    Peut durer son éternité ?

Qu'un incendie est beau lorsque la nuit est noire !
Erostrate lui-même eût envié ma gloire.
D'un peuple à mes plaisirs qu'importe les douleurs ?
Il fuit : de toutes parts le brasier l'environne... —
    Otez de mon front ma couronne,
Le feu qui brûle Rome en flétrirait les fleurs.

Quand le sang rejaillit sur vos robes de fête,
Amis, lavez la tache avec du vin de Crète ;
L'aspect du sang n'est doux qu'aux regards des méchants.
Couvrons un jeu cruel de voluptés sublimes.
Malheur à qui se plaît au cri de ses victimes !
    Il faut l'étouffer dans des chants.

Je punis cette Rome et je me venge d'elle !
Ne poursuit-elle pas d'un encens infidèle

Tour à tour Jupiter et ce Christ odieux !
Qu'enfin à leur niveau sa terreur me contemple !
    Je veux avoir aussi mon temple,
Puisque ces vils Romains n'ont point assez de dieux.

J'ai détruit Rome, afin de la fonder plus belle.
Mais que sa chute au moins brise la Croix rebelle !
Plus de chrétiens ! allez, exterminez-les tous !
Que Rome de ses maux punisse en eux les causes,
Exterminez !.. — Esclave, apporte-moi des roses,
    Le parfum des roses est doux !

        Mars 1825.

LA DEMOISELLE

> Un rien sait l'animer. Curieuse et volage,
> Elle va parcourant tous les objets flatteurs,
> Sans se fixer jamais, non plus que sur les fleurs
> Les zéphyrs vagabonds, doux rivaux des abeilles,
> Ou le baiser ravi sur des lèvres vermeilles.
>
> André Chénier.

ODE SEIZIÈME

Quand la demoiselle dorée
S'envole au départ des hivers,
Souvent sa robe diaprée,
Souvent son aile est déchirée
Aux mille dards des buissons verts.
Ainsi, jeunesse vive et frêle,
Qui, t'égarant de tous côtés,
Voles où ton instinct t'appelle,
Souvent tu déchires ton aile
Aux épines des voluptés.

Mai 1827.

A MON AMI S. B.

Perseverando.
Devise des Ducis.

ODE DIX-SEPTIÈME

L'Aigle, c'est le génie! oiseau de la tempête
Qui des monts les plus hauts cherche le plus haut faite;
Dont le cri fier du jour chante l'ardent réveil;
Qui ne souille jamais sa serre dans la fange,
Et dont l'œil flamboyant incessamment échange
    Des éclairs avec le soleil.

Son nid n'est pas un nid de mousse; c'est une aire,
Quelque rocher, creusé par un coup de tonnerre,
Quelque brèche d'un pic, épouvantable aux yeux,
Quelque croulant asile, aux flancs des monts sublimes,
Qu'on voit, battu des vents, pendre entre deux abimes,
    Le noir précipice et les cieux!

Ce n'est pas l'humble ver, les abeilles dorées,
La verte demoiselle, aux ailes bigarrées,
Qu'attendent ses petits, béants, de faim pressés,
Non! c'est l'oiseau douteux, qui dans la nuit végète,
C'est l'immonde lézard, c'est le serpent, qu'il jette,
    Hideux, aux aiglons hérissés.

Nid royal! palais sombre, et que d'un flot de neige
La roulante avalanche en bondissant assiége!

ODE DIX-SEPTIÈME.

Le génie y nourrit ses fils avec amour,
Et, tournant au soleil leurs yeux remplis de flammes,
Sous son aile de feu couve de jeunes âmes,
    Qui prendront des ailes un jour !

Pourquoi donc t'étonner, ami, si sur ta tête,
Lourd de foudres, déjà le nuage s'arrête ;
Si quelque impur reptile en ton nid se débat ?
Ce sont tes premiers jeux, c'est ta première fête :
Pour vous autres aiglons, chaque heure a sa tempête,
    Chaque festin est un combat.

Rayonne ! il en est temps ! et s'il vient un orage,
En prisme éblouissant change le noir nuage,
Que ta haute pensée accomplisse sa loi.
Viens, joins ta main de frère à ma main fraternelle.
Poëte, prends ta lyre ; aigle, ouvre ta jeune aile ;
    Etoile, étoile, lève-toi !

La brume de ton aube, ami, va se dissoudre.
Fais-toi connaître, aiglon, du soleil, de la foudre.
Viens arracher un nom par tes chants inspirés,
Viens ; cette gloire, en butte à tant de traits vulgaires,
Ressemble aux fiers drapeaux qu'on rapporte des guerres,
    Plus beaux quand ils sont déchirés !

Vois l'astre chevelu qui, royal météore,
Roule, en se grossissant des mondes qu'il dévore ;
Tel, ô jeune géant, qui t'accrois tous les jours,
Tel ton génie ardent, loin des routes tracées,
Entraînant dans son cours des mondes de pensées,
    Toujours marche et grandit toujours !

Décembre 1827.

JÉHOVAH

> Domini enim sunt cardines terræ et posuit super eos orbem.
> Cant. Annæ, i.

> Jéhovah est le maître des deux pôles, et sur eux
> il fait tourner le monde.
> Joseph de Maistre, *Soirées de Saint-Pétersbourg.*

ODE DIX-HUITIÈME

Gloire à Dieu seul ! son nom rayonne en ses ouvrages !
Il porte dans sa main l'univers réuni ;
Il mit l'éternité par-delà tous les âges,
Par-delà tous les cieux il jeta l'infini.

Il a dit au chaos sa parole féconde,
Et d'un mot de sa voix laissé tomber le monde !
L'archange auprès de lui compte les nations,
Quand, des jours et des lieux franchissant les espaces,
    Il dispense aux siècles leurs races,
Et mesure leur temps aux générations !

Rien n'arrête en son cours sa puissance prudente,
Soit que son souffle immense, aux ouragans pareil,
Pousse de sphère en sphère une comète ardente,
Ou dans un coin du monde éteigne un vieux soleil !

Soit qu'il sème un volcan sous l'océan qui gronde,
Courbe ainsi que des flots le front altier des monts,

Ou de l'enfer troublé touchant la voûte immonde,
Au fond des mers de feu chasse les noirs démons!

Oh! la création se meut dans ta pensée,
Seigneur! tout suit la voie en tes desseins tracée.
Ton bras jette un rayon au milieu des hivers,
Défend la veuve en pleurs du publicain avide,
Ou dans un ciel lointain, séjour désert du vide,
    Crée en passant un univers!

L'homme n'est rien sans lui, l'homme, débile proie,
Que le malheur dispute un moment au trépas.
Dieu lui donne le deuil ou lui reprend la joie.
Du berceau vers la tombe il a compté ses pas.

Son nom, que des élus la harpe d'or célèbre,
Est redit par les voix de l'univers sauvé;
Et lorsqu'il retentit dans son écho funèbre,
L'enfer maudit son roi par les cieux réprouvé!

Oui, les anges, les saints, les sphères étoilées,
Et les âmes des morts devant toi rassemblées,
O Dieu! font de ta gloire un concert solennel;
Et tu veux bien que l'homme, être humble et périssable,
    Marchant dans la nuit sur le sable,
Mêle un chant éphémère à cet hymne éternel!

Gloire à Dieu seul! son nom rayonne en ses ouvrages!
Il porte dans sa main l'univers réuni;
Il mit l'éternité par-delà tous les âges,
Par-delà tous les cieux il jeta l'infini!

    Décembre 1822.

LIVRE CINQUIÈME

1819-1828

Prend-moy tel que je suy.
Devise des Ély.

PREMIER SOUPIR

C'est que j'ai rencontré des regards dont la flamme
Semble avec mes regards ou briller ou mourir,
Et cette âme, sœur de mon âme,
Hélas! que j'attendais pour aimer et souffrir.
ÉMILE DESCHAMPS.

ODE PREMIÈRE

Sois heureuse, ô ma douce amie,
Salue en paix la vie et jouis des beaux jours;
Sur le fleuve du temps mollement endormie,
Laisse les flots suivre leur cours!

Va, le sort te sourit encore,
Le ciel ne peut vouloir, dissipe tout effroi,

ODE PREMIÈRE.

Qu'un jour triste succède à ta joyeuse aurore.
Le ciel doit m'écouter quand pour toi je l'implore.
Notre avenir commun ne pèse que sur moi!
      Bientôt tu peux m'être ravie :
Peut-être, loin de toi, demain j'irai languir.
Quoi! déjà tout est sombre et fatal dans ma vie!
      J'ai dû t'aimer, je dois te fuir!

Puis, — hélas! sur mon front que le malheur retombe!
Il faudra qu'à l'absence, à de nouveaux désirs,
    Un sentiment bien doux succombe :
    Tu m'oublieras dans les plaisirs,
    Je me souviendrai dans la tombe!

Oui, je mourrai : déjà ma lyre en est en deuil.
Jeune, je m'éteindrai, laissant peu de mémoire,
Sans peur; puisque de front j'ai contemplé la gloire,
    Je puis voir de près le cercueil.
L'Elysée immortel est près des noirs royaumes,
Et la gloire et la mort ne sont que deux fantômes,
    En habits de fête ou de deuil!

    Vis heureuse, ô ma jeune amie,
    Jouis en paix de tes beaux jours,
Sur le fleuve du temps mollement endormie,
    Laisse les flots suivre leur cours!

    Décembre 1849.

REGRET

> Il s'est trouvé parfois, comme pour faire voir
> Que du bonheur en nous est encor le pouvoir,
> Deux âmes s'élevant sur les plaines du monde,
> Toujours l'une pour l'autre existence féconde,
> Puissantes à sentir avec un feu pareil,
> Double et brûlant rayon né d'un même soleil,
> Vivant comme un seul être, intime et pur mélange.
> Semblables dans leur vol aux deux ailes d'un ange,
> Ou telles que des nuits les jumeaux radieux
> D'un fraternel éclat illuminent les cieux.
> Si l'homme a séparé leur ardeur mutuelle,
> C'est alors que l'on voit, et rapide et fidèle,
> Chacune, de la foule écartant l'épaisseur,
> Traverser l'univers et voler à sa sœur.
> <div align="right">ALFRED DE VIGNY, <i>Héléna.</i></div>

ODE DEUXIÈME

Oui, le bonheur bien vite a passé dans ma vie!
On le suit; dans ses bras on se livre au sommeil;
Puis, comme cette vierge aux champs crétois ravie,
    On se voit seul à son réveil.

On le cherche de loin dans l'avenir immense,
On lui crie : « Oh! reviens, compagnon de mes jours! »
Et le plaisir accourt, mais sans remplir l'absence
    De celui qu'on pleure toujours.

Moi, si l'impur plaisir m'offre sa vaine flamme,
Je lui dirai : « Va, fuis, et respecte mon sort :

ODE DEUXIÈME.

« Le bonheur a laissé le regret dans mon âme;
  « Mais toi, tu laisses le remord ! »

Pourtant, je ne dois point troubler votre délire,
Amis; je veux paraître ignorer les douleurs;
Je souris avec vous, je vous cache ma lyre,
    Lorsqu'elle est humide de pleurs !

Chacun de vous peut-être, en son cœur solitaire,
Sous des ris passagers étouffe un long regret;
Hélas! nous souffrons tous ensemble sur la terre,
    Et nous souffrons tous en secret !

Tu n'as qu'une colombe à tes lois asservie;
Tu mets tous tes amours, vierge, dans une fleur.
Mais à quoi bon? La fleur passe comme la vie,
    L'oiseau fuit comme le bonheur !

On est honteux des pleurs; on rougit de ses peines,
Des innocents chagrins, des souvenirs touchants;
Comme si nous n'étions sous les terrestres chaînes
    Que pour la joie et pour les chants !

Hélas! il m'a donc fui sans me laisser de trace,
Mais pour le retenir j'ai fait ce que j'ai pu,
Ce temps où le bonheur brille, et soudain s'efface,
    Comme un sourire interrompu !

Février 1821.

AU VALLON DE CHERIZY

> Factus sum peregrinus..... et quæsivi qui simul contristaretur, et non fuit.
> **Ps. LXVIII.**
>
> Perfice gressus meos semitis tuis.
> **Ps. XVI.**
>
> Je suis devenu voyageur,... et j'ai cherché qui s'affligerait avec moi, et nul n'est venu.
> Permets à mes pas de suivre ta trace.

ODE TROISIÈME

Le voyageur s'assied sous votre ombre immobile,
Beau vallon ; triste et seul, il contemple en rêvant
L'oiseau qui fuit l'oiseau, l'eau que souille un reptile,
    Et le jonc qu'agite le vent !

Hélas ! l'homme fuit l'homme ; et souvent avant l'âge
Dans un cœur noble et pur se glisse le malheur ;
Heureux l'humble roseau qu'alors un prompt orage
    En passant brise dans sa fleur !

Cet orage, ô vallon, le voyageur l'implore.
Déjà las de sa course, il est bien loin encore
    Du terme où ses maux vont finir ;
Il voit devant ses pas, seul pour se soutenir,
Aux rayons nébuleux de sa funèbre aurore,
    Le grand désert de l'avenir !

De dégoûts en dégoûts il va traîner sa vie.
Que lui font ces faux biens qu'un faux orgueil envie.
Il cherche un cœur fidèle, ami de ses douleurs;
Mais en vain : nuls secours n'aplaniront sa voie,
Nul parmi les mortels ne rira de sa joie,
  Nul ne pleurera de ses pleurs !

Son sort est l'abandon ; et sa vie isolée
Ressemble au noir cyprès qui croît dans la vallée.
Loin de lui, le lis vierge ouvre au jour son bouton ;
Et jamais, égayant son ombre malheureuse,
  Une jeune vigne amoureuse
A ses sombres rameaux n'enlace un vert feston.

  Avant de gravir la montagne,
Un moment au vallon le voyageur a fui :
Le silence du moins répond à son ennui.
Il est seul dans la foule : ici, douce compagne,
  La solitude est avec lui !

Isolés comme lui, mais plus que lui tranquilles,
  Arbres, gazons, riants asiles,
Sauvez ce malheureux du regard des humains !
Ruisseaux, livrez vos bords, ouvrez vos flots dociles
A ses pieds qu'a souillés la fange de leurs villes,
  Et la poudre de leurs chemins !

Ah ! laissez-lui chanter, consolé sous vos ombres,
Ce long songe idéal de nos jours les plus sombres ;
La vierge au front si pur, au sourire si beau !
Si pour l'hymen d'un jour c'est en vain qu'il l'appelle,
Laissez du moins rêver à son âme immortelle
  L'éternel hymen du tombeau !

La terre ne tient point sa pensée asservie;
Le bel espoir l'enlève au triste souvenir;
Deux ombres désormais dominent sur sa vie :
L'une est dans le passé, l'autre dans l'avenir.

Oh! dis, quand viendras-tu? quel dieu va te conduire,
Etre charmant et doux, vers celui que tu plains?
    Astre ami, quand viendras-tu luire,
Comme un soleil nouveau, sur ses jours orphelins?

Il ne t'obtiendra point, chere et noble conquête,
Au prix de ces vertus qu'il ne peut oublier;
Il laisse au gré du vent le jonc courber sa tête;
Il sera le grand chêne, et devant la tempête
    Il saura rompre et non plier.

Elle approche, il la voit; mais il la voit sans crainte.
    Adieu, flots purs, berceaux épais,
Beau vallon où l'on trouve un écho pour sa plainte,
    Bois heureux où l'on souffre en paix!

Heureux qui peut, au sein du vallon solitaire,
Naitre, vivre et mourir dans le champ paternel!
    Il ne connait rien de la terre,
    Et ne voit jamais que le ciel!

    Juillet 1821.

A TOI

Sub umbra alarum tuarum protege me.
Ps. xvi.
Couvre-moi de l'ombre de tes ailes.

ODE QUATRIÈME

Lyre longtemps oisive, éveillez-vous encore.
Il se lève, et nos chants le salùront toujours,
    Ce jour que son doux nom décore,
    Ce jour sacré parmi les jours!

O Vierge! à mon enfance un Dieu t'a révélée,
Belle et pure; et rêvant mon sort mystérieux,
Comme une blanche étoile aux nuages mêlée,
Dès mes plus jeunes ans je te vis dans mes cieux!

Je te disais alors : « O toi, mon espérance,
« Viens, partage un bonheur qui ne doit pas finir. »
Car de ma vie encor, dans ces jours d'ignorance,
Le passé n'avait point obscurci l'avenir.

Ce doux penchant devint une indomptable flamme,
Et je pleurai ce temps, écoulé sans retour,
    Où la vie était pour mon âme
Le songe d'un enfant que berce un vague amour.

Aujourd'hui, réveillant sa victime endormie,
Sombre, au lieu du bonheur que j'avais tant rêvé,

Devant mes yeux, troublés par l'espérance amie,
Avec un rire affreux le malheur s'est levé!

Quand seul dans cette vie, hélas! d'écueils semée,
Il faut boire le fiel dont le calice est plein ;
    Sans les pleurs de sa bien-aimée
    Que reste-t-il à l'orphelin?

Si les heureux d'un jour parent de fleurs leurs têtes,
Il fuit, souillé de cendre et vêtu de lambeaux;
    Et pour lui la coupe des fêtes
    Ressemble à l'urne des tombeaux!

Il est chez les vivants comme une lampe éteinte.
Le monde en ses douleurs se plaît à l'exiler;
Seulement vers le ciel il élève sans crainte
Ses yeux chargés de pleurs qui ne peuvent couler.

Mais toi, console-moi, viens, consens à me suivre,
Arrache de mon sein le trait envenimé ;
Daigne vivre pour moi, pour toi laisse-moi vivre :
J'ai bien assez souffert, Vierge, pour être aimé!

Oh! de ton doux sourire embellis-moi la vie!
Le plus grand des bonheurs est encor dans l'amour.
La lumière à jamais ne me fut point ravie :
Viens, je suis dans la nuit, mais je puis voir le jour!

Mes chants ne cherchent pas une illustre mémoire,
Et s'il faut me courber sous ce fatal honneur,
Ne crains rien, ton époux ne veut pas que sa gloire
    Retentisse dans son bonheur.

ODE QUATRIÈME.

Goûtons du chaste hymen le charme solitaire.
Que la félicité nous cache à tous les yeux !
    Le serpent couché sur la terre
N'entend pas deux oiseaux qui volent dans les cieux !

Mais, si ma jeune vie, à tant de flots livrée,
Si mon destin douteux t'inspire un juste effroi,
Alors fuis, toi qui fus mon épouse adorée ;
    Toi qui fus ma mère, attends-moi.

Bientôt j'irai dormir d'un sommeil sans alarmes,
Heureux si, dans la nuit dont je serai couvert,
Un œil indifférent donne en passant des larmes
A mon luth oublié sur mon tombeau désert !

Toi, que d'aucun revers les coups n'osent t'atteindre,
Et puisses-tu jamais, gémissant à ton tour,
Ne regretter celui qui mourut sans se plaindre,
    Et qui t'aimait de tant d'amour !

    Décembre 1821.

LA CHAUVE-SOURIS

> Que me veux-tu ? un ange planait sur mon cœur,
> et tu l'as effrayé... Viens donc, je te chanterai des chansons
> que les esprits des cimetières m'ont apprises.
>
> MATHURIN, *Bertram*.

ODE CINQUIÈME

Oui, je te reconnais, je t'ai vu dans mes songes,
Triste oiseau! mais sur moi vainement tu prolonges
Les cercles inégaux de ton vol ténébreux;
Des spectres réveillés porte ailleurs les messages;
    Va, pour craindre tes noirs présages,
Je ne suis point coupable et ne suis point heureux!

Attends qu'enfin la vierge, à mon sort asservie,
Que le ciel comme un ange envoya dans ma vie,
De ma longue espérance ait couronné l'orgueil;
Alors tu reviendras, troublant la douce fête,
Joyeuse, déployer tes ailes sur ma tête,
    Ainsi que deux voiles de deuil!

Sœur du hibou funèbre et de l'orfraie avide,
Mêlant le houx lugubre au nénufar livide,
Les filles de Satan t'invoquent sans remords;
Fuis l'abri qui me cache et l'air que je respire;
De ton ongle hideux ne touche pas ma lyre,
    De peur de réveiller des morts!

La nuit, quand les démons dansent sous le ciel sombre,
Tu suis le chœur magique en tournoyant dans l'ombre.

ODE CINQUIÈME.

L'hymne infernal t'invite au conseil malfaisant.
Fuis ! car un doux parfum sort de ces fleurs nouvelles ;
    Fuis, il faut à tes mornes ailes
L'air du tombeau natal et la vapeur du sang.

Qui t'amène vers moi ? Viens-tu de ces collines
Où la lune s'enfuit sur de blanches ruines ?
Son front est, comme toi, sombre dans sa pâleur.
    Tes yeux, dans leur route incertaine,
Ont donc suivi les feux de ma lampe lointaine ?
Attiré par la gloire ainsi vient le malheur !

Sors-tu de quelque tour qu'habite le Vertige,
Nain bizarre et cruel qui sur les monts voltige,
Prête aux feux du marais leur errante rougeur,
Rit dans l'air, des grands pins courbe en criant les cimes,
Et chaque soir, rôdant sur le bord des abimes,
Jette aux vautours du gouffre un pâle voyageur ?

En vain autour de moi ton vol qui se promène
Sème une odeur de tombe et de poussière humaine,
Ton aspect m'importune et ne peut m'effrayer.
Fuis donc, fuis, ou demain je livre aux yeux profanes
Ton corps sombre et velu, tes ailes diaphanes,
Dont le pâtre conteur orne son noir foyer.

Des enfants se joûront de ta dent furieuse,
Une vierge viendra, tremblante et curieuse,
De son rire craintif t'effrayer à grand bruit ;
Et le jour te verra, dans le ciel exilée,
    A mille oiseaux joyeux mêlée,
D'un vol aveugle et lourd chercher en vain la nuit !

    Avril 1822.

LE NUAGE

*J'erre au hasard, en tous lieux, d'un mouvement
plus doux que la sphère de la lune.*
SHAKSPEARE.

ODE SIXIÈME

Ce beau nuage, ô vierge, aux hommes est pareil.
Bientôt tu le verras, grondant sur notre tête,
Aux champs de la lumière amasser la tempête,
Et leur rendre en éclairs les rayons du soleil.

Oh! qu'un ange longtemps d'un souffle salutaire
Le soutienne en son vol, tel que l'ont vu tes yeux !
Car, s'il descend vers nous, le nuage des cieux
    N'est plus qu'un brouillard sur la terre.

Vois, pour orner le soir, ce matin il est né.
L'astre géant, fécond en splendeurs inconnues,
Change en cortége ardent l'amas jaloux des nues :
Le génie est plus grand d'envieux couronné !

La tempête qui fuit d'un orage est suivie.
L'âme a peu de beaux jours; mais, dans son ciel obscur,
L'amour, soleil divin, peut dorer d'un feu pur
    Le nuage errant de la vie.

Hélas ! ton beau nuage aux hommes est pareil.
Bientôt tu le verras, grondant sur notre tête,
Aux champs de la lumière amasser la tempête,
Et leur rendre en éclairs les rayons du soleil !

Avril 1822

LE CAUCHEMAR

> Oh! j'ai fait un un songe!... il est au-dessus des facultés de l'homme de dire ce qu'était mon songe. L'œil de l'homme n'a jamais vu, l'oreille de l'homme n'a jamais ouï, la main de l'homme ne peut jamais tâter, ni ses sens concevoir, ni sa langue exprimer en paroles ce qu'était mon rêve.
>
> Shakspeare.

ODE SEPTIÈME.

Sur mon sein haletant, sur ma tête inclinée,
Écoute, cette nuit il est venu s'asseoir,
Posant sa main de plomb sur mon âme enchaînée,
Dans l'ombre il la montrait, comme une fleur fanée,
    Aux spectres qui naissent le soir.

Ce monstre aux éléments prend vingt formes nouvelles
Tantôt d'une eau dormante il lève son front bleu;
Tantôt son rire éclate en rouges étincelles;
Deux éclairs sont ses yeux, deux flammes sont ses ailes
    Il vole sur un lac de feu!

Comme d'impurs miroirs, des ténèbres mouvantes
Répètent son image en cercle autour de lui;
Son front confus se perd dans des vapeurs vivantes;
Il remplit le sommeil de vagues épouvantes.
    Et laisse à l'âme un long ennui.

Vierge! ton doux repos n'a point de noir mensonge.
La nuit d'un pas léger court sur ton front vermeil.
Jamais jusqu'à ton cœur un rêve affreux ne plonge;
Et quand ton âme au ciel s'envole dans un songe,
    Un ange garde ton sommeil !

Avril 1832.

LE MATIN

Moriturus morituræ!

ODE HUITIÈME

Le voile du matin sur les monts se déploie.
Vois, un rayon naissant blanchit la vieille tour;
Et déjà dans les cieux s'unit avec amour,
    Ainsi que la gloire à la joie,
Le premier chant des bois aux premiers feux du jour.

Oui, souris à l'éclat dont le ciel se décore !
Tu verras, si demain le cercueil me dévore,
Un soleil aussi beau luire à ton désespoir,
Et les mêmes oiseaux chanter la même aurore,
    Sur mon tombeau muet et noir !

Mais dans l'autre horizon l'âme alors est ravie.
L'avenir sans fin s'ouvre à l'être illimité.
    Au matin de l'éternité,
    On se réveille de la vie,
Comme d'une nuit sombre ou d'un rêve agité !

    Avril 1822.

MON ENFANCE

> Voilà que tout cela est passé... mon enfance n'est plus;
> elle est morte, pour ainsi dire, quoique je vive encore.
> Saint Augustin, *Confessions*.

ODE NEUVIÈME

I

J'ai des rêves de guerre en mon âme inquiète;
J'aurais été soldat, si je n'étais poëte.
Ne vous étonnez point que j'aime les guerriers !
Souvent, pleurant sur eux, dans ma douleur muette,
J'ai trouvé leur cyprès plus beau que nos lauriers.

Enfant, sur un tambour ma crèche fut posée.
Dans un casque pour moi l'eau sainte fut puisée.
Un soldat, m'ombrageant d'un belliqueux faisceau,
De quelque vieux lambeau d'une bannière usée
    Fit les langes de mon berceau.

Parmi les chars poudreux, les armes éclatantes,
Une muse des camps m'emporta sous les tentes;
Je dormis sur l'affût des canons meurtriers;
J'aimai les fiers coursiers, aux crinières flottantes,
Et l'éperon froissant les rauques étriers.

J'aimai les forts tonnants, aux abords difficiles;
Le glaive nu des chefs guidant les rangs dociles,

a vedette perdue en un bois isolé,
Et les vieux bataillons qui passaient dans les villes,
    Avec un drapeau mutilé.

Mon envie admirait et le hussard rapide,
Parant de gerbes d'or sa poitrine intrépide,
Et le panache blanc des agiles lanciers,
Et les dragons, mêlant sur leur casque gépide
Le poil taché du tigre aux crins noirs des coursiers.

Et j'accusais mon âge : — « Ah ! dans une ombre obscure,
« Grandir, vivre ! laisser refroidir sans murmure
« Tout ce sang jeune et pur, bouillant chez mes pareils,
« Qui dans un noir combat, sur l'acier d'une armure,
    « Coulerait à flots si vermeils ! »

Et j'invoquais la guerre, aux scènes effrayantes ;
Je voyais en espoir, dans les plaines bruyantes,
Avec mille rumeurs d'hommes et de chevaux,
Secouant à la fois leurs ailes foudroyantes,
L'un sur l'autre à grands cris fondre deux camps rivaux.

J'entendais le son clair des tremblantes cymbales,
Le roulement des chars, le sifflement des balles,
Et, de monceaux de morts semant leurs pas sanglants,
Je voyais se heurter, au loin, par intervalles,
    Les escadrons étincelants !

II

Avec nos camps vainqueurs, dans l'Europe asservie
J'errai, je parcourus la terre avant la vie ;
Et, tout enfant encor, les vieillards recueillis

M'écoutaient racontant, d'une bouche ravie,
Mes jours si peu nombreux et déjà si remplis !

Chez dix peuples vaincus je passai sans défense,
Et leur respect craintif étonnait mon enfance.
Dans l'âge où l'on est plaint, je semblais protéger.
Quand je balbutiais le nom chéri de France,
    Je faisais pâlir l'étranger.

Je visitai cette île en noirs débris féconde,
Plus tard, premier degré d'une chute profonde.
Le haut Cenis, dont l'aigle aime les rocs lointains,
Entendit dans son antre, où l'avalanche gronde,
Ses vieux glaçons crier sous mes pas enfantins.

Vers l'Adige et l'Arno je vins des bords du Rhône.
Je vis de l'Occident l'auguste Babylone,
Rome, toujours vivante au fond de ses tombeaux,
Reine du monde encor sur un débris de trône,
    Avec une pourpre en lambeaux.

Puis Turin, puis Florence aux plaisirs toujours prête,
Naple, aux bords embaumés, où le printemps s'arrête
Et que Vésuve en feu couvre d'un dais brûlant,
Comme un guerrier jaloux qui, témoin d'une fête,
Jette au milieu des fleurs son panache sanglant.

L'Espagne m'accueillit, livrée à la conquête.
Je franchis le Bergare, où mugit la tempête ;
De loin, pour un tombeau je pris l'Escurial ;
Et le triple aqueduc vit s'incliner ma tête
    Devant son front impérial.

Là, je voyais les feux des haltes militaires
Noircir les murs croulants des villes solitaires ;

La tente, de l'église envahissait le seuil;
Les rires des soldats, dans les saints monastères,
Par l'écho répétés, semblaient des cris de deuil.

III

Je revins, rapportant de mes courses lointaines
Comme un vague faisceau de lueurs incertaines.
Je rêvais, comme si j'avais, durant mes jours,
Rencontré sur mes pas les magiques fontaines
    Dont l'onde enivre pour toujours.

L'Espagne me montrait ses couvents, ses bastilles;
Burgos, sa cathédrale, aux gothiques aiguilles.
Irun, ses toits de bois; Vittoria, ses tours;
Et toi, Valladolid, tes palais de familles,
Fiers de laisser rouiller des chaînes dans leurs cours.

Mes souvenirs germaient dans mon âme échauffée;
J'allais, chantant des vers d'une voix étouffée;
Et ma mère, en secret observant tous mes pas
Pleurait et souriait, disant : « C'est une fée
    « Qui lui parle et qu'on ne voit pas! »

1823.

A G.....Y

> O rus!
> Virgile.

ODE DIXIÈME

Il est pour tout mortel, soit que, loin de l'envie,
Un astre aux rayons purs illumine sa vie;
Soit qu'il suive à pas lents un cercle de douleurs,
Et, regrettant quelque ombre à son amour ravie,
Veille auprès de sa lampe et répande des pleurs;

Il est des jours de paix, d'ivresse et de mystère,
Où notre cœur savoure un charme involontaire,
Où l'air vibre, animé d'ineffables accords,
Comme si l'âme heureuse entendait de la terre
Le bruit vague et lointain de la cité des morts.

Souvent ici, domptant mes douleurs étouffées,
Mon bonheur s'éleva comme un château de fées,
Avec ses murs de nacre, aux mobiles couleurs,
Ses tours, ses portes d'or, ses piéges, ses trophées,
Et ses fruits merveilleux et ses magiques fleurs.

Puis soudain tout fuyait : sur d'informes décombres
Tour à tour à mes yeux passaient de pâles ombres;
D'un crêpe nébuleux le ciel était voilé,

Et de spectres en deuil peuplant ces déserts sombres,
Un tombeau dominait le palais écroulé.

Vallon ! j'ai bien souvent laissé dans ta prairie
Comme une eau murmurante errer ma rêverie;
Je n'oublirai jamais ces fugitifs instants ;
Ton souvenir sera, dans mon âme attendrie,
Comme un son triste et doux qu'on écoute longtemps !

1823.

PAYSAGE

Hoc erat in votis.
Horace.

ODE ONZIÈME

Lorsque j'étais enfant : « Viens, me disait la Muse.
« Viens voir le beau génie assis sur mon autel.
« Il n'est dans mes trésors rien que je te refuse,
« Soit que l'altier clairon ou l'humble cornemuse
  « Attendent ton souffle immortel.

« Mais fuis d'un monde étroit l'impure turbulence ;
« Là rampent les ingrats, là règnent les méchants,
« Sur un luth inspiré lorsqu'une âme s'élance,
« Il faut que, l'écoutant dans un chaste silence,
  « L'écho lui rende tous ses chants !

« Choisis quelque désert pour y cacher ta vie.
« Dans une ombre sacrée emporte ton flambeau.
« Heureux qui, loin des pas d'une foule asservie,
« Dérobant ses concerts aux clameurs de l'envie,
  « Lègue sa gloire à son tombeau !

« L'horizon de ton âme est plus haut que la terre.
« Mais cherche à ta pensée un monde harmonieux,
« Où tout, en l'exaltant, charme ton cœur austère,

« Où des saintes clartés que nulle ombre n'altère
   « Le doux reflet suive tes yeux.

« Qu'il soit un frais vallon, ton paisible royaume,
« Où parmi l'églantier, le saule et le glaïeul,
« Tu penses voir parfois, errant comme un fantôme,
« Ces magiques palais qui naissent sous le chaume,
   « Dans les beaux contes de l'aïeul.

« Qu'une tour en ruine, au flanc de la montagne,
« Pende et jette son ombre aux flots d'un lac d'azur.
« Le soir, qu'un feu de pâtre, au fond de la campagne,
« Comme un ami dont l'œil de loin nous accompagne,
   « Perce le crépuscule obscur.

« Quand, guidant sur le lac deux rames vagabondes,
« Le ciel, dans ce miroir, t'offrira ses tableaux,
« Qu'une molle nuée, en déroulant ses ondes,
« Montre à tes yeux, baissés sur les vagues profondes,
   « Des flots se jouant dans les flots.

« Que, visitant parfois une île solitaire
« Et des bords ombragés de feuillages mouvants,
« Tu puisses, savourant ton exil volontaire,
« En silence épier s'il est quelque mystère
   « Dans le bruit des eaux et des vents.

« Qu'à ton réveil joyeux les chants des jeunes mères
« T'annoncent et l'enfance, et la vie et le jour;
« Qu'un ruisseau passe auprès de tes fleurs éphémères,
« Comme entre les doux soins et les tendres chimères
   « Passent l'espérance et l'amour.

« Qu'il soit dans la contrée un souvenir fidèle
« De quelque bon seigneur, de hauteur dépourvu,

« Ami de l'indigence et toujours aimé d'elle ;
« Et que chaque vieillard, le citant pour modele,
    « Dise : « Vous ne l'avez pas vu ! »

« Loin du monde surtout mon culte te réclame.
« Sois le prophète ardent, qui vit le ciel ouvert,
« Dont l'œil, au sein des nuits, brillait comme une flamme,
« Et qui, de l'esprit saint ayant rempli son âme,
    « Allait parlant dans le désert ! »

Tu le disais, ô Muse ! Et la cité bruyante
Autour de moi pourtant mêle ses mille voix !
Muse ! et je ne fuis pas la sphère tournoyante
Où le sort, agitant la foule imprévoyante,
    Meut tant de destins à la fois !

C'est que, pour m'amener au terme où tout aspire,
Il m'est venu du ciel un guide au front joyeux ;
Pour moi l'air le plus pur est l'air qu'elle respire ;
Je vois tous mes bonheurs, Muse, dans son sourire,
    Et tous mes rêves dans ses yeux !

1823.

ENCORE A TOI

Ahora y siempre.
Devise des Pomfret.

ODE DOUZIÈME

A toi ! toujours à toi ! que chanterait ma lyre ?
A toi l'hymne d'amour ! à toi l'hymne d'hymen !
Quel autre nom pourrait éveiller mon délire ?
Ai-je appris d'autres chants ? sais-je un autre chemin ?

C'est toi dont le regard éclaire ma nuit sombre ;
Toi dont l'image luit sur mon sommeil joyeux ;
C'est toi qui tiens ma main quand je marche dans l'ombre,
Et les rayons du ciel me viennent de tes yeux !

Mon destin est gardé par ta douce prière :
Elle veille sur moi quand mon ange s'endort :
Lorsque mon cœur entend ta voix modeste et fière,
Au combat de la vie il provoque le sort.

N'est-il pas dans le ciel de voix qui te réclame ?
N'es-tu pas une fleur étrangère à nos champs ?
Sœur des vierges du ciel, ton âme est pour mon âme
Le reflet de leurs feux et l'écho de leurs chants !

Quand ton œil noir et doux me parle et me contemple,
Quand ta robe m'effleure avec un léger bruit,

Je crois avoir touché quelque voile du temple,
Je dis comme Tobie : Un ange est dans ma nuit!

Lorsque de mes douleurs tu chassas le nuage,
Je compris qu'à ton sort mon sort devait s'unir,
Pareil au saint pasteur, lassé d'un long voyage,
Qui vit vers la fontaine une vierge venir!

Je t'aime comme un être au-dessus de ma vie,
Comme une antique aïeule aux prévoyants discours,
Comme une sœur craintive, à mes maux asservie,
Comme un dernier enfant qu'on a dans ses vieux jours.

Hélas! je t'aime tant, qu'à ton nom seul je pleure,
Je pleure, car la vie est si pleine de maux!
Dans ce morne désert tu n'as point de demeure,
Et l'arbre où l'on s'assied lève ailleurs ses rameaux.

Mon Dieu! mettez la paix et la joie auprès d'elle.
Ne troublez pas ses jours, ils sont à vous, Seigneur!
Vous devez la bénir, car son âme fidèle
Demande à la vertu le secret du bonheur.

1823.

SON NOM

Nomen aut numen!

ODE TREIZIÈME

Le parfum d'un lis pur, l'éclat d'une auréole,
    La dernière rumeur du jour,
La plainte d'un ami qui s'afflige et console,
L'adieu mystérieux de l'heure qui s'envole,
    Le doux bruit d'un baiser d'amour;

L'écharpe aux sept couleurs que l'orage en la nue
Laisse, comme un trophée, au soleil triomphant,
L'accent inespéré d'une voix reconnue,
Le vœu le plus secret d'une vierge ingénue,
    Le premier rêve d'un enfant;

Le chant d'un chœur lointain, le soupir qu'à l'aurore
    Rendait le fabuleux Memnon,
Le murmure d'un son qui tremble et s'évapore...
Tout ce que la pensée a de plus doux encore,
    O lyre, est moins doux que son nom!

Prononcez-le tout bas, ainsi qu'une prière;
Mais que dans tous nos chants il résonne à la fois!
Qu'il soit du temple obscur la secrète lumière!

Qu'il soit le mot sacré qu'au fond du sanctuaire
    Redit toujours la même voix!

O mes amis, avant qu'en paroles de flamme
    Ma muse, égarant son essor,
Ose aux noms profanés qu'un vain orgueil proclame
Mêler ce chaste nom, que l'amour dans mon âme
    A caché comme un saint trésor,

Il faudra que le chant de mes hymnes fidèles
Soit comme un de ces chants qu'on écoute à genoux;
Et que l'air soit ému de leurs voix solennelles,
Comme si, secouant ses invisibles ailes,
    Un ange passait près de nous!

    1823.

ACTIONS DE GRACES

*Ceux qui auront semé dans les larmes moissonneront
dans l'allégresse.*
SALOMON, *Ps.* CXXV, v. 5.

ODE QUATORZIÈME

Vous avez dans le port poussé ma voile errante,
Ma tige a refleuri de séve et de verdeur;
Seigneur, je vous bénis! de ma lampe mourante
Votre souffle vivant rallume la splendeur.

Surpris par l'ouragan comme un aiglon sans ailes
Qui tombe du grand chêne au pied de l'arbrisseau,
Faible enfant, du malheur j'ai su les lois cruelles,
L'orage m'assaillit voguant dans mon berceau.

Oui, la vie a pour moi commencé dès l'enfance,
Quoique le ciel jamais n'ait foudroyé de fleurs,
Et qu'il ne veuille pas qu'un être sans défense
Mêle à ses premiers jours l'amertume des pleurs.

La jeunesse en riant m'apporta ces mensonges,
Son avenir de gloire, et d'amour, et d'orgueil ;
Mais quand mon cœur brûlant poursuivait ces beaux songes,
Hélas! je m'éveillai dans la nuit d'un cercueil.

Alors je m'exilai du milieu de mes frères.
Calme, car ma douleur n'était pas le remords,
J'accompagnais de loin les pompes funéraires :
L'hymne de l'orphelin est écouté des morts.

L'œil tourné vers le ciel, je marchais dans l'abîme ;
Bien souvent, de mon sort bravant l'injuste affront,
Les flammes ont jailli de ma pensée intime,
Et la langue de feu descendit sur mon front.

Mon esprit de Pathmos connut le saint délire,
L'effroi qui le précède et l'effroi qui le suit ;
Et mon âme était triste, et les chants de ma lyre
Etaient comme ces voix qui pleurent dans la nuit.

J'ai vu sans murmurer la fuite de ma joie,
Seigneur ; à l'abandon vous m'aviez condamné.
J'ai sans plainte au désert tenté la triple voie ;
Et je n'ai pas maudit le jour où je suis né.

Voici la vérité qu'au monde je révèle :
Du ciel dans mon néant je me suis souvenu.
Louez Dieu ! la brebis vient quand l'agneau l'appelle ;
J'appelais le Seigneur, le Seigneur est venu.

Il m'a dit : « Va, mon fils, ma loi n'est pas pesante !
« Toi qui dans la nuit même as suivi mes chemins,
« Tu ceindras des heureux la robe éblouissante ;
« Parmi les innocents tu laveras tes mains. »

Je ne veux plus de loin t'offrir ma vie obscure,
Gloire, immortel reflet de l'éternel flambeau,

Du génie en son cours trace éclatante et pure,
Ou rayon merveilleux émané d'un tombeau !

Un ange sur mon cœur ploie aujourd'hui ses ailes.
Pour Elle un orphelin n'est pas un étranger ;
Les heures de mes jours à ses côtés sont belles :
Car son joug est aimable et son fardeau léger.

Vous avez dans le port poussé ma voile errante ;
Ma tige a refleuri de séve et de verdeur ;
Seigneur, je vous bénis ! de ma lampe mourante
Votre souffle vivant rallume la splendeur.

  Août 1823.

A MES AMIS

>Oh! combien est heureux celui qui, solitaire,
>Ne va point mendiant de ce sot populaire
>L'appui ni la faveur; qui, paisible, s'étant
>Retiré de la cour et du monde inconstant,
>Ne s'entremêlant point des affaires publiques,
>Ne s'assujettissant aux plaisirs tyranniques
>D'un seigneur ignorant, et ne vivant qu'à soi,
>Est lui-même sa cour, son seigneur et son roi.
>
>JEAN DE LA TAILLE.

ODE QUINZIÈME

Sans monter au char de victoire,
Meurt le poëte créateur;
Son siècle est trop près de sa gloire
Pour en mesurer la hauteur.
C'est Bélisaire au Capitole :
La foule court à quelque idole,
Et jette en passant une obole
Au mendiant triomphateur.

Amis, dans ma douce retraite.
A tous vos maux je dis adieu
Là, ma vie est molle et secrète :
J'ai des autels pour chaque Dieu.
Le myrte, qu'au laurier j'enchaîne,
Y croît sous l'ombrage du chêne;
J'y mets Horace avec Mécéne,
Et Corneille sans Richelieu.

ODE QUINZIÈME.

Là, dans l'ombre descend ma muse,
A l'œil fier, aux traits ingénus,
Image éclatante et confuse
Des anges à l'homme inconnus.
Ses rayons cherchent le mystère :
Son aile, chaste et solitaire,
Jamais ne permet à la terre
D'effleurer ses pieds blancs et nus.

Là, je cache un hymen prospère ;
Et, sur mon seuil hospitalier,
Parfois tu t'assieds, ô mon père !
Comme un antique chevalier ;
Ma famille est ton humble empire ;
Et mon fils, avec un sourire,
Dort aux sons de ma jeune lyre,
Bercé dans ton vieux bouclier.

Août 1823.

A L'OMBRE D'UN ENFANT

Qui es in cœlis!

ODE SEIZIÈME

Oh! parmi les soleils, les sphéres, les étoiles,
Les portiques d'azur, les palais de saphir,
Parmi les saints rayons, parmi les sacrés voiles
    Qu'agite un éternel zéphyr;

Dans le torrent d'amour où toute âme se noie,
Où s'abreuve de feux le séraphin brûlant;
Dans l'orbe flamboyant qui sans cesse tournoie
    Autour du trône étincelant;

Parmi les jeux sans fin des âmes enfantines;
Quand leurs soins, d'un vieil astre, égaré dans les cieux,
Avec de longs efforts et des voix argentines,
    Guident les chancelants essieux;

Ou lorsqu'entre ses bras quelque vierge ravie
Les prend, d'un saint baiser leur imprime le sceau,
Et rit, leur demandant si l'aspect de la vie
    Les effrayait dans leur berceau;

Ou qu'enfin, dans son arche éclatante et profonde,
Rangeant de cieux en cieux son cortége ébloui,

Jésus, pour accomplir ce qui fut dit au monde,
 Les place le plus près de lui ;

Oh ! dans ce monde auguste où rien n'est éphémère,
Dans ces flots de bonheur que ne trouble aucun fiel,
Enfant ! loin du sourire et des pleurs de ta mère,
 N'es-tu pas orphelin au ciel ?

Octobre 1823.

A UNE JEUNE FILLE

> Pourquoi te plaindre, tendre fille?
> tes jours n'appartiennent-ils pas à la première jeunesse?
> *Daïno lithuanien.*

ODE DIX-SEPTIÈME

Vous qui ne savez pas combien l'enfance est belle,
Enfant! n'enviez point notre âge de douleurs,
Où le cœur tour à tour est esclave et rebelle,
Où le rire est souvent plus triste que vos pleurs.

Votre âge insouciant est si doux, qu'on l'oublie!
Il passe, comme un souffle au vaste champ des airs,
Comme une voix joyeuse en fuyant affaiblie,
    Comme un alcyon sur les mers.

Oh! ne vous hâtez point de mûrir vos pensées!
Jouissez du matin, jouissez du printemps;
Vos heures sont des fleurs l'une à l'autre enlacées;
Ne les effeuillez pas plus vite que le temps.

Laissez venir les ans! le destin vous dévoue,
Comme nous, aux regrets, à la fausse amitié,
A ces maux sans espoir que l'orgueil désavoue,
    A ces plaisirs qui font pitié!

Riez pourtant! du sort ignorez la puissance;
Riez! n'attristez pas votre front gracieux,
Votre œil d'azur, miroir de paix et d'innocence,
Qui révèle votre âme et réfléchit les cieux!

    Février 1825.

AUX

RUINES DE MONTFORT-L'AMAURY

> La voyez-vous croître,
> La tour du vieux cloître;
> Et le grand mur noir
> Du royal manoir?
> ALFRED DE VIGNY.

ODE DIX-HUITIÈME

I

Je vous aime, ô débris! et surtout quand l'automne
Prolonge en vos échos sa plainte monotone.
Sous vos abris croulants je voudrais habiter,
Vieilles tours que le temps l'une vers l'autre incline,
Et qui semblez de loin, sur la haute colline,
  Deux noirs géants prêts à lutter

Lorsque d'un pas rêveur foulant les grandes herbes,
Je monte jusqu'à vous, restes forts et superbes!
Je contemple longtemps vos créneaux meurtriers,
Et la tour octogone et ses briques rougies,
Et mon œil, à travers vos brèches élargies,
Voit jouer des enfants où mouraient des guerriers.

Ecartez de vos murs ceux que leur chute amuse
Laissez le seul poëte y conduire sa muse,
Lui qui donne du moins une larme au vieux fort;
Et, si l'air froid des nuits sous vos arceaux murmure,

Croit qu'une ombre a froissé la gigantesque armure
    D'Amaury, comte de Montfort.

II

Là, souvent je m'assieds, aux jours passés fidèle,
Sur un débris qui fut un mur de citadelle.
Je médite longtemps, en mon cœur replié ;
Et la ville, à mes pieds, d'arbres enveloppée,
Etend ses bras et croix en s'allonge en épée,
Comme le fer d'un preux dans la plaine oublié.

Mes yeux errent, du pied de l'antique demeure,
Sur les bois éclairés ou sombres, suivant l'heure,
Sur l'église gothique, hélas ! prête à crouler,
Et je vois, dans le champ où la mort nous appelle,
Sous l'arcade de pierre et devant la chapelle,
    Le sol immobile onduler.

Foulant créneaux, ogive, écussons, astragales,
M'attachant comme un lierre aux pierres inégales,
Au faîte des grands murs je m'élève parfois;
Là, je mêle des chants au sifflement des brises ;
Et dans les cieux profonds suivant ses ailes grises,
Jusqu'à l'aigle effrayé j'aime à lancer ma voix !

Là, quelquefois j'entends le luth doux et sévére
D'un ami qui sait rendre aux vieux temps un trouvère.
Nous parlons des héros, du ciel, des chevaliers,
De ces âmes en deuil dans le monde orphelines.
Et le vent qui se brise à l'angle des ruines
    Gémit dans les hauts peupliers !

Octobre 1825.

LE VOYAGE

> Je veux que mon retour
> Te paraisse bien long. Je veux que nuit et jour
> Tu m'aimes. — Nuit et jour, hélas! je me tourmente!
> Présente au milieu d'eux, sois seule, sois absente;
> Dors en pensant à moi, rêve-moi près de toi,
> Ne vois que moi sans cesse, et sois toute avec moi!
>
> André Chénier.

ODE DIX-NEUVIÈME

I

Le cheval fait sonner son harnois qu'il secoue,
Et l'éclair du pavé va jaillir sous la roue :
Il faut partir. Adieu! De ton cœur inquiet
Chasse la crainte amère, adieu! point de faiblesse!
Mais quoi! le char s'ébranle et m'emporte, et te laisse...
  Hélas! j'ai cru qu'il t'oubliait!

Oh! suis-le bien longtemps d'une oreille attentive!
Ne t'en va pas avant d'avoir, triste et pensive,
Écouté des coursiers s'évanouir le bruit!
L'un à l'autre déjà l'espace nous dérobe;
Je ne vois plus de loin flotter ta blanche robe,
Et toi, tu n'entends plus rouler le char qui fuit...

Quoi! plus même un vain bruit! plus même une vaine ombre!
L'absence a sur mon âme étendu sa nuit sombre!

C'en est fait; chaque pas m'y plonge plus avant,
Et dans cet autre enfer, plein de douleurs amères,
De tourments insensés, d'angoisses, de chimères,
    Me voilà descendu vivant!

II

Que faire maintenant de toutes mes pensées,
De mon front, qui dormait dans tes mains enlacées,
De tout ce que j'entends, de tout ce que je vois?
Que faire de mes maux, sans toi pleins d'amertume,
De mes yeux dont la flamme à tes regards s'allume,
De ma voix, qui ne sait parler qu'après ta voix?

Et mon œil tour à tour, distrait, suit dans l'espace
Chaque arbre du chemin qui paraît et qui passe,
Les bois verts, le flot d'or de la jaune moisson,
Et les monts, et du soir l'étincelante étoile,
Et les clochers aigus, et les villes que voile
    Un dais de brume à l'horizon!

Qu'importe les bois verts, la moisson, la colline,
Et l'astre qui se lève et l'astre qui décline,
Et la plaine et les monts, si tu ne les vois pas?
Que me font ces châteaux, ruines féodales,
Si leur donjon moussu n'entend point sur ses dalles
Tes pas légers courir à côté de mes pas?

Ainsi donc aujourd'hui, demain, après encore,
Il faudra voir sans toi naître et mourir l'aurore,
Sans toi, sans ton sourire et ton regard joyeux!
Sans t'entendre marcher près de moi quand je rêve,

Sans que ta douce main, quand mon front se soulève,
 · Se pose en jouant sur mes yeux:

Pourtant il faut encore, à tant d'ennuis en proie,
Dans mes lettres du soir t'envoyer quelque joie,
Dire : « Console-toi, le calme m'est rendu ; »
Quand je crains chaque instant qui loin de toi s'écoule,
Et qu'inventant des maux qui t'assiégent en foule,
Chaque heure est sur ma tête un glaive suspendu !

III

Que fais-tu, maintenant? Près du foyer sans doute
La carte est déployée, et ton œil suit ma route ;
Tu dis : « Où peut-il être? — Ah! qu'il trouve en tous lieux
« De tendres soins, un cœur qui l'estime et qui l'aime,
« Et quelque bonne hôtesse, ayant, comme moi-même.
    « Un être cher sous d'autres cieux!

« Comme il s'éloigne vite, hélas! j'en suis certaine,
« Il a déjà franchi cette ville lointaine,
« Ces forêts, ce vieux pont d'un grand exploit témoin ;
« Peut-être en ce moment il roule en ces vallées,
« Par une croix sinistre au passant signalées,
« Où l'an dernier... Pourvu qu'il soit déjà plus loin ! »

Et mon père, essuyant une larme qui brille,
T'invite, en souriant, à sourire à ta fille :
« Rassurez-vous! bientôt nous le reverrons tous.
« Il rit, il est tranquille, il visite à cette heure
« De quelque vieux héros la tombe ou la demeure :
    « Il prie à quelque autel pour vous.

« Car vous le savez bien, ma fille, il aime encore
« Ces créneaux, ces portails qu'un art naïf déc͞;
« Il nous a dit souvent, assis à vos côtés,
« L'ogive chez les Goths de l'Orient venue,
« Et la flèche romane aiguisant dans la nue
« Ses huit angles de pierre en écailles sculptés ! »

IV

Et puis le vétéran, à ta douleur trompée,
Conte sa vie errante, et nos grands coups d'épée,
Et quelque ancien combat du Tage ou du Tésin,
Et l'empereur, du siècle imposante merveille, —
Tout en baissant sa voix de peur qu'elle n'éveille
  Ton enfant, qui dort sur ton sein !

1825.

PROMENADE

> Voici les lieux chers à ma rêverie,
> Voici les prés dont j'ai chanté les fleurs...
> AMABLE TASTU, *la Lyre égarée*

ODE VINGTIÈME

Ceins le voile de gaze aux pudiques couleurs,
Où ta féconde aiguille a semé tant de fleurs !
    Viens respirer sous les platanes ;
Couvre-toi du tissu, trésor de Cachemir,
Qui peut-être a caché le poignard d'un émir,
    Ou le sein jaloux des sultanes.

Aux lueurs du couchant vois fumer les hameaux.
La vapeur monte et passe ; ainsi s'en vont nos maux,
    Gloire, ambition, renommée !
Nous brillons tour à tour, jouets d'un fol espoir
Tel ce dernier rayon, ce dernier vent du soir
    Dore et berce un peu de fumée.

A l'heure où le jour meurt à l'horizon lointain,
Qu'il m'est doux, près d'un cœur qui bat pour mon destin,
    D'égarer mes pas dans la plaine !
Qu'il m'est doux près de toi d'errer libre d'ennuis,
Quand tu mêles, pensive, à la brise des nuits
    Le parfum de ta douce haleine !

C'est pour un tel bonheur, dès l'enfance rêvé,
Que j'ai longtemps souffert et que j'ai tout bravé!
  Dans nos temps de fureurs civiles,
Je te dois une paix que rien ne peut troubler :
Plus de vide en mes jours! Pour moi tu sais peupler
  Tous les déserts, même les villes!

Chaque étoile à son tour vient apparaître au ciel.
Tels, quand un grand festin d'ambroisie et de miel
  Embaume une riche demeure,
Souvent sur le velours et le damas soyeux
On voit les plus hâtifs des convives joyeux
  S'asseoir au banquet avant l'heure.

Vois, — c'est un météore! il éclate et s'éteint.
Plus d'un grand homme, aussi, d'un mal secret atteint,
  Rayonne et descend dans la tombe.
Le vulgaire l'ignore et suit le tourbillon;
Au laboureur courbé le soir sur le sillon
  Qu'importe l'étoile qui tombe!

Ah! tu n'es point ainsi, toi dont les nobles pleurs
De toute âme sublime honorent les malheurs!
  Toi qui gémis sur le poëte!
Toi qui plains la victime et surtout les bourreaux!
Qui visites souvent la tombe des héros,
  Silencieuse, et non muette!

Si quelque ancien château devant tes pas distraits
Lève son donjon noir sur les noires forêts,
  Bien loin de la ville importune;
Tu t'arrêtes soudain; et ton œil tour à tour

Cherche et perd à travers les créneaux de la tour
    Le pâle croissant de la lune.

C'est moi qui t'inspirai d'aimer ces vieux piliers
Ces temples où jadis les jeunes chevaliers
    Priaient, armés par leur marraine;
Ces palais où parfois le poëte endormi
A senti sur sa bouche, entr'ouverte à demi,
    Tomber le baiser d'une reine.

Mais rentrons : vois le ciel d'ombres s'environner;
Déjà le frêle esquif qui doit nous ramener
    Sur les eaux du lac étincelle;
Cette barque ressemble à nos jours inconstants
Qui flottent dans la nuit sur l'abîme des temps;
    Le gouffre porte la nacelle!

La vie à chaque instant fuit vers l'éternité,
Et le corps, sur la terre, où l'âme l'a quitté,
    Reste sans souffle et sans parole.
Ainsi quand meurt la rose, aux royales couleurs,
Sa feuille, que l'aurore en vain baigne de pleurs,
    Tombe, et son doux parfum s'envole!

    Octobre 1825.

A RAMON, DUC DE BENAV

> Por la boca de su herida.
> GUILLEN DE CASTRO.

ODE VINGT ET UNIÈME

Hélas! j'ai compris ton sourire,
Semblable au ris du condamné,
Quand le mot qui doit le proscrire
A son oreille a résonné!
En pressant ta main convulsive,
J'ai compris ta douleur pensive
Et ton regard morne et profond,
Qui, pareil à l'éclair des nues,
Brille sur des mers inconnues,
Mais ne peut en montrer le fond.

« Pourquoi faut-il donc qu'on me plaigne,
M'as-tu dit, je n'ai pas gémi?
Jamais de mes pleurs je ne baigne
La main d'un frère ou d'un ami!
Je n'en ai pas! puisqu'à ma vie
La joie est pour toujours ravie,
Qu'on m'épargne au moins la pitié!
Je paye assez mon infortune
Pour que nulle voix importune
N'ose en réclamer la moitié!

« D'ailleurs, vaut-elle tant de larmes?
Appelle-t-on cela malheur? —
Oui, ce qui pour l'homme a des charmes
Pour moi n'a qu'ennuis et douleur;
Sur mon passé rien ne surnage
Des vains rêves de mon jeune âge,
Que le sort chaque jour dément;
L'amour éteint pour moi sa flamme;
Et jamais la voix d'une femme
Ne dira mon nom doucement!

« Jamais d'enfants! jamais d'épouse!
Nul cœur près du mien n'a battu;
Jamais une bouche jalouse
Ne m'a demandé : « D'où viens-tu? »
Point d'espérance qui me reste!
Mon avenir sombre et funeste
Ne m'offre que des jours mauvais,
Dans cet horizon de ténèbres
Ont passé vingt spectres funèbres,
Jamais l'ombre que je rêvais!

« Ma tête ne s'est point courbée;
Mais la main du sort ennemi
Est plus lourdement retombée
Sur mon front toujours raffermi.
A la jeunesse, qui s'envole,
A la gloire, au plaisir frivole,
J'ai dit l'adieu fier de Caton.
Toutes fleurs pour moi sont fanées;
Mais c'est l'ordre des destinées,
Et si je souffre, qu'en sait-on?

« Esclaves d'une loi fatale,
Sachons taire les maux soufferts.
Pourquoi veux-tu donc que j'étale
La meurtrissure de mes fers?
Aux yeux que la misère effraie
Qu'importe ma secrète plaie?
Passez, je dois vivre isolé;
Vos voix ne sont qu'un bruit sonore;
Passez tous! j'aime mieux encore
Souffrir que d'être consolé!

« Je n'appartiens plus à la vie.
Qu'importe si parfois mes yeux,
Soit qu'on me plaigne ou qu'on m'envie,
Lancent un feu sombre ou joyeux!
Qu'importe, quand la coupe est vide,
Que ses bords, sur la lèvre avide,
Laissent encore un goût amer!
A-t-il vaincu le flot qui gronde,
Le vaisseau qui, perdu sous l'onde,
Lève encor son mât sur la mer?

« Qu'importe mon deuil solitaire!
D'autres coulent des jours meilleurs.
Qu'est-ce que le bruit de la terre?
Un concert de ris et de pleurs.
Je veux, comme tous les fils d'Eve,
Sans qu'une autre main le soulève,
Porter mon fardeau jusqu'au soir;
A la foule qui passe et tombe
Qu'importe au seuil de quelle tombe
Mon ombre un jour ira s'asseoir! »

Ainsi, quand tout bas tu soupires,
De ton cœur partent des sanglots,
Comme un son s'échappe des lyres,
Comme un murmure sort des flots'
Va, ton infortune est ta gloire !
Les fronts marqués par la victoire
Ne se couronnent pas de fleurs.
De ton sein la joie est bannie;
Mais tu sais bien que le génie
Prélude à ses chants par des pleurs

Comme un soc de fer, dès l'aurore
Fouille le sol de son tranchant,
Et l'ouvre, et le sillonne encore
Aux derniers rayons du couchant;
Sur chaque heure qui t'est donnée,
Revient l'infortune acharnée,
Infatigable à t'obséder;
Mais si de son glaive de flamme
Le malheur déchire ton âme,
Ami, c'est pour la féconder !

Novembre 1825.

A MADEMOISELLE J.-D. DE M.

LE PORTRAIT D'UNE ENFANT

> Quand ie voy tant de couleurs
> Et de fleurs
> Qui esmaillent un riuage;
> Ie pense voir le beau teint
> Qui est peint,
> Si vermeil en son visage.
>
> Quand ie sens parmy les prez
> Diaprez,
> Les fleurs dont la terre est pleine,
> Lors ie fais croire à mes sens
> Que ie sens
> La douceur de son haleine.
>
> RONSARD.

ODE VINGT-DEUXIÈME

I

Oui, ce front, ce sourire et cette fraîche joue,
   C'est bien l'enfant qui pleure et joue,
   Et qu'un esprit du ciel défend !
De ses doux traits, ravis à la sainte phalange,
   C'est bien le délicat mélange ;
   Poëte, j'y crois voir un ange,
   Père, j'y trouve mon enfant.

On devine, à ses yeux pleins d'une pure flamme,
    Qu'au paradis, d'où vient son âme,
    Elle a dit un récent adieu.
Son regard, rayonnant d'une joie éphémère,
    Semble en suivre encor la chimère,
    Et revoir dans sa douce mère
    L'humble mère de l'Enfant-Dieu!

On dirait qu'elle écoute un chœur de voix célestes,
    Que de loin des vierges modestes
    Elle entend l'appel gracieux;
A son joyeux regard, à son naïf sourire,
    On serait tenté de lui dire :
    « Jeune ange, quel fut ton martyre,
    Et quel est ton nom dans les cieux? »

II

O toi dont le pinceau me la fit si touchante,
    Tu me la peins, je te la chante !
    Car tes nobles travaux vivront;
Une force virile à ta grâce est unie;
    Tes couleurs sont une harmonie;
    Et dans ton enfance un génie
    Mit une flamme sur ton front!

Sans doute quelque fée, à ton berceau venue,
    Des sept couleurs que dans la nue
    Suspend le prisme aérien,
Des roses de l'aurore humide et matinale,
    Des feux de l'aube boréale,
    Fit une palette idéale
    Pour ton pinceau magicien!

Novembre 1825.

A MADAME LA COMTESSE A. H.

> Sur ma lyre l'autrefois,
>   Dans un bois
> Ma main préludait à peine;
> Une colombe descend
>   En passant,
> Blanche sur le luth d'ébène.
>
> Mais au lieu d'accords touchants,
>   De doux chants,
> La colombe gémissante
> Me demande par pitié
>   Sa moitié,
> Sa moitié loin d'elle absente.
>
> Sainte-Beuve.

ODE VINGT-TROISIÈME.

Oh! quel que soit le rêve ou paisible ou joyeux,
Qui dans l'ombre à cette heure illumine tes yeux,
    C'est le bonheur qu'il te signale;
Loin des bras d'un époux qui n'est encor qu'amant,
Dors tranquille, ma sœur! passe-la doucement,
    Ta dernière nuit virginale!

Dors : nous prîrons pour toi jusqu'à ce beau matin,
Tu devais être à nous, et c'était ton destin;
    Et rien ne pouvait t'y soustraire.
Oui, la voix de l'autel va te nommer ma sœur;
Mais ce n'est que l'écho d'une voix de mon cœur
    Qui déjà me nommait ton frère.

Dors, cette nuit encor, d'un sommeil pur et doux!
Demain serments, transports, caresses d'un époux,
    Festins que la joie environne,
Et soupirs inquiets dans ton sein renaissant,
Quand une main fera de ton front rougissant
    Tomber la tremblante couronne!

Ah! puisse dès demain se lever sur tes jours
Un bonheur qui jamais ne s'éclipse, et toujours
    Brille, plus beau qu'un rêve même!
Vers le ciel étoilé laisse monter nos vœux.
Dors en paix cette nuit où nous veillons tous deux,
    Moi qui te chante, et lui qui t'aime!

    Décembre 1827.

PLUIE D'ÉTÉ

L'aubépine et l'églantin,
    Et le thym,
L'œillet, le lis et les roses,
En cette belle saison,
    A foison,
Montrent leurs robes écloses.

Le gentil rossignolet,
    Doucelet,
Découpe, dessous l'ombrage,
Mille fredons babillards,
    Frétillards,
Aux doux sons de son ramage.

Remi Belleau.

ODE VINGT-QUATRIÈME

Que la soirée est fraîche et douce!
Oh! viens, il a plu ce matin;
Les humides tapis de mousse
Verdissent tes pieds de satin.
L'oiseau vole sous les feuillées,
Secouant ses ailes mouillées,
Pauvre oiseau que le ciel bénit!
Il écoute le vent bruire,
Chante, et voit des gouttes d'eau luire
Comme des perles dans son nid.

La pluie a versé ses ondées;
Le ciel reprend son bleu changeant,

Les terres luisent, fécondées,
Comme sous un réseau d'argent.
Le petit ruisseau de la plaine,
Pour une heure enflé, roule et traine
Brins d'herbe, lézards endormis,
Court, et précipitant son onde
Du haut d'un caillou, qu'il inonde,
Fait des Niagaras aux fourmis !

Tourbillonnant dans ce déluge,
Des insectes sans avirons
Voguent pressés, frêle refuge,
Sur des ailes de moucherons ;
D'autres pendent, comme à des iles
A des feuilles, errants asiles ;
Heureux, dans leur adversité,
Si, perçant les flots de sa cime,
Une paille au bord de l'abîme
Retient leur flottante cité !

Les courants ont lavé le sable ;
Au soleil montent les vapeurs,
Et l'horizon insaisissable
Tremble et fuit sous leurs plis trompeurs.
On voit seulement sous leurs voiles,
Comme d'incertaines étoiles,
Des points lumineux scintiller,
Et les monts, de la brume enfuie,
Sortir, et, ruisselants de pluie,
Les toits d'ardoise étinceler.

Viens errer dans la plaine humide,
A cette heure nous serons seuls.
Mets sur mon bras ton bras timide,

Viens, nous prendrons par les tilleuls.
Le soleil rougissant décline :
Avant de quitter la colline,
Tourne un moment tes yeux pour voir
Avec ses palais, ses chaumières,
Rayonnants des mêmes lumières,
La ville d'or sur le ciel noir.

Oh! vois voltiger les fumées
Sur les toits de brouillards baignés !
Là sont des épouses aimées,
Là des cœurs doux et résignés.
La vie, hélas! dont on s'ennuie,
C'est le soleil après la pluie. —
Le voilà qui baisse toujours!
De la ville, que ses feux noient,
Toutes les fenêtres flamboient
Comme des yeux au front des tours.

L'arc-en-ciel! l'arc-en-ciel! Regarde. —
Comme il s'arrondit pur dans l'air !
Quel trésor le Dieu bon nous garde
Après le tonnerre et l'éclair!
Que de fois, sphères éternelles,
Mon âme a demandé ses ailes,
Implorant quelque Ithuriel,
Hélas! pour savoir à quel monde
Mène cette courbe profonde
Arche immense d'un pont

Juin 1828.

RÊVES

En la amena soledad
de aquesta apacible estancia,
bellísimo laberinto
de árboles, flores, y plantas.
Podeis dexarme, de xando
conmigo, que ellos me bastan
por compañía, los libros
que os mande sacar de casa;
que yo, en tanto que Antioquía
célebra con fiestas tantas
la fábrica de este templo,
que oy á Jupiter consagra,

. . . .
huyendo del gran bullicio,
que hay en sus calles, y plazas,
passar estudiando quiero
la edad que al dia le falta.

CALDERON, *el Mágico prodigioso*.

ODE VINGT-CINQUIÈME

1

Amis, loin de la ville,
Loin des palais de roi,
Loin de la cour servile,
Loin de la foule vile,
Trouvez-moi, trouvez-moi,

Aux champs où l'âme oisive
Se recueille en rêvant,

Sur une obscure rive
Où du monde n'arrive
Ni le flot ni le vent,

Quelque asile sauvage,
Quelque abri d'autrefois,
Un port sur le rivage,
Un nid sous le feuillage,
Un manoir dans les bois !

Trouvez-le-moi bien sombre,
Bien calme, bien dormant,
Couvert d'arbres sans nombre,
Dans le silence et l'ombre
Caché profondément !

Que là, sur toute chose,
Fidèle à ceux qui m'ont,
Mon vers plane, et se pose
Tantôt sur une rose,
Tantôt sur un grand mont.

Qu'il puisse avec audace,
De tout nœud détaché,
D'un vol que rien ne lasse,
S'égarer dans l'espace
Comme un oiseau lâché.

II

Qu'un songe au ciel m'enlève,
Que, plein d'ombre et d'amour,
Jamais il ne s'achève,

Et que la nuit je rêve
A mon rêve du jour !

Aussi blanc que la voile
Qu'à l'horizon je voi,
Qu'il recèle une étoile
Et qu'il soit comme un voile
Entre la vie et moi !

Que la muse qui plonge
En ma nuit pour briller
Le dore et le prolonge,
Et de l'éternel songe
Craigne de m'éveiller !

Que toutes mes pensées
Viennent s'y déployer,
Et s'asseoir, empressées,
Se tenant embrassées,
En cercle à mon foyer.

Qu'à mon rêve enchaînées,
Toutes, l'œil triomphant,
Les bercent, inclinées,
Comme des sœurs aînées
Bercent leur frère enfant !

III

On croit sur la falaise,
On croit dans les forêts,
Tant on respire à l'aise,
Et tant rien ne nous pèse,
Voir le ciel de plus près !

Là tout est comme un rêve;
Chaque voix a des mots;
Tout parle, un chant s'élève
De l'onde sur la grève,
De l'air dans les rameaux.

C'est une voix profonde,
Un chœur universel,
C'est le globe qui gronde,
C'est le roulis du monde
Sur l'océan du ciel.

C'est l'écho magnifique
Des voix de Jéhovah,
C'est l'hymne séraphique
Du monde pacifique
Où va ce qui s'en va;

Où, sourde aux cris de femmes,
Aux plaintes, aux sanglots,
L'âme se mêle aux âmes,
Comme la flamme aux flammes
Comme le flot aux flots!

IV

Ce bruit vaste, à toute heure,
On l'entend au désert.
Paris, folle demeure,
Pour cette voix qui pleure
Nous donne un vain concert.

ODE VINGT-CINQUIÈME.

Oh! la Bretagne antique!
Quelque roc écumant!
Dans la forêt celtique
Quelque donjon gothique!
Pourvu que seulement

La tour hospitalière
Où je pendrai mon nid
Ait, vieille chevalière,
Un panache de lierre
Sur son front de granit!

Pourvu que, blasonnée
D'un écusson altier,
La haute cheminée,
Béante, illuminée,
Dévore un chêne entier!

Que, l'été, la charmille
Me dérobe un ciel bleu;
Que, l'hiver, ma famille,
Dans l'âtre assise, brille
Toute rouge au grand feu!

Dans les bois, mes royaumes,
Si le soir l'air bruit,
Qu'il semble, à voir leurs dômes,
Des têtes de fantômes
Se heurtant dans la nuit!

Que des vierges, abeilles
Dont les cieux sont remplis,
Viennent sur moi, vermeilles,

Secouer dans mes veilles
Leur robe à mille plis !

Qu'avec des voix plaintives
Les ombres des héros
Repassent fugitives,
Blanches sous mes ogives,
Sombres sous mes vitraux !

v

Si ma muse envolée
Porte son nid si cher
Et sa famille ailée
Dans la salle écroulée
D'un vieux baron de fer ;

C'est que j'aime ces âges
Plus beaux, sinon meilleurs,
Que nos siècles plus sages,
A leurs débris sauvages
Je m'attache, et d'ailleurs

L'hirondelle enlevée
Par son vol sur la tour,
Parfois, des vents sauvée,
Choisit pour sa couvée
Un vieux nid de vautour.

Sa famille humble et douce,
Souvent, en se jouant,
Du bec remue et pousse,
Tout brisé sur la mousse,
L'œuf de l'oiseau géant.

Dans les armes antiques
Mes vers ainsi joûront,
Et, remuant des piques,
Riront, nains fantastiques,
De grands casques au front !

VI

Ainsi noués en gerbe
Reverdiront mes jours
Dans le donjon superbe,
Comme une touffe d'herbe
Dans les brèches des tours.

Mais, donjon ou chaumière,
Du monde délié,
Je vivrai de lumière,
D'extase et de prière,
Oubliant, oublié.

Juin 1828.

BALLADES

> Renouvelons aussi
> Toute vieille pensée.
> JOACHIM DU BELLAY.

1825-1828

UNE FÉE

> . . . . . La reine Mab m'a visité. C'est elle
> Qui fait dans le sommeil veiller l'âme immortelle.
> EMILE DESCHAMPS, *Roméo et Juliette.*

BALLADE PREMIÈRE

Que ce soit Urgèle ou Morgane,
J'aime, en un rêve sans effroi,
Qu'une fée au corps diaphane,
Ainsi qu'une fleur qui se fane,
Vienne pencher son front sur moi.

C'est elle dont le luth d'ivoire
Me redit, sur un mâle accord,

Vos contes, qu'on n'oserait croire,
Bons paladins, si votre histoire
N'était plus merveilleuse encor.

C'est elle, aux choses qu'on révère,
Qui m'ordonne de m'allier,
Et qui veut que ma main sévère
Joigne la harpe du trouvère
Au gantelet du chevalier.

Dans le désert qui me réclame,
Cachée en tout ce que je vois,
C'est elle qui fait pour mon âme
De chaque rayon une flamme
Et de chaque bruit une voix ;

Elle — qui, dans l'onde agitée,
Murmure en sortant du rocher ;
Et, de me plaire tourmentée,
Suspend la cigogne argentée
Au faîte aigu du noir clocher ;

Quand l'hiver mon foyer pétille,
C'est elle qui vient s'y tapir,
Et me montre, au ciel qui scintille,
L'étoile qui s'éteint et brille
Comme un œil prêt à s'assoupir ;

Qui, lorsqu'en des manoirs sauvages
J'erre, cherchant nos vieux berceaux,
M'environnant de mille images,
Comme un bruit du torrent des âges,
Fait mugir l'air sous les arceaux ;

Elle — qui, la nuit, quand je veille,
M'apporte de confus abois,
Et, pour endormir mon oreille,
Dans le calme du soir, éveille
Un cor lointain au fond des bois!

Que ce soit Urgèle ou Morgane,
J'aime, en un rêve sans effroi,
Qu'une fée au corps diaphane,
Ainsi qu'une fleur qui se fane,
Vienne pencher son front sur moi!

1824.

LE SYLPHE

> Le vent, le froid et l'orage
> Contre l'enfant faisaient rage.
> — Ouvrez, dit-il, je suis nu !
>
> La Fontaine, *Imitation d'Anacréon*.

BALLADE DEUXIÈME

« Toi qu'en ces murs, pareille aux rêveuses sylphides,
« Ce vitrage éclairé montre à mes yeux avides,
« Jeune fille, ouvre-moi ! Voici la nuit, j'ai peur !
« La nuit, qui, peuplant l'air de figures livides,
« Donne aux âmes des morts des robes de vapeur !

« Vierge, je ne suis point de ces pèlerins sages
« Qui font de longs récits après de longs voyages ;
« Ni de ces paladins, qu'aime et craint la beauté,
« Dont le cor, éveillant les varlets et les pages,
« Porte un appel de guerre à l'hospitalité.

« Je n'ai ni lourd bâton, ni lance redoutée,
« Point de longs cheveux noirs, point de barbe argentée,
« Ni d'humble chapelet, ni de glaive vainqueur.
« Mon souffle, dont une herbe est à peine agitée,
« N'arrache au cor des preux qu'un murmure moqueur.

« Je suis l'enfant de l'air, un sylphe, moins qu'un rêve,
« Fils du printemps qui naît, du matin qui se lève,
« L'hôte du clair foyer, durant les nuits d'hiver,

BALLADE DEUXIÈME.

« L'esprit que la lumière à la rosée enlève,
« Diaphane habitant de l'invisible éther.

« Ce soir un couple heureux, d'une voix solennelle,
« Parlait tout bas d'amour et de flamme éternelle,
« J'entendais tout ; près d'eux je m'étais arrêté :
« Ils ont dans un baiser pris le bout de mon aile,
« Et la nuit est venue avant ma liberté.

« Hélas ! il est trop tard pour rentrer dans ma rose !
« Châtelaine, ouvre-moi, car ma demeure est close.
« Recueille un fils du jour égaré dans la nuit ;
« Permets, jusqu'à demain, qu'en ton lit je repose ;
« Je tiendrai peu de place et ferai peu de bruit.

« Mes frères ont suivi la lumière éclipsée,
« Ou les larmes du soir dont l'herbe est arrosée ;
« Les lis leur ont ouvert leur calice de miel ;
« Où fuir ?... Je ne vois plus de goutte de rosée,
« Plus de fleurs dans les champs, plus de rayons au ciel !

« Damoiselle, entends-moi, de peur que la nuit sombre,
« Comme en un grand filet, ne me prenne en son ombre
« Parmi les spectres blancs et les fantômes noirs,
« Les démons dont l'enfer même ignore le nombre,
« Les hiboux du sépulcre et l'autour des manoirs !

« Voici l'heure où les morts dansent d'un pied débile.
« La lune au pâle front les regarde, immobile ;
« Et le hideux vampire, ô comble de frayeur !
« Soulevant d'un bras fort une pierre inutile,
« Traîne en sa tombe ouverte un tremblant fossoyeur.

« Bientôt, nains monstrueux, noirs de poudre et de cendre,
« Dans leur gouffre sans fond les gnomes vont descendre.

« Le follet fantastique erre sur les roseaux.
« Au frais ondin s'unit l'ardente salamandre,
« Et de bleuâtres feux se croisent sur les eaux.

« Oh!... si pour amuser son ennui taciturne,
« Un mort, parmi ses os, m'enfermait dans son urne!
« Si quelque nécromant, riant de mon effroi,
« Dans la tour, d'où minuit lève sa voix nocturne,
« Liait mon vol paisible au sinistre beffroi!

« Que ta fenêtre s'ouvre!... Ah! si tu me repousses,
« Il me faudra chercher quelque vieux nid de mousses,
« A des lézards troublés livrer de grands combats...
« Ouvre! mes yeux sont purs, mes paroles sont douces
« Comme ce qu'à sa belle un amant dit tout bas.

« Et je suis si joli! Si tu voyais mes ailes
« Trembler aux feux du jour, transparentes et frêles...
« J'ai la blancheur des lis, où, le soir nous fuyons,
« Et les roses, nos sœurs, se disputent entre elles
« Mon souffle de parfums et mon corps de rayons.

« Je veux qu'un rêve heureux te révèle ma gloire.
« Près de moi (ma sylphide en garde la mémoire),
« Les papillons sont lourds, les colibris sont laids,
« Quand, roi vêtu d'azur, et de nacre, et de moire,
« Je vais de fleurs en fleurs visiter mes palais.

« J'ai froid : l'ombre me glace, et vainement je pleure.
« Si je pouvais t'offrir, pour m'ouvrir ta demeure,
« Ma goutte de rosée ou mes corolles d'or!
« Mais non : je n'ai plus rien, il faudra que je meure.
« Chaque soleil me donne et me prend mon trésor.

« Que veux-tu qu'en dormant je t'apporte en échange?
« L'écharpe d'une fée ou le voile d'un ange?
« J'embellirai ta nuit des prestiges du jour !
« Ton sommeil passera, sans que ton bonheur change,
« Des beaux songes du ciel aux doux rêves d'amour.

« Mais mon haleine en vain ternit la vitre humide!
« O vierge! crois-tu donc que, dans la nuit perfide,
« La voix du sylphe errant cache un amant trompeur?
« Ne me crains pas, c'est moi qui suis faible et timide,
« Et si j'avais une ombre, hélas! j'en aurais peur. »

Il pleurait. — Tout à coup devant la tour antique,
S'éleva, murmurant comme un appel mystique,
Une voix... ce n'était sans doute qu'un esprit!
Bientôt parut la dame à son balcon gothique:
On ne sait si ce fut au sylphe qu'elle ouvrit

1823.

LA GRAND'MÈRE

To die, — to sleep.
SHAKSPEARE.

BALLADE TROISIÈME

« Dors-tu?... Réveille-toi, mère de notre mère!
« D'ordinaire en dormant ta bouche remuait;
« Car ton sommeil souvent ressemble à ta prière.
« Mais, ce soir, on dirait la madone de pierre;
« Ta lèvre est immobile et ton souffle est muet.

« Pourquoi courber ton front plus bas que de coutume?
« Quel mal avons-nous fait pour ne plus nous chérir?
« Vois, la lampe pâlit, l'âtre scintille et fume;
« Si tu ne parles pas, le feu qui se consume,
« Et la lampe, et nous deux, nous allons tous mourir!

« Tu nous trouveras morts près de la lampe éteinte;
« Alors, que diras-tu quand tu t'éveilleras?
« Tes enfants à leur tour seront sourds à ta plainte.
« Pour nous rendre la vie, en invoquant ta sainte,
« Il faudra bien longtemps nous serrer dans tes bras!

« Donne-nous donc tes mains dans nos mains réchauffées.
« Chante-nous quelque chant de pauvre troubadour.
« Dis-nous ces chevaliers qui, servis par les fées,
« Pour bouquets à leur dame apportaient des trophées,
« Et dont le cri de guerre était un nom d'amour.

« Dis-nous quel divin signe est funeste aux fantômes;
« Quel ermite dans l'air vit Lucifer volant;
« Quel rubis étincelle au front du roi des gnomes;
« Et si le noir démon craint plus, dans ses royaumes,
« Les psaumes de Turpin que le fer de Roland.

« Ou montre-nous ta Bible et les belles images,
« Le ciel d'or, les saints bleus, les saintes à genoux,
« L'Enfant Jésus, la crèche, et le bœuf, et les mages;
« Fais-nous lire du doigt, dans le milieu des pages,
« Un peu de ce latin qui parle à Dieu de nous.

« Mère!... — Hélas! par degrés s'affaisse la lumière,
« L'ombre joyeuse danse autour du noir foyer,
« Les esprits vont peut-être entrer dans la chaumière...
« Oh! sors de ton sommeil, interromps ta prière;
« Toi qui nous rassurais, veux-tu nous effrayer?

« Dieu! que tes bras sont froids! rouvre les yeux... Naguère
« Tu nous parlais d'un monde où nous mènent nos pas,
« Et de ciel, et de tombe, et de vie éphémère;
« Tu parlais de la mort... Dis-nous, ô notre mère!
« Qu'est-ce donc que la mort? — Tu ne nous réponds pas! »

Leur gémissante voix longtemps se plaignit seule.
La jeune aube parut sans réveiller l'aïeule.
La cloche frappa l'air de ses funèbres coups;
Et, le soir, un passant, par la porte entr'ouverte,
Vit, devant le saint livre et la couche déserte,
Les deux petits enfants qui priaient à genoux.

1823.

A TRILBY

LE LUTIN D'ARGAIL

> A vous, ombre légère,
> Qui d'aile passagère
> Par le monde volez,
> Et d'un sifflant murmure
> L'ombrageuse verdure
> Doucement esbranlez;
>
> J'offre ces violettes,
> Ces lys et ces fleurettes,
> Et ces roses ici,
> Ces vermeillettes roses,
> Tout fraischement escloses,
> Et ces œillets aussi!
>
> *Vieille chanson.*

BALLADE QUATRIÈME

C'est toi, lutin! — Qui t'amène?
Sur ce rayon du couchant
Es-tu venu? ton haleine
Me caresse en me touchant!
A mes yeux tu te révèles;
Tu m'inondes d'étincelles!
Et tes frémissantes ailes
Ont un bruit doux comme un chant.

Ta voix, de soupirs mêlée,
M'apporte un accent connu.
Dans ma cellule isolée,
Beau Trilby, sois bienvenu!

Ma demeure hospitalière
N'a pas d'humble batelière
Dont ta bouche familière
Baise le sein demi-nu !

Viens-tu dans l'âtre perfide,
Chercher mon follet qui fuit,
Et ma fée et ma sylphide,
Qui me visitent sans bruit,
Et m'apportent, empressées,
Sur leurs ailes nuancées,
Le jour de douces pensées,
Et de doux rêves la nuit ?

Viens-tu pas voir mes ondines
Ceintes d'algue et de glaïeul ?
Mes nains, dont les voix badines
N'osent parler qu'à moi seul ?
Viens-tu réveiller mes gnomes,
Poursuivre en l'air les atomes,
Et lutiner mes fantômes
En jouant dans leur linceul ?

Hélas ! fuis ! — Ces lieux que j'aime
N'ont plus ces hôtes chéris !
Des cruels à l'anathéme
Ont livré tous mes esprits !
Mon ondine est étouffée ;
Et comme un double trophée,
Leurs mains ont cloué ma fée
Près de ma chauve-souris !

Mes spectres, mes nains si frêles,
Quand leur courroux gronde encor,

N'osent plus sur les tourelles
S'appeler au son du cor;
Ma cour magique, en alarmes,
A fui leurs pesantes armes;
Ils ont de mon sylphe en larmes
Arraché les ailes d'or;

Toi-même, crains leur tonnerre,
Crains un combat inégal,
Plus que la voix centenaire
Qui jadis vengea Dougal,
Dont la cabane fumeuse
Voit, durant la nuit brumeuse,
Sur une roche écumeuse,
S'asseoir l'ombre de Fingal!

Celui qui de ta montagne
T'a rapporté dans nos champs,
Eut comme toi pour compagne
L'Espérance aux vœux touchants.
Longtemps la France, sa mère,
Vit fuir sa jeunesse amère
Dans l'exil, où, comme Homère,
Il n'emportait que ses chants!

A la fois triste et sublime,
Grave en son vol gracieux,
Le poëte aime l'abime
Où fuit l'aigle audacieux,
Le parfum des fleurs mourantes,
L'or des comètes errantes,
Et les cloches murmurantes
Qui se plaignent dans les cieux!

Il aime un désert sauvage
Où rien ne borne ses pas;

Son cœur, pour fuir l'esclavage,
Vit plus loin que le trépas.
Quand l'opprimé le réclame,
Des peuples il devient l'âme;
Il est pour eux une flamme
Que le tyran n'éteint pas.

Tel est Nodier, le poëte !
Va, dis à ce noble ami
Que ma tendresse inquiète
De tes périls a frémi ;
Dis-lui bien qu'il te surveille,
De tes jeux charme sa veille, .
Enfant ! Et lorsqu'il sommeille,
Dors sur son front endormi !

N'erre pas à l'aventure !
Car on en veut aux Trilbys,
Crains les mots et la torture
Que mon doux sylphe a subis.
S'ils te prenaient, quelle gloire !
Ils souilleraient d'encre noire,
Hélas ! ton manteau de moire,
Ton aigrette de rubis !

Ou, pour danser avec faune,
Contraignant tes pas tremblants,
Leurs satyres au pied jaune,
Leurs vieux sylvains pétulants,
Joindraient tes mains enchainées
Aux vieilles mains décharnées
De leurs naïades fanées
Mortes depuis deux mille ans !

 Avril 1825.

LE GÉANT

> Les nuées du ciel elles-mêmes craignent que je ne vienne chercher mes ennemis dans leur sein.
> **Montenabri.**

BALLADE CINQUIÈME

O guerriers ! je suis né dans le pays des Gaules.
Mes aïeux franchissaient le Rhin comme un ruisseau,
Ma mère me baigna dans la neige des pôles
Tout enfant, et mon père, aux robustes épaules,
De trois grandes peaux d'ours décora mon berceau.

Car mon père était fort ! L'âge à présent l'enchaîne.
De son front tout ridé tombent ses cheveux blancs.
Il est faible ; il est vieux. Sa fin est si prochaine,
Qu'à peine il peut encor déraciner un chêne
    Pour soutenir ses pas tremblants !

C'est moi qui le remplace ! et j'ai sa javeline,
Ses bœufs, son arc de fer, ses haches, ses colliers ;
Moi ! qui peux, succédant au vieillard qui décline,
Les pieds dans le vallon, m'asseoir sur la colline,
Et de mon souffle au loin courber les peupliers !

A peine adolescent, sur les Alpes sauvages,
De rochers en rochers je m'ouvrais des chemins ;
Ma tête ainsi qu'un mont arrêtait les nuages ;

BALLADE CINQUIÈME.

Et souvent dans les cieux épiant leurs passages,
　J'ai pris des aigles dans mes mains !

Je combattais l'orage, et ma bruyante haleine
Dans leur vol anguleux éteignait les éclairs ;
Ou, joyeux, devant moi chassant quelque baleine,
L'Océan à mes pas ouvrait sa vaste plaine,
Et mieux que l'ouragan mes jeux troublaient les mers.

J'errais, je poursuivais d'une atteinte trop sûre,
Le requin dans les flots, dans les airs l'épervier ;
L'ours, étreint dans mes bras, expirait sans blessure,
Et j'ai souvent, l'hiver, brisé dans leur morsure
　Les dents blanches du loup-cervier !

Ces plaisirs enfantins pour moi n'ont plus de charmes.
J'aime aujourd'hui la guerre et son mâle appareil,
Les malédictions des familles en larmes,
Les camps, et le soldat, bondissant dans ses armes,
Qui vient du cri d'alarme égayer mon réveil !

Dans la poudre et le sang, quand l'ardente mêlée
Broie et roule une armée en bruyants tourbillons,
Je me lève, je suis sa course échevelée,
Et, comme un cormoran fond sur l'onde troublée,
　Je plonge dans les bataillons !

Ainsi qu'un moissonneur parmi des gerbes mûres,
Dans les rangs écrasés, seul debout, j'apparais.
Leurs clameurs dans ma voix se perdent en murmures ;
Et mon poing désarmé martelle les armures
Mieux qu'un chêne noueux choisi dans les forêts.

Je marche toujours nu. Ma valeur souveraine
Rit des soldats de fer dont vos camps sont peuplés.

Je n'emporte au combat que ma pique de frêne,
Et ce casque léger que traîneraient sans peine
    Dix taureaux au joug accouplés.

Sans assiéger les forts d'échelles inutiles,
Des chaînes de leurs ponts je brise les anneaux.
Mieux qu'un bélier d'airain je bats leurs murs fragiles.
Je lutte corps à corps avec les tours des villes.
Pour combler les fossés j'arrache les créneaux.

Oh! quand mon tour viendra de suivre mes victimes,
Guerriers! ne laissez pas ma dépouille au corbeau;
Ensevelissez-moi parmi des monts sublimes,
Afin que l'étranger cherche en voyant leurs cimes
    Quelle montagne est mon tombeau!

    Mars 1825.

A MONSIEUR J.-F.

LA FIANCÉE DU TIMBALIER

Douce est la mort qui vient en bien aimant!
DESPORTES, *Sonnet.*

BALLADE SIXIÈME

« Monseigneur le duc de Bretagne
« A, pour les combats meurtriers,
« Convoqué de Nante à Mortagne,
« Dans la plaine et sur la montagne,
« L'arrière-ban de ses guerriers.

« Ce sont des barons dont les armes
« Ornent des forts ceints d'un fossé;
« Des preux vieillis dans les alarmes;
« Des écuyers, des hommes d'armes;
« L'un d'entre eux est mon fiancé.

« Il est parti pour l'Aquitaine
« Comme timbalier, et pourtant
« On le prend pour un capitaine,
« Rien qu'à voir sa mine hautaine
« Et son pourpoint, d'or éclatant!

« Depuis ce jour l'effroi m'agite.
« J'ai dit, joignant son sort au mien .
« Ma patronne, sainte Brigitte,
« Pour que jamais il ne le quitte,
« Surveillez son ange gardien !

« J'ai dit à notre abbé : Messire,
« Priez bien pour tous nos soldats!
« Et comme on sait qu'il le désire,
« J'ai brûlé trois cierges de cire
« Sur la châsse de saint Gildas.

« A Notre-Dame de Lorette
« J'ai promis, dans mon noir chagrin,
« D'attacher sur ma gorgerette,
« Fermée à la vue indiscrète,
« Les coquilles du pèlerin.

« Il n'a pu, par d'amoureux gages,
« Absent, consoler mes foyers ;
« Pour porter les tendres messages
« La vassale n'a point de pages,
« Le vassal n'a pas d'écuyers.

« Il doit aujourd'hui de la guerre
« Revenir avec monseigneur ;
« Ce n'est plus un amant vulgaire ;
« Je lève un front baissé naguère,
« Et mon orgueil est du bonheur !

« Le duc triomphant nous rapporte
« Son drapeau dans les camps froissé,
« Venez tous sous la vieille porte

« Voir passer la brillante escorte,
« Et le prince et mon fiancé!

« Venez voir pour ce jour de fête
« Son cheval caparaçonné,
« Qui sous son poids hennit, s'arrête,
« Et marche en secouant la tête,
« De plumes rouges couronné!

« Mes sœurs, à vous parer si lentes,
« Venez voir près de mon vainqueur
« Ces timbales étincelantes
« Qui, sous sa main toujours tremblantes,
« Sonnent et font bondir le cœur!

« Venez surtout le voir lui-même
« Sous le manteau que j'ai brodé.
« Qu'il sera beau! c'est lui que j'aime!
« Il porte comme un diadême
« Son casque de crins inondé!

« L'égyptienne sacrilége,
« M'attirant derrière un pilier,
« M'a dit hier (Dieu nous protége!)
« Qu'à la fanfare du cortége
« Il manquerait un timbalier.

« Mais j'ai tant prié que j'espère!
« Quoique, me montrant de la main
« Un sépulcre, son noir repaire,
« La vieille aux regards de vipère
« M'ait dit : Je t'attends là demain!

« Volons! plus de noires pensées! —
« Ce sont les tambours que j'entends.

« Voici les dames entassées,
« Les tentes de pourpre dressées,
« Les fleurs et les drapeaux flottants !

« Sur deux rangs le cortége ondoie :
« D'abord les piquiers aux pas lourds ;
« Puis, sous l'étendard qu'on déploie,
« Les barons, en robes de soie,
« Avec leurs mortiers de velours.

« Voici les chasubles des prêtres ;
« Les hérauts sur un blanc coursier.
« Tous, en souvenir des ancêtres,
« Portent l'écusson de leurs maîtres,
« Peint sur leur corselet d'acier.

« Admirez l'armure persane
« Des templiers, craints de l'enfer ;
« Et, sous la longue pertuisane,
« Les archers venus de Lausanne,
« Vêtus de buffle, armés de fer.

« Le duc n'est pas loin : ses bannières
« Flottent parmi les chevaliers ;
« Quelques enseignes prisonnières,
« Honteuses, passent les dernières.. —
« Mes sœurs, voici les timbaliers !... »

Elle dit, et sa vue errante
Plonge, hélas ! dans les rangs pressés ;
Puis, dans la foule indifférente,
Elle tomba, froide et mourante...
— Les timbaliers étaient passés.

Octobre 1825.

LA MÊLÉE

*Les armées s'ébranlent, le choc est terrible,
les combattants sont terribles, les blessures sont terribles,
la mêlée est terrible.*
GONZALO BERCEO, *la Bataille de Simancas*.

BALLADE SEPTIÈME

Pâtre! change de route. — Au pied de ces collines
Vois onduler deux rangs d'épaisses javelines;
Vois ces deux bataillons l'un vers l'autre marchant :
Au signal de leurs chefs, que divise la haine,
Ils se sont pour combattre arrêtés dans la plaine.
Ecoute ces clameurs... tu frémis : c'est leur chant!

« Accourez tous, oiseaux de proie,
« Aigles, hiboux, vautours, corbeaux!
« Volez, volez tous pleins de joie
« A ces champs comme à des tombeaux!
« Que l'ennemi sous notre glaive
« Tombe avec le jour qui s'achève!
« Les psaumes du soir sont finis.
« Le prêtre qui suit leurs bannières
« Leur a dit leurs vêpres dernières,
« Et le nôtre nous a bénis! »

Halbert, baron normand, Ronan, prince de Galles,
Vont mesurer ici leurs forces presque égales :

Les Normands sont adroits; les Gallois sont ardents.
Ceux-là viennent chargés d'une armure sonore,
Ceux-ci font, pour couvrir leur front sauvage encore,
De la gueule des loups un casque armé de dents!

   « Que nous fait la plainte des veuves,
   « Et de l'orphelin gémissant?
   « Demain nous laverons aux fleuves
   « Nos bras teints de fange et de sang.
   « Serrons nos rangs, brûlons nos tentes!
   « Que nos trompettes éclatantes
   « Glacent l'ennemi méprisé!
   « En vain leurs essaims se déroulent;
   « Pour eux chaque sillon qu'ils foulent
   « Est un sépulcre tout creusé! »

Le signal est donné. — Parmi des flots de poudre,
Leurs pas courts et pressés roulent comme la foudre.
Comme deux chevaux noirs qui dévorent le frein,
Comme deux grands taureaux luttant dans les vallées,
Les deux masses de fer, à grand bruit ébranlées,
Brisent d'un même choc leur double front d'airain.

   « Allons, guerriers! la charge sonne!
   « Courez, frappez, c'est le moment!
   « Au son de la trompe saxonne,
   « Aux accords du clairon normand!
   « Dagues, hallebardes, épées,
   « Pertuisanes de sang trempées,
   « Haches, poignards à deux tranchants,
   « Parmi les cuirasses froissées
   « Mêlez vos pointes hérissées,
   « Comme la ronce dans les champs! »

Où donc est le soleil?— Il luit dans la fumée,
Comme un bouclier rouge en la forge enflammée.
Dans des vapeurs de sang on voit briller le fer;
La vallée au loin semble une fournaise ardente;
On dirait qu'au milieu de la plaine grondante
S'est ouverte soudain la bouche de l'enfer.

   « Le jeu des héros se prolonge,
   « Les rangs s'enfoncent dans les rangs,
   « Le pied des combattants se plonge
   « Dans la blessure des mourants.
   « Avançons! avançons! courage!
   « Le fantassin mord avec rage
   « Le poitrail de fer du coursier;
   « Les chevaux blanchissants frissonnent;
   « Et les masses d'armes résonnent
   « Sur leurs caparaçons d'acier! »

Noir chaos de coursiers, d'hommes, d'armes heurtées!
Les Gallois, tout couverts de peaux ensanglantées,
Se roulent sur le dard des écus meurtriers;
A mourir sur leurs morts, obstinés et fidèles,
Ils semblent assiéger comme des citadelles
Les cavaliers normands sur leurs grands destriers.

   « Que ceux qui brisent leur épée
   « Luttent des ongles et des dents,
   « S'ils veulent fuir la faim trompée
   « Des loups autour de nous rôdants!
   « Point de prisonniers! point d'esclaves!
   « S'il faut mourir, mourons en braves
   « Sur nos compagnons immolés.
   « Que demain le jour, s'il se lève,

« Voie encor des tronçons de glaive
« Etreints par nos bras mutilés!... »

Viens, berger : la nuit tombe, et plus de sang ruisselle;
De coups plus furieux chaque armure étincelle;
Les chevaux éperdus se dérobent au mors.
Viens, laissons achever cette lutte brûlante.
Ces hommes acharnés à leur tâche sanglante
Se reposeront tous demain, vainqueurs ou morts!

Septembre 1825.

A MONSIEUR LOUIS BOULANGER.

LES DEUX ARCHERS

Dames, oyez un conte lamentable.
BAÏF.

BALLADE HUITIÈME

C'était l'instant funèbre où la nuit est si sombre,
Qu'on tremble à chaque pas de réveiller dans l'ombre
Un démon, ivre encor du banquet des sabbats;
Le moment où, liant à peine sa prière,
Le voyageur se hâte à travers la clairière;
    C'était l'heure où l'on parle bas!

Deux francs-archers passaient au fond de la vallée,
Là-bas! où vous voyez une tour isolée,
Qui, lorsqu'en Palestine allaient mourir nos rois,
Fut bâtie en trois nuits, au dire de nos pères,
Par un ermite saint qui remuait les pierres
    Avec le signe de la croix.

Tous deux, sans craindre l'heure, en ce lieu taciturne,
Allumèrent un feu pour leur repas nocturne;
Puis ils vinrent s'asseoir, en déposant leur cor,
Sur un saint de granit dont l'image grossière,

Les mains jointes, le front couché dans la poussière,
  Avait l'air de prier encor.

Cependant sur la tour, les monts, les bois antiques,
L'ardent foyer jetait des clartés fantastiques;
Les hiboux s'effrayaient au fond des vieux manoirs;
Et les chauves-souris, que tout sabbat réclame,
Volaient, et par moment épouvantaient la flamme
  De leur grande aile aux ongles noirs !

Le plus vieux des archers alors dit au plus jeune :
« Portes-tu le cilice ? — Observes-tu le jeûne ? »
Reprit l'autre; et leur rire accompagna leur voix.
D'autres rires de loin tout à coup s'entendirent.
Le val était désert, l'ombre épaisse; ils se dirent :
  « C'est l'écho qui rit dans les bois. »

Soudain à leurs regards une lueur rampante
En bleuâtres sillons sur la hauteur serpente;
Les deux blasphémateurs, hélas ! sans s'effrayer,
Jetèrent au brasier d'autres branches de chênes,
Disant : « C'est au miroir des cascades prochaines,
  « Le reflet de notre foyer. »

Or cet écho (d'effroi qu'ici chacun s'incline !)
C'était Satan, riant tout haut sur la colline !
Ce reflet émané du corps de Lucifer,
C'était le pâle jour qu'il traine en nos ténèbres,
Le rayon sulfureux qu'en des songes funèbres
  Il nous apporte de l'enfer !

Aux profanes éclats de leur coupable joie,
Il était accouru comme un loup vers sa proie;
Sur les archers dans l'ombre erraient ses yeux ardents.

— « Riez et blasphémez dans vos heures oisives.
« Moi, je ferai passer vos bouches convulsives
  « Du rire au grincement de dents ! »

———

A l'aube du matin, un peu de cendre éteinte
D'un pied large et fourchu portait l'étrange empreinte.
Le val fut tout le jour désert, silencieux.
Mais, au lieu du foyer, à minuit même, un pâtre
Vit soudain apparaître une flamme bleuâtre
  Qui ne montait pas vers les cieux !

Dès qu'au sol attachée elle rampa, livide,
De longs rires soudain éclatant dans le vide
Glacèrent le berger d'un grand effroi saisi ;
Il ne vit point Satan et ceux de l'autre monde,
Il ne put concevoir, dans sa terreur profonde,
  Ce qu'ils souffraient pour rire ainsi !

Dès lors, toutes les nuits, aux monts, aux bois antiques,
L'ardent foyer jeta des clartés fantastiques ;
Des rires effrayaient les hiboux des manoirs ;
Et les chauves-souris, que tout sabbat réclame,
Volaient, et par moments épouvantaient la flamme
  De leur grande aile aux ongles noirs.

Rien, avant le rayon de l'aube matinale,
Enfants ! rien n'éteignait cette flamme infernale.
Si l'orage, à grands flots tombant, grondait dans l'air,
Les rires éclataient aussi haut que la foudre,
La flamme en tournoyant s'élançait de la poudre,
  Comme pour s'unir à l'éclair !

Mais enfin, une nuit, vêtu du scapulaire,
Se leva du vieux saint le marbre séculaire;
Il fit trois pas, armé de son rameau bénit;
De l'effrayant prodige effrayant exorciste,
De ses lèvres de pierre il dit : « Que Dieu m'assiste ! »
    En ouvrant ses bras de granit !

Alors tout s'éteignit, flammes, rires, phosphore,
Tout! et le lendemain on trouva dès l'aurore
Les deux gens d'armes morts sur la statue assis;
On les ensevelit; et, suivant sa promesse,
Le seigneur du hameau, pour fonder une messe,
    Légua trois deniers parisis.

Si quelque enseignement se cache en cette histoire,
Qu'importe! il ne faut pas la juger, mais la croire.
La croire! Qu'ai-je dit? ces temps sont loin de nous!
Ce n'est plus qu'à demi qu'on se livre aux croyances.
Nul, dans notre âge aveugle et vain de ses sciences,
    Ne sait plier les deux genoux!

    Juillet 1825.

ÉCOUTE-MOI,

MADELEINE!

Pource aimez-moy, cependant qu'estes bellé.
RONSARD.

BALLADE NEUVIÈME

Ecoute-moi, Madeleine!
L'hiver a quitté la plaine
Qu'hier il glaçait encor.
Viens dans ces bois d'où ma suite
Se retire, au loin conduite
Par les sons errants du cor!

Viens! on dirait, Madeleine,
Que le printemps, dont l'haleine
Donne aux rosés leurs couleurs,
A, cette nuit, pour te plaire,
Secoué sur la bruyère
Sa robe pleine de fleurs!

Si j'étais, ô Madeleine,
L'agneau dont la blanche laine
Se démêle sous tes doigts!...
Si j'étais l'oiseau qui passe,
Et que poursuit dans l'espace
Un doux appel de ta voix!...

Si j'étais, ô Madeleine !
L'ermite de Tombelaine
Dans son pieux tribunal,
Quand ta bouche à son oreille
De tes péchés de la veille
Livre l'aveu virginal !...

Si j'étais, ô Madeleine !
L'œil du nocturne phalène,
Lorsqu'au sommeil tu te rends,
Et que son aile indiscrète
De ta cellule secrète
Bat les vitraux transparents ;...

Quand ton sein, ô Madeleine !
Sort du corset de baleine,
Libre enfin du velours noir ;
Quand, de peur de te voir nue
Tu jettes, fille ingénue,
Ta robe sur ton miroir !

Si tu voulais, Madeleine,
Ta demeure serait pleine
De pages et de vassaux :
Et ton splendide oratoire
Déroberait sous la moire
La pierre de ses arceaux !...

Si tu voulais, Madeleine,
Au lieu de la marjolaine
Qui pare ton chaperon,
Tu porterais la couronne

De comtesse ou de baronne,
Dont la perle est le fleuron !
Si tu voulais, Madeleine,
Je te ferais châtelaine;
Je suis le comte Roger;
Quitte pour moi ces chaumières;
A moins que tu ne préfères
Que je me fasse berger !

Septembre 1828.

A UN PASSANT

Au soleil couchant,
Toi qui vas cherchant
　　Fortune,
Prends garde de choir,
La terre, le soir,
　　Est brune.

L'Océan trompeur
Couvre de vapeur
　　La dune.
Vois ; à l'horizon,
Aucune maison !
　　Aucune !

Maint voleur te suit ;
La chose est, la nuit,
　　Commune.
Les dames des bois
Nous gardent parfois
　　Rancune.

Elles vont errer :
Crains d'en rencontrer
　　Quelqu'une.
Les lutins de l'air
Vont danser au clair
　　De lune.

La Chanson du Fou.

BALLADE DIXIÈME

Voyageur qui, la nuit, sur le pavé sonore
De ton chien inquiet passes accompagné,

BALLADE DIXIÈME.

Après le jour brûlant, pourquoi marcher encore?
Où mènes-tu si tard ton cheval résigné?

La nuit! — Ne crains-tu pas d'entrevoir la stature
Du brigand dont un sabre a chargé la ceinture?
Ou qu'un de ces vieux loups près des routes rôdants,
Qui du fer des coursiers méprisent l'étincelle,
D'un bond brusque et soudain, s'attachant à ta selle,
Ne mêle à ton sang noir l'écume de ses dents?

Ne crains-tu pas surtout qu'un follet à cette heure
N'allonge sous tes pas le chemin qui te leurre,
Et ne te fasse, hélas! ainsi qu'aux anciens jours,
Rêvant quelque logis dont la vitre scintille,
Et le faisan doré par l'âtre qui petille,
Marcher vers des clartés qui reculent toujours?

Crains d'aborder la plaine où le sabbat s'assemble,
Où les démons hurlants viennent danser ensemble;
Ces murs maudits par Dieu, par Satan profanés,
Ce magique château dont l'enfer sait l'histoire,
Et qui, désert le jour, quand tombe la nuit noire
Enflamme ses vitraux dans l'ombre illuminés!

Voyageur isolé, qui t'éloignes si vite,
De ton chien inquiet la nuit accompagné,
Après le jour brûlant, quand le repos t'invite,
Où mènes-tu si tard ton cheval résigné?

        Octobre 1825.

A PAUL.

LA
CHASSE DU BURGRAVE

Un vieux faune en riait dans sa grotte sauvage.
SEGRAIS.

BALLADE ONZIÈME

« Daigné protéger notre chasse,
  « Châsse
« De monseigneur saint Godefroi,
  « Roi !

« Si tu fais ce que je désire,
  « Sire,
« Nous t'édifirons un tombeau,
  « Beau ;

« Puis je te donne un cor d'ivoire,
  « Voire
« Un dais neuf à pans de velours,
  « Lourds,

« Avec dix chandelles de cire,
  « Sire !
« Donc te prions à deux genoux,
  « Nous,

BALLADE ONZIÈME.

« Nous qui, nés de bons gentilshommes,
  « Sommes
« Le seigneur burgrave Alexis
  « Six ! » —

Voilà ce que dit le burgrave
  Grave,
Au tombeau de saint Godefroid,
  Froid.

« — Mon page, emplis mon escarcelle,
  « Selle
« Mon cheval de Calatrava ;
  « Va !

« Piqueur, va convier le comte.
  « Conte
« Que ma meute aboie en mes cours.
  « Cours !

« Archers, mes compagnons de fêtes,
  « Faites
« Votre épieu lisse et vos cornets
  « Nets.

« Nous ferons ce soir une chère
  « Chère ;
« Vous n'y recevrez, maître queux,
  « Qu'eux.

« En chasse, amis ! je vous invite.
  « Vite !
« En chasse ! allons courre les cerfs,
  « Serfs ! »

Il part, et madame Isabelle,
    Belle,
Dit gaiment du haut des remparts :
    — Pars !

Tous les chasseurs sont dans la plaine,
    Pleine
D'ardents seigneurs, de sénéchaux
    Chauds.

Ce ne sont que baillis et prêtres,
    Reitres
Qui savent traquer à pas lourds
    L'ours.

Dames en brillants équipages,
    Pages,
Fauconniers, clercs, et peu benins
    Nains.

En chasse ! — Le maître en personne
    Sonne.
Fuyez ! voici les paladins,
    Daims.

Il n'est pour vous, comte d'empire,
    Pire
Que le vieux burgrave Alexis
    Six !

Fuyez ! — Mais un cerf dans l'espace
    Passe,
Et disparaît comme l'éclair
    Clair !

BALLADE ONZIÈME.

« — Taïaut les chiens, taïaut les hommes !
     « Sommes
« D'argent et d'or paîront sa chair
     « Cher !

« Mon château pour ce cerf ! — Marraine,
     « Reine
« Des beaux sylphes et des follets
     « Laids !

« Donne-moi son bois pour trophée,
     « Fée !
« Mère du brave, et du chasseur
     « Sœur !

« Tout ce qu'un prêtre à sa madone
     « Donne,
« Moi, je te le promets ici,
     « Si

« Notre main, ta serve et sujette,
     « Jette
« Ce beau cerf qui s'enfuit là-bas
     « Bas ! »

Du Chasseur Noir craignant l'injure
     Jure
Le vieux burgrave haletant,
     Tant

Que déjà sa meute qui jappe
     Happe
Et fête le pauvre animal
     Mal.

Il fuit. La bande malévole
  Vole
Sur sa trace, et par le plus court
  Court.

Adieu, clos, pleines diaprées,
  Prées,
Vergers fleuris, jardins sablés,
  Blés!

Le cerf, s'échappant de plus belle,
  Bêle;
Un bois à sa course est ouvert,
  Vert.

Il entend venir sur ses traces
  Races
De chiens dont vous seriez jaloux,
  Loups;

Piqueurs, ardentes haquenées
  Nées
De ces étalons aux longs crins
  Craints.

Leurs flancs, que de blancs harnois ceignent
  Saignent
Des coups fréquents des éperons
  Prompts.

Le cerf, que le son de la trompe
  Trompe,
Se jette dans le bois épais... —
  Paix!

BALLADE ONZIÈME.

Hélas! en vain!... la meute cherche,
      Cherche,
Et là tu retentis encor,
      Cor!

Ou fuir? dans le lac! Il s'y plonge,
      Longe
Le bord où maint buisson rampant
      Pend.

Ah! dans les eaux du lac agreste
      Reste!
Hélas! pauvre cerf aux abois,
      Bois!

Contre toi la fanfare ameute
      Meute,
Et veneurs sonnant du hautbois...
      Bois!

Les archers sournois qui t'attendent
      Tendent
Leurs arcs dans l'épaisseur du bois!..
      Bois!

Ils sont avides de carnage,
      Nage!
C'est ton seul espoir désormais!
      Mais

L'essaim que sa chair palpitante
      Tente,
Après lui dans le lac profond
      Fond.

Il sort. — Plus d'espoir qui te leurre!
   L'heure
Vient où pour toi tout est fini.
   Ni

Tes pieds vifs, ni saint Marc de Leyde,
   L'aide
Du cerf qu'un chien, à demi mort,
   Mord,

Ne te sauveront des morsures,
   Sûres,
Des limiers ardents de courroux,
   Roux.

Vois ces chiens qu'un serf bas et lâche
   Lâche,
Vois les épieux à férir prêts,
   Prés!

Meurs donc! la fanfare méchante
   Chanté
Ta chute au milieu des clameurs.
   Meurs!

Et ce soir, sur les délectables
   Tables,
Tu feras un excellent mets;
   Mais

On t'a vengé. — Fille d'Autriche
   Triche
Quand l'hymen lui donne un barbon
   Bon,

Or, sans son hôte le bon comte
        Compte;
Il revient, quoique fatigué,
        Gai.

Et tandis que ton sang ruisselle,
        Celle
Qu'épousa le comte Alexis
        Six,

Sur le front ridé du burgrave,
        Grave,
Pauvre cerf, des rameaux aussi;
        Si

Qu'au burg vous rentrez à la brune,
        Brune,
Après un jour si hasardeux,
        Deux!

Janvier 1828.

LE
PAS D'ARMES DU ROI JEAN

Plus de six cents lances y furent brisées; on se battit à pied et à cheval, à la barrière, à coups d'épée et de pique, où partout les tenants et les assaillants ne firent rien qui ne répondît à la haute estime qu'ils s'étaient déjà acquise; ce qui fit éclater ces tournois doublement. Enfin, au dernier, un gentilhomme nommé de Fontaines, beau-frère de Chandiou, grand prévôt des maréchaux, fut blessé à mort; et au second encore, Saint-Aubin, autre gentilhomme, fut tué d'un coup de lance.

Ancienne chronique.

BALLADE DOUZIÈME

Çà, qu'on selle,
Ecuyer,
Mon fidèle
Destrier.
Mon cœur ploie
Sous la joie,
Quand je broie
L'étrier.

Par saint Gille,
Viens-nous-en,
Mon agile
Alezan;

BALLADE DOUZIÈME.

Viens, écoute,
Par la route,
Voir la joute
Du roi Jean.

Qu'un gros carme
Chartrier
Ait pour arme
L'encrier;
Qu'une fille,
Sous la grille,
S'égosille
A prier.

Nous qui sommes,
De par Dieu,
Gentilshommes
De haut lieu,
Il faut faire
Bruit sur terre,
Et la guerre
N'est qu'un jeu.

Ma vieille âme
Enrageait,
Car ma lame,
Que rongeait
Cette rouille
Qui la souille,
En quenouille
Se changeait.

Cette ville
Aux longs cris,

Qui profile
Son front gris,
Des toits frêles,
Cent tourelles,
Clochers grêles,
C'est Paris!

Quelle foule,
Par mon sceau!
Qui s'écoule
En ruisseau,
Et se rue,
Incongrue,
Par la rue
Saint-Marceau.

Notre-Dame! —
Que c'est beau'
Sur mon âme
De corbeau,
Voudrais être
Clerc ou prêtre
Pour y mettre
Mon tombeau!

Les quadrilles,
Les chansons,
Mêlent filles
Et garçons.
Quelles fêtes!
Que de têtes
Sur les faites
Des maisons!

BALLADE DOUZIÈME.

Un maroufle,
Mis à neuf,
Joue et souffle
Comme un bœuf,
Une marche
De Luzarche
Sur chaque arche
Du pont Neuf.

Le vieux Louvre! —
Large et lourd,
Il ne s'ouvre
Qu'au grand jour,
Emprisonne
La couronne,
Et bourdonne
Dans sa tour.

Los aux dames!
Au roi los!
Vois les flammes
Du champ clos,
Où la foule
Qui s'écoule,
Hurle et roule
A grands flots!

Sans attendre,
Çà, piquons!
L'œil bien tendre,
Attaquons
De nos selles
Les donzelles,
Roses, belles,
Aux balcons.

Saulx-Tavane,
Le ribaud,
Se pavane;
Et Chabot
Qui ferraille,
Bossu, raille
Mons Fontraille
Le pied bot.

Là-bas, Serge
Qui fit vœu
D'aller vierge
Au saint lieu;
Là, Lothaire,
Duc sans terre,
Sauveterre,
Diable et dieu.

Le vidame
De Conflans
Suit sa dame
A pas lents,
Et plus d'une
S'importune
De la brune
Aux bras blancs.

Là-haut brille,
Sur ce mur,
Yseult, fille
Au front pur;
Là-bas, seules,
Force aïeules
Portant gueules
Sur azur.

Dans la lice
Vois encor
Berthe, Alice,
Léonor,
Dame Irène,
Ta marraine,
Et la reine
Tout en or.

Dame Irène
Parle ainsi :
— Quoi ! la reine
Triste ici !
Son Altesse
Dit : — Comtesse,
J'ai tristesse
Et souci.

On commence !
Le beffroi !
Coups de lance,
Cris d'effroi !
On se forge,
On s'égorge,
Par saint George !
Par le roi !

La cohue,
Flot de fer,
Frappe, hue,
Remplit l'air,
Et, profonde,
Tourne et gronde,
Comme une onde
Sur la mer !

Dans la plaine
Un éclair
Se promène
Vaste et clair!
Quels mélanges!
Sang et franges!
Plaisirs d'anges!
Bruit d'enfer!

Sus, ma bête,
De façon
Que je fête
Ce grison!
Je te baille,
Pour ripaille,
Plus de paille,
Plus de son,

Qu'un gros frère,
Gai, friand,
Ne peut faire,
Mendiant
Par les places
Où tu passes,
De grimaces
En priant!

Dans l'orage,
Lis courbé,
Un beau page
Est tombé.
Il se pâme,
Il rend l'âme,
Il réclame
Un abbé,

La fanfare
Aux sons d'or,
Qui t'effare,
Sonne encor
Pour sa chute,
Triste lutte
De la flûte
Et du cor!

Moines, vierges,
Porteront
De grands cierges
Sur son front;
Et dans l'ombre
Du lieu sombre
Deux yeux d'ombre
Pleureront.

Car madame
Isabeau
Suit son âme
Au tombeau.
Que d'alarmes!
Que de larmes!...
Un pas d'armes,
C'est très-beau!

Çà, mon frère,
Viens, rentrons
Dans notre aire
De barons;
Va plus vite,
Car au gîte
Qui t'invite,
Trouverons,

Toi, l'avoine
Du matin,
Moi, le moine
Augustin,
Ce saint homme,
Suivant Rome,
Qui m'assomme
De latin,

Et rédige
En romain
Tout prodige
De ma main,
Qu'à ma charge
Il émarge
Sur un large
Parchemin.

Un vrai sire
Châtelain
Laisse écrire
Le vilain ;
Sa main digne,
Quand il signe,
Egratigne
Le vélin.

Juin 1828.

A MONSIEUR LOUIS BOULANGER.

LA
LÉGENDE DE LA NONNE

Acabose vuestro bien
Y vuestros males no acaban.
Reproches al rey Rodrigo.

BALLADE TREIZIÈME

Venez, vous dont l'œil étincelle,
Pour entendre une histoire encor,
Approchez : je vous dirai celle
De doña Padilla del Flor.
Elle était d'Alanje, où s'entassent
Les collines et les halliers. —
Enfants, voici des bœufs qui passent,
Cachez vos rouges tabliers!

Il est des filles à Grenade,
Il en est à Séville aussi,
Qui, pour la moindre sérénade,
A l'amour demandent merci;
Il en est que d'abord embrassent,
Le soir, les hardis cavaliers. —

Enfants, voici des bœufs qui passent,
Cachez vos rouges tabliers!

Ce n'est pas sur ce ton frivole
Qu'il faut parler de Padilla,
Car jamais prunelle espagnole
D'un feu plus chaste ne brilla ;
Elle fuyait ceux qui pourchassent
Les filles sous les peupliers. —
Enfants, voici des bœufs qui passent,
Cachez vos rouges tabliers!

Rien ne touchait ce cœur farouche,
Ni doux soins ni propos joyeux;
Pour un mot d'une belle bouche,
Pour un signe de deux beaux yeux,
On sait qu'il n'est rien que ne fassent
Les seigneurs et les bacheliers. —
Enfants, voici des bœufs qui passent,
Cachez vos rouges tabliers!

Elle prit le voile à Tolède,
Au grand soupir des gens du lieu,
Comme si, quand on n'est pas laide,
On avait droit d'épouser Dieu.
Peu s'en fallut que ne pleurassent
Les soudards et les écoliers. —
Enfants, voici des bœufs qui passent,
Cachez vos rouges tabliers!

Mais elle disait : « Loin du monde,
« Vivre et prier pour les méchants!
« Quel bonheur! quelle paix profonde
« Dans la prière et dans les chants !

« Là, si les démons nous menacént,
« Les anges sont nos boucliers! » —
Enfants, voici des bœufs qui passent,
Cachez vos rouges tabliers !

Or, la belle à peine cloîtrée,
Amour dans son cœur s'installa.
Un fier brigand de la contrée
Vint'alors et dit : Me voilà !
Quelquefois les brigands surpassent
En audace les chevaliers. —
Enfants, voici des bœufs qui passent,
Cachez vos rouges tabliers !

Il était laid : des traits austeres,
La main plus rude que le gant,
Mais l'amour a bien des mystéres,
Et la nonne aima le brigand.
On voit des biches qui remplacent
Leurs beaux cerfs par des sangliers. —
Enfants, voici des bœufs qui passent,
Cachez vos rouges tabliers !

Pour franchir la sainte limite,
Pour approcher du saint couvent,
Souvent le brigand, d'un ermite
Prenait le cilice, et souvent
La cotte de maille où s'enchâssent
Les croix noires des templiers. —
Enfants, voici des bœufs qui passent,
Cachez vos rouges tabliers !

La nonne osa, dit la chronique,
Au brigand, par l'enfer conduit,

Aux pieds de sainte Véronique,
Donner un rendez-vous la nuit,
A l'heure où les corbeaux croassent,
Volant dans l'ombre par milliers. —
Enfants, voici des bœufs qui passent,
Cachez vos rouges tabliers !

Padilla voulait, anathème !
Oubliant sa vie en un jour,
Se livrer, dans l'église même,
Sainte, à l'enfer, vierge, à l'amour,
Jusqu'à l'heure pâle où s'effacent
Les cierges sur les chandeliers. —
Enfants, voici des bœufs qui passent,
Cachez vos rouges tabliers !

Or quand, dans la nef descendue,
La nonne appela le bandit,
Au lieu de la voix attendue,
C'est la foudre qui répondit.
Dieu voulut que ses coups frappassent
Les amants par Satan liés. —
Enfants, voici des bœufs qui passent,
Cachez vos rouges tabliers !

Aujourd'hui, des fureurs divines
Le pâtre enflammant ses récits,
Vous montre au penchant des ravines
Quelques tronçons de murs noircis,
Deux clochers que les ans crevassent,
Dont l'abri tûrait ses béliers. —
Enfants, voici des bœufs qui passent,
Cachez vos rouges tabliers !

Quand la nuit, du cloître gothique
Brunissant les portraits béants,
Change à l'horizon fantastique
Les deux clochers en deux géants;
A l'heure où les corbeaux croassent,
Volant dans l'ombre par milliers;... —
Enfants, voici des bœufs qui passent,
Cachez vos rouges tabliers!

Une nonne, avec une lampe,
Sort d'une cellule à minuit;
Le long des murs le spectre rampe,
Un autre fantôme le suit;
Des chaînes sous leurs pieds s'amassent;
De lourds carcans sont leurs colliers. —
Enfants, voici des bœufs qui passent,
Cachez vos rouges tabliers!

La lampe vient, s'éclipse, brille,
Sous les arceaux court se cacher,
Puis tremble derrière une grille,
Puis scintille au bout d'un clocher;
Et ses rayons dans l'ombre tracent
Des fantômes multipliés. —
Enfants, voici des bœufs qui passent,
Cachez vos rouges tabliers!

Les deux spectres, qu'un feu dévore,
Traînant leur suaire en lambeaux,
Se cherchent pour s'unir encore,
En trébuchant sur des tombeaux;
Leurs pas aveugles s'embarrassent
Dans les marches des escaliers. —

Enfants, voici des bœufs qui passent,
Cachez vos rouges tabliers! —

Mais ce sont des escaliers fées
Qui sous eux s'embrouillent toujours ;
L'un est aux caves étouffées,
Quand l'autre marche au front des tours,
Sous leurs pieds, sans fin se déplacent
Les étages et les paliers. —
Enfants, voici des bœufs qui passent,
Cachez vos rouges tabliers!

Elevant leurs voix sépulcrales,
Se cherchant les bras étendus,
Ils vont... les magiques spirales
Mêlent leurs pas toujours perdus ;
Ils s'épuisent et se harassent
En détours sans cesse oubliés. —
Enfants, voici des bœufs qui passent
Cachez vos rouges tabliers!

La pluie alors, à larges gouttes,
Bat les vitraux frêles et froids ;
Le vent siffle aux brèches des voûtes
Une plainte sort des beffrois,
On entend des soupirs qui glacent,
Des rires d'esprits familiers. —
Enfants, voici des bœufs qui passent
Cachez vos rouges tabliers!

Une voix faible, une voix haute,
Disent : « Quand finiront les jours?
Ah! nous souffrons par notre faute ;
Mais l'éternité, c'est toujours!

Là, les mains des heures se lassent
A retourner les sabliers... »
Enfants, voici des bœufs qui passent,
Cachez vos rouges tabliers!

L'enfer, hélas! ne peut s'éteindre.
Toutes les nuits dans ce manoir,
Se cherchent sans jamais s'atteindre
Une ombre blanche, un spectre noir,
Jusqu'à l'heure pâle où s'effacent
Les cierges sur les chandeliers. —
Enfants, voici des bœufs qui passent,
Cachez vos rouges tabliers!

Si, tremblant à ces bruits étranges,
Quelque nocturne voyageur
En se signant demande aux anges
Sur qui sévit le Dieu vengeur!
Des serpents de feu qui s'enlacent
Tracent deux noms sur les piliers. —
Enfants, voici des bœufs qui passent,
Cachez vos rouges tabliers!

Cette histoire de la novice,
Saint Ildefonse, abbé, voulut
Qu'afin de préserver du vice
Les vierges qui font leur salut,
Les prieures la racontassent
Dans tous les couvents réguliers. —
Enfants, voici des bœufs qui passent,
Cachez vos rouges tabliers!

Avril 1828.

A MONSIEUR CHARLES N.

LA
RONDE DU SABBAT

> Hic chorus ingens
> .... Colit orgia.
> AVIENUS.

BALLADE QUATORZIÈME

Voyez devant les murs de ce noir monastère
La lune se voiler, comme pour un mystère !
L'esprit de minuit passe, et, répandant l'effroi,
Douze fois se balance au battant du beffroi.
Le bruit ébranle l'air, roule, et longtemps encore
Gronde, comme enfermé sous la cloche sonore
Le silence retombe avec l'ombre... Ecoutez !
Qui pousse ces clameurs? qui jette ces clartés?
Dieu ! les voûtes, les tours, les portes découpées,
D'un long réseau de feu semblent enveloppées,
Et l'on entend l'eau sainte, où trempe un buis bénit,
Bouillonner à grands flots dans l'urne de granit !...
A nos patrons du ciel recommandons nos âmes !
Parmi les rayons bleus, parmi les rouges flammes,
Avec des cris, des chants, des soupirs, des abois,
Voilà que de partout, des eaux, des monts, des bois,

Les larves, les dragons, les vampires, les gnomes,
Des monstres dont l'enfer rêve seul les fantômes,
La sorcière échappée aux sépulcres déserts,
Volant sur le bouleau qui siffle dans les airs,
Les nécromants, parés de tiares mystiques,
Où brillent flamboyants les mots cabalistiques,
Et les graves démons, et les lutins rusés,
Tous, par les toits rompus, par les portails brisés,
Par les vitraux détruits, que mille éclairs sillonnent,
Entrent dans le vieux cloître où leurs flots tourbillonnent.
Debout au milieu d'eux, leur prince, Lucifer,
Cache un front de taureau sous la mitre de fer ;
La chasuble a voilé son aile diaphane,
Et sur l'autel croulant il pose un pied profane.
O terreur ! Les voilà qui chantent dans ce lieu
Où veille incessamment l'œil éternel de Dieu.
Les mains cherchent les mains... Soudain la ronde immense,
Comme un ouragan sombre, en tournoyant commence.
A l'œil, qui n'en pourrait embrasser le contour,
Chaque hideux convive apparaît à son tour ;
On croirait voir l'enfer tourner dans les ténèbres
Son zodiaque affreux, plein de signes funèbres.
Tous volent, dans le cercle emportés à la fois.
Satan règle du pied les éclats de leurs voix ;
Et leurs pas, ébranlant les arches colossales,
Troublent les morts couchés sous le pavé des salles.

« Mêlons-nous sans choix !
« Tandis que la foule
« Autour de lui roule,
« Satan, joyeux, foule
« L'autel et la croix.

« L'heure est solennelle.
« La flamme éternelle
« Semble, sur son aile,
« La pourpre des rois !

Et leurs pas, ébranlant les arches colossales,
Troublent les morts couchés sous le pavé des salles.

« Oui, nous triomphons !
« Venez, sœurs et frères,
« De cent points contraires,
« Des lieux funéraires,
« Des antres profonds.
« L'enfer vous escorte :
« Venez en cohorte
« Sur des chars qu'emporte
« Le vol des griffons ! »

Et leurs pas, ébranlant les arches colossales,
Troublent les morts couchés sous le pavé des salles.

« Venez sans remords !
« Nains aux pieds de chèvre,
« Goules, dont la lèvre
« Jamais ne se sèvre
« Du sang noir des morts !
« Femmes infernales,
« Accourez rivales !
« Pressez vos cavales
« Qui n'ont point de mors ! »

Et leurs pas, ébranlant les arches colossales,
Troublent les morts couchés sous le pavé des salles.

BALLADE QUATORZIÈME.

« Juifs, par Dieu frappés,
« Zingaris, bohèmes,
« Chargés d'anathèmes,
« Follets, spectres blêmes,
« La nuit échappés,
« Glissez sur la brise,
« Montez sur la frise
« Du mur qui se brise,
« Volez ou rampez! »

Et leurs pas, ébranlant les arches colossales,
Troublent les morts couchés sous le pavé des salles

« Venez, boucs méchants,
« Psylles aux corps grêles,
« Aspioles frêles,
« Comme un flot de grêles,
« Fondre dans ces champs!
« Plus de discordance!
« Venez en cadence
« Elargir la danse,
« Répéter les chants! »

Et leurs pas, ébranlant les arches colossales,
Troublent les morts couchés sous le pavé des salles.

« Qu'en ce beau moment,
« Les clercs en magie
« Brûlent dans l'orgie
« Leur barbe rougie
« D'un sang tout fumant;
« Que chacun envoie
« Au feu quelque proie,

« Et sous ses dents broie
« Un pâle ossement ! »

Et leurs pas, ébranlant les arches colossales,
Troublent les morts couchés sous le pavé des salles.

« Riant au saint lieu,
« D'une voix hardie,
« Satan parodie
« Quelque psalmodie
« Selon saint Mathieu,
« Et dans la chapelle
« Où son roi l'appelle,
« Un démon épèle
« Le livre de Dieu ! »

Et leurs pas, ébranlant les arches colossales,
Troublent les morts couchés sous le pavé des salles.

« Sorti des tombeaux,
« Que dans chaque stalle
« Un faux moine étale
« La robe fatale
« Qui brûle ses os,
« Et qu'un noir lévite
« Attache bien vite
« La flamme maudite
« Aux sacrés flambeaux ! »

Et leurs pas, ébranlant les arches colossales,
Troublent les morts couchés sous le pavé des salles.

« Satan vous verra !
« De vos mains grossières

« Parmi des poussiéres,
« Ecrivez, sorciéres :
« ABRACADABRA !
« Volez, oiseaux fauves,
« Dont les ailes chauves
« Aux ciels des alcôves
« Suspendent Smarra ! »

Et leurs pas, ébranlant les arches colossales,
Troublent les morts couchés sous le pavé des salles.

« Voici le signal ! —
« L'enfer nous réclame :
« Puisse un jour toute âme
« N'avoir d'autre flamme
« Que son noir fanal !
« Puisse notre ronde,
« Dans l'ombre profonde,
« Enfermer le monde
« D'un cercle infernal ! »

———

L'aube pâle a blanchi les arches colossales.
Il fuit, l'essaim confus des démons dispersés !
Et les morts rendormis sous le pavé des salles,
Sur leurs chevets poudreux posent leurs fronts glacés

Octobre 1823.

LA FÉE ET LA PÉRI

> Leur ombre vagabonde, à travers le feuillage,
> Frémira ; sur les vents ou sur quelque nuage,
> Tu les verras descendre ; ou, du sein de la mer
> S'élevant comme un songe, étinceler dans l'air ;
> Et leur voix, toujours tendre et doucement plaintive,
> Caresser en fuyant ton oreille attentive.
>
> André Chénier.

BALLADE QUINZIÈME

I

Enfants ! si vous mouriez, gardez bien qu'un esprit
De la route des cieux ne détourne votre âme !
Voici ce qu'autrefois un vieux sage m'apprit : —
Quelques démons, sauvés de l'éternelle flamme,
Rebelles moins pervers que l'archange proscrit,
Sur la terre, où le feu, l'onde ou l'air les réclame,
Attendent, exilés, le jour de Jésus-Christ.
Il en est qui, bannis des célestes phalanges,
Ont de si douces voix qu'on les prend pour des anges.
Craignez-les : pour mille ans exclus du paradis,
Ils vous entraîneraient, enfants, au purgatoire ! —
Ne me demandez pas d'où me vient cette histoire ;
Nos pères l'ont contée, et moi je la redis.

II

LA PÉRI.

Où vas-tu donc, jeune âme?... Ecoute!
Mon palais pour toi veut s'ouvrir.
Suis-moi, des cieux quitte la route.
Hélas! tu t'y perdrais sans doute,
Nouveau-né qui viens de mourir!

Tu pourras jouer à toute heure
Dans mes beaux jardins aux fruits d'or;
Et de ma riante demeure
Tu verras ta mère qui pleure
Près de ton berceau, tiède encor.

Des péris je suis la plus belle :
Mes sœurs règnent où naît le jour;
Je brille en leur troupe immortelle,
Comme entre les fleurs brille celle
Que l'on cueille en rêvant d'amour.

Mon front porte un turban de soie;
Mes bras de rubis sont couverts;
Quand mon vol ardent se déploie,
L'aile de pourpre qui tournoie
Roule trois yeux de flamme ouverts.

Plus blanc qu'une lointaine voile,
Mon corps n'en a point la pâleur.
En quelque lieu qu'il se dévoile,
Il l'éclaire comme une étoile,
Il l'embaume comme une fleur!

LA FÉE.

Viens, bel enfant! je suis la fée.
Je règne aux bords où le soleil,
Au sein de l'onde réchauffée,
Se plonge, éclatant et vermeil.
Les peuples d'Occident m'adorent :
Les vapeurs de leur ciel se dorent
Lorsque je passe en les touchant;
Reine des ombres léthargiques,
Je bâtis mes palais magiques
Dans les nuages du couchant.

Mon aile bleue est diaphane :
L'essaim des sylphes enchantés
Croit voir sur mos dos, quand je plane
Frémir deux rayons argentés.
Ma main luit, rose et transparente,
Mon souffle est la brise odorante
Qui, le soir, erre dans les champs;
Ma chevelure est radieuse,
Et ma bouche mélodieuse
Mêle un sourire à tous ses chants!

J'ai des grottes de coquillages;
J'ai des tentes de rameaux verts;
C'est moi que bercent les feuillages,
Moi que berce le flot des mers.
Si tu me suis, ombre ingénue,
Je puis t'apprendre où va la nue,
Te montrer d'où viennent les eaux;
Viens, sois ma compagne nouvelle,

Si tu veux que je te révèle
Ce que dit la voix des oiseaux.

III

LA PÉRI.

Ma sphère est l'Orient, région éclatante,
Où le soleil est beau comme un roi dans sa tente!
Son disque s'y promène en un ciel toujours pur.
Ainsi, portant l'émir d'une riche contrée,
    Aux sons de la flûte sacrée,
Vogue un navire d'or sur une mer d'azur.

Tous les dons ont comblé la zone orientale.
Dans tout autre climat, par une loi fatale,
Près des fruits savoureux croissent les fruits amers;
Mais Dieu, qui pour l'Asie a des yeux moins austères,
    Y donne plus de fleurs aux terres,
Plus d'étoiles aux cieux, plus de perles aux mers!

Mon royaume s'étend depuis ces catacombes
Qui paraissent des monts et ne sont que des tombes,
Jusqu'à ce mur qu'un peuple ose en vain assiéger,
Qui, tel qu'une ceinture où le Cathay respire,
    Environnant tout un empire,
Garde dans l'univers comme un monde étranger.

J'ai de vastes cités qu'en tous lieux on admire:
Lahore aux champs fleuris, Golconde, Cachemire,
La guerrière Damas, la royale Ispahan,
Bagdad, que ses remparts couvrent comme une armure,
    Alep, dont l'immense murmure
Semble au pâtre lointain le bruit d'un océan.

Mysore est sur son trône une reine placée ;
Médine aux mille tours, d'aiguilles hérissée,
Avec ses flèches d'or, ses kiosques brillants,
Est comme un bataillon arrêté dans les plaines,
    Qui, parmi ses tentes hautaines,
Elève une forêt de dards étincelants.

On dirait qu'au désert Thèbes, debout encore,
Attend son peuple entier absent depuis l'aurore.
Madras a deux cités en ses larges contours.
Plus loin brille Delhy, la ville sans rivales,
    Et sous ses portes triomphales
Douze éléphants de front passent avec leurs tours.

Bel enfant ! viens errer parmi tant de merveilles
Sur ces toits pleins de fleurs, ainsi que des corbeilles,
Dans le camp vagabond des Arabes ligués.
Viens ; nous verrons danser les jeunes bayadères,
    Le soir, lorsque les dromadaires
Près du puits du désert s'arrêtent fatigués.

Là, sous de verts figuiers, sous d'épais sycomores,
Luit le dôme d'étain du minaret des Maures ;
La pagode de nacre au toit rose et changeant ;
La tour de porcelaine aux clochettes dorées,
    Et, dans les jonques azurées,
Le palanquin de pourpre aux longs rideaux d'argent

J'écarterai pour toi les rameaux du platane
Qui voile dans son bain la rêveuse sultane ;
Viens, nous rassurerons contre un ingrat oubli
La vierge qui, timide, ouvrant la nuit sa porte,
    Ecoute si le vent lui porte
La voix qu'elle préfère au chant du bengali.

L'Orient fut jadis le paradis du monde. —
Un printemps éternel de ses roses l'inonde,
Et ce vaste hémisphère est un riant jardin.
Toujours autour de nous sourit la douce joie;
  Toi qui gémis, suis notre voie :
Que t'importe le ciel, quand je t'ouvre l'Eden?

LA FÉE.

L'Occident nébuleux est ma patrie heureuse.
Là, variant dans l'air sa forme vaporeuse,
Fuit la blanche nuée,... et de loin bien souvent
Le mortel isolé qui, radieux ou sombre,
  Poursuit un songe ou pleure une ombre,
  Assis, la contemple en rêvant !

Car il est des douceurs, pour les âmes blessées,
Dans les brumes du lac sur nos bois balancées;
Dans nos monts où l'hiver semble à jamais s'asseoir;
Dans l'étoile, pareille à l'espoir solitaire,
  Qui vient, quand le jour fuit la terre,
  Mêler son orient au soir.

Nos cieux voilés plairont à ta douleur amère,
Enfant que Dieu retire et qui pleures ta mère !
Viens, l'écho des vallons, les soupirs du ruisseau,
Et la voix des forêts au bruit des vents unie,
  Te rendront la vague harmonie
  Qui t'endormait dans ton berceau !

Crains des bleus horizons le cercle monotone.
Les brouillards, les vapeurs, le nuage qui tonne,
Tempèrent le soleil dans nos cieux parvenu;

Et l'œil voit au loin fuir leurs lignes nébuleuses,
    Comme des flottes merveilleuses
    Qui viennent d'un monde inconnu !

C'est pour moi que les vents font, sur nos mers bruyantes,
Tournoyer l'air et l'onde en trombes foudroyantes ;
La tempête à mes chants suspend son vol fatal ;
L'arc-en-ciel pour mes pieds, qu'un or fluide arrose,
    Comme un pont de nacre se pose
    Sur les cascades de cristal.

Du mauresque Alhambra j'ai les frêles portiques ;
J'ai la grotte enchantée aux piliers basaltiques,
Où la mer de Staffa brise un flot inégal ;
Et j'aide le pêcheur, roi des vagues brumeuses,
    A bâtir ses huttes fumeuses
    Sur les vieux palais de Fingal.

Epouvantant les nuits d'une trompeuse aurore,
Là, souvent à ma voix un rouge météore
Croise en voûte de feu ses gerbes dans les airs,
Et le chasseur, debout sur la roche pendante,
    Croit voir une comète ardente
    Baignant ses flammes dans les mers !

Viens, jeune âme, avec moi, de mes sœurs obéie,
Peupler de gais follets la morose abbaye ;
Mes nains et mes géants te suivront à ma voix ;
Viens, troublant de ton cor les monts inaccessibles,
    Guider ces meutes invisibles
    Qui la nuit chassent dans nos bois.

Tu verras les barons, sous leurs tours féodales,
De l'humble pèlerin détachant les sandales ;
Et les sombres créneaux d'écussons décorés ;

Et la dame tout bas priant pour un beau page,
 Quelque mystérieuse image
 Peinte sur des vitraux dorés.

C'est nous qui, visitant les gothiques églises,
Ouvrons leur nef sonore au murmure des brises;
Quand la lune du tremble argente les rameaux,
Le pâtre voit dans l'air, avec des chants mystiques,
 Folâtrer nos chœurs fantastiques
 Autour du clocher des hameaux.

De quels enchantements l'Occident se décore! —
Viens, le ciel est bien loin, ton aile est faible encore!
Oublie en notre empire un voyage fatal.
Un charme s'y révèle aux lieux les plus sauvages;
 Et l'étranger dit nos rivages
 Plus doux que le pays natal.

IV

Et l'enfant hésitait, et déjà moins rebelle
Ecoutait des esprits l'appel fallacieux;
La terre qu'il fuyait semblait pourtant si belle! —
Soudain il disparut à leur vue infidèle...
 Il avait entrevu les cieux!

Juillet 1824.

FIN DES BALLADES.

NOTES

ODES

LIVRE PREMIER

LA VENDÉE. — ODE II.

I

Page 29.

« Autour du froid tombeau d'une épouse ou d'un frère,
  « Qui de nous n'a mené le deuil ? »

« Quel Français ignore aujourd'hui les cantiques funèbres ? Qui de nous n'a mené le deuil autour d'un tombeau, n'a fait retentir le cri des funérailles ?

CHATEAUBRIAND, *les Martyrs.*

II

Page 29.

Elle a dit : « En ces temps la France eut ses victimes ;
  « Mais la Vendée eut ses martyrs. »

Allusion à la belle Notice sur la Vendée, publiée dans le *Conservateur* en 1819, par M. de Chateaubriand. C'est dans

NOTES.

l'émotion de cette lecture que l'ode fut composée, et publiée d'abord sous ce titre emphatique et vague : les *Destins de la Vendée*.

III

Page 31.

Ceux-là promèneront des os sans sépulture,
Et cacheront leurs morts sous une terre obscure
    Pour les dérober aux vivants.

La noble veuve de M. de Lescure emporta dans sa voiture le corps de son mari, et on l'enterra dans un coin de terre ignoré pour le soustraire aux outrages de l'exhumation.

IV

Page 32.

Grand Dieu! si toutefois, etc...

Cette strophe et la suivante renferment, sur des actes du ministère d'alors envers les Vendéens, des allusions devenues obscures aujourd'hui, et qui en 1819 n'étaient peut-être que trop claires pour le repos de l'auteur. Au reste, s'il ne les explique pas ici, c'est qu'il n'y a plus de danger à le faire, et que d'ailleurs ces passages sont trop empreints de la colère de parti.

LES VIERGES DE VERDUN. — ODE III.

V

Page 34.

Henriette, Hélène et Agathe Watrin, filles d'un officier supérieur; Barbe Henri, Sophie Tabouillot et plusieurs autres jeunes filles de Verdun furent traduites devant le tribunal révolutionnaire, comme coupables d'avoir présenté des fleurs aux Prussiens lors de leur entrée en cette ville. Les trois premières, qui seules font le sujet de cette ode, étaient accusées, en outre, d'avoir distribué de l'argent et des secours aux émigrés. Une loi punissait de mort ce singulier genre de délit. Fouquier-Tainville, charmé de la beauté des trois jeunes filles, leur fit insinuer qu'il tairait cette dernière partie de l'accusation si elles voulaient écouter des propositions injurieuses à leur honneur. Elles refusèrent, furent condamnées et traînées à la mort, avec vingt-neuf habitants de Verdun. La plus âgée de ces rois sœurs avait dix-sept ans.

Barbe Henri, Sophie Tabouillot et leurs compagnes, parmi lesquelles se trouvaient des enfants de treize à quatorze ans, furent condamnées au carcan et à vingt ans de détention à la Salpêtrière. Le Directoire leur rendit la liberté.

VI

Page 35.

> C'est Tainville : on le voit, au nom de la patrie,
> Convier aux forfaits cette horde flétrie
>   D'assassins, juges à leur tour ;
>   Le besoin de sang le tourmente ;
> Et sa voix homicide à la hache fumante
>   Désigne les têtes du jour !

Fouquier-Tainville, accusateur public, réunissait à cette horrible fonction le privilége non moins horrible de marquer les soixante ou quatre-vingts têtes qui devaient tomber chaque jour à Paris.

NOTES.

VII

Page 36.

Que faisaient nos guerriers?... Leur vaillance trompée
Prêtait au vil couteau le secours de l'épée;
Ils sauvaient ces bourreaux qui souillaient leurs combats.
Hélas! un même jour, jour d'opprobre et de gloire,
Voyait monter Moreau au char de la victoire,
  Et son père au char du trépas!

Moreau enlevait à des ennemis supérieurs en nombre l'île Cazan et le fort de l'Ecluse, le jour où son vieux père marchait à l'échafaud.

VIII

Page 36.

Verdun se revêtit de sa robe de fête,
Et, libre de ses fers, vint offrir sa conquête
  Au monarque vengeur des rois!

Verdun brûlait d'ouvrir ses portes au roi de Prusse. L'intrépide commandant résista durant trois jours aux instances des habitants et aux menaces de Frédéric-Guillaume. Forcé enfin de capituler, il se brûla la cervelle. Ce brave se nommait Beaurepaire. L'honneur français ne s'est jamais démenti dans les camps.

IX

Page 38.

Charlotte, autre Judith, qui vous vengea d'avance.

L'année précédente, Charlotte Corday avait tué Marat, l'un des représentants qui contribuèrent le plus puissam-

ment à faire adopter la loi contre ceux qui secouraient les émigrés

X

Page 38.

Et Sombreuil, qui trahit par ses pâleurs soudaines
Le sang glacé des morts circulant dans ses veines.

Mademoiselle de Sombreuil acheta le bonheur de sauver son père en buvant un verre de sang. Longtemps après encore, on l'a vue pâlir et tressaillir au seul souvenir de cet horrible et sublime effort, qui détruisit sa santé, et la laissa pour sa vie sujette à de douloureuses convulsions.

QUIBERON. — ODE IV.

XI

Page 39.

Après la prise du fort Penthièvre, les émigrés, commandés par le comte de Sombreuil, frère de l'illustre mademoiselle de Sombreuil, se virent poussés à l'extrémité de la presqu'île de Quiberon par les soldats de la Convention. Le général républicain, Hoche, craignit l'horrible carnage qui allait commencer de part et d'autre, les gentilshommes étant réduits au désespoir. Il proposa à Sombreuil de les traiter comme prisonniers de guerre s'ils voulaient se rendre. Il ajouta que Sombreuil était le seul pour lequel il ne pût rien promettre. *Je mourrai volontiers*, répondit ce jeune homme, *si je puis sauver mes frères d'armes*. Se fiant à cette capitulation verbale, Sombreuil ordonna aux siens de mettre bas les armes. On observa le traité à son égard : il fut fusillé avec l'évêque de Dol. Mais on n'eut pas la même fidélité envers les émigrés faits prisonniers de guerre. Le cri d'horreur et de pitié qui s'élève aujourd'hui au seul nom de Quiberon dispense d'en dire davantage.

Au reste, ce n'est pas le nom du général Hoche qui reste souillé de cet attentat.

Les Vendéens ont donné le nom de *Prairie des Martyrs* à la plaine où ces vaillants gentilshommes furent fusillés par détachements, et les soldats de Larochejaquelein viennent aujourd'hui en pèlerinage visiter les restes des compagnons de Sombreuil.

LA STATUE DE HENRI IV. — ODE VI.

XII

Page 50.

Que dis-je? Ils ont détruit sa statue adorée.
    Hélas! cette horde égarée
    Mutilait l'airain renversé;
Et cependant, des morts souillant le saint asile,
Leur sacrilége main demandait à l'argile
    L'empreinte de son front glacé.

La statue de Henri IV fut renversée à l'époque du 10 août.

On sait que ce fut vers le même temps que, après avoir violé les tombes royales, on posa un masque de plâtre sur le visage de Henri exhumé, pour mouler ses traits.

XIII

Page 51.

Assis près de la Seine, en mes douleurs amères,
Je me disais : « La Seine arrose encore Ivry,

Et les flots sont passés où, du temps de nos pères,
« Se peignaient les traits de Henri. »

Il y a ici une énorme faute d'histoire et de géographie. Cette ode fut composée au sortir du collége, et ce n'est pas là qu'on apprend la géographie et l'histoire.

XIV

Page 51.

Où courez-vous?...

Personne n'ignore l'enthousiasme avec lequel le peuple, le 13 août 1818, s'empara de la statue de Henri IV et la traîna, à force de bras, au lieu où elle devait être élevée.

LA MORT DU DUC DE BERRY. — ODE VII.

XV

Page 58.

Et tu seras semblable à la mère accablée
Qui s'assied sur sa couche et pleure, inconsolée,
Parce que son enfant n'est plus !

« Et noluit consolari, quia non sunt. »

XVI

Page 58.

D'Enghien s'étonnera, dans les célestes sphères,
De voir sitôt l'ami cher à ses jeunes ans,
A qui le vieux Condé, prêt à quitter nos terres,
Léguait ses devoirs bienfaisants.

On se rappelle que le prince de Condé recommandait,

en mourant, à monsieur le duc de Berry l'honorable indigence de ses vieux compagnons d'armes.

NAISSANCE DU DUC DE BORDEAUX. — ODE VIII.

XVII

Page 62.

Lève-toi ! Henri doit te plaire
Au sein du berceau populaire.

Le berceau donné par les halles de Bordeaux.

XVIII

Page 64.

Dis, qu'iras-tu chercher au lieu qui te vit naître,
Princesse ? Parthénope outrage son vieux maître :
L'étranger, qu'attiraient des bords exempts d'hiver
Voit Palerme en fureur, voit Messine en alarmes,
    Et, plaignant la Sicile en armes,
De ce funèbre Eden fuit les sanglantes mers !

A l'epoque où cette ode fut publiée pour la première fois, la révolution de Naples venait d'éclater.

LIVRE DEUXIÈME

LA BANDE NOIRE. — ODE III.

XIX

Page 95.

Quel dieu leur inspira ces travaux intrépides?
Tout joyeux du néant par leurs soins découvert,
Peut-être ils ne voulaient que des sépulcres vides,
    Comme ils n'avaient qu'un ciel désert;
Ou, domptant les respects dont la mort nous fascine,
    Leur main, peut-être en sa racine,
    Frappait quelque auguste arbrisseau;
Et, courant en espoir à d'autres hécatombes,
Leur sublime courage, en attaquant ces tombes,
    S'essayait à vaincre un berceau.

On sait qu'à l'époque de notre révolution la violation des tombes royales précéda les attentats régicides, dont le plus odieux peut-être fut celui qui s'exécuta lentement et comme à plaisir sur un enfant.

LA LIBERTÉ. — ODE VI.

XX

Page 104.

Car mon luth est de ceux dont les voix importunes
    Pleurent toutes les infortunes,
    Bénissent toutes les vertus.

> Mes hymnes dévoués ne traînent point la chaîne
> Du vil gladiateur ; mais ils vont dans l'arène,
> Du linceul des martyrs vêtus.

Les martyrs condamnés aux bêtes descendaient dans le cirque couverts d'une tunique bleue.

LA GUERRE D'ESPAGNE. — ODE VII.

XXI

Page 111.

> Des pas d'un conquérant l'Espagne encor fumante
> Pleurait, prostituée à notre liberté,
> Entre les bras sanglants de l'effroyable amante,
> Sa royale virginité.

La constitution des cortès était calquée sur notre constitution de 1791. Selon nous, c'était là son tort.

LA MORT DE MADEMOISELLE DE SOMBREUIL. — ODE IX

XXII

Page 117.

Nous avons conservé ici à mademoiselle de Sombreuil (morte en 1823, comtesse *de Villelume*) le nom qu'elle a illustré. Il est inutile de rien ajouter à ce nom. Il en dit assez, il en dit trop. Nous ne pouvons cependant nous empêcher de rappeler ici que la charité de madame de Villelume fut aussi admirable peut-être que l'héroïsme de mademoiselle de Sombreuil.

LIVRE TROISIÈME

LE SACRE DE CHARLES X. — ODE IV.

XXIII

Page 141.

Elle vient, échappée aux profanations.

Le 6 octobre 1793, la sainte-ampoule, qui, depuis quatorze siècles, déposée dans le tombeau de saint Remy, était en vénération dans l'église de Reims, fut brisée par un commissaire de la Convention sur le piédestal de la statue de Louis XV; mais des mains fidèles parvinrent à recueillir des fragments de la sainte-ampoule, et une partie du baume qu'elle renfermait, ainsi qu'il est constaté par un procès-verbal authentique déposé au greffe du tribunal de Reims.

— *Livre des prières et cérémonies du Sacre*, publié par ordre de M. l'archevêque de Reims. —

XXIV

Page 142.

Charles sera sacré suivant l'ancien usage,
Comme Salomon, le roi sage,
Qui goûta les célestes mets,
Quand Sadoch et Nathan d'un baume l'arrosèrent,
Et s'approchant de lui, sur le front le baisèrent,
En disant : « Qu'il vive à jamais ! »

« Unxerunt Salomonem Sadoch sacerdos et Nathan propheta regem in Sion, etc. »

— *Prière du Sacre.*

XXV

Page 143.

Puis le roi se prosterne, et les évêques disent
« Seigneur, ayez pitié de nous ! »

« Le roi se prosterne et on récite les litanies

« LES ÉVÊQUES.
Seigneur, ayez pitié de nous ! — *Kyrie eleison.* »
— Cérémonial du Sacre.

XXVI

Page 144.

Nous vous louons, Seigneur ; nous vous confessons Dieu !

« Te Deum laudamus, te Dominum confitemur. »
— Hymne d'actions de grâces. —

XXVII

Page 144.

Vous êtes Sabaoth, le Dieu de la victoire !
Les Chérubins, remplis de gloire,
Vous ont proclamé Saint trois fois.

« Tibi Cherubim et Seraphim incessabili voce proclamant :
« Sanctus, sanctus, sanctus,
« Dominus Deus Sabaoth. »
— Hymne d'actions de grâces. —

XXVIII

Page 145.

Devant ces grands témoins de la grandeur française, etc.

L'auteur a essayé de caractériser dans cette strophe les principales cérémonies du Sacre, la *préparation du saint chrême*, la *consécration du Roi*, le *couronnement*, la *bénédiction de l'épée*, la *tradition du sceptre et de la main de justice*, la *bénédiction des gants*.

XXIX

Page 145.

Entre, ô peuple !...

Quand le Roi est intronisé, on ouvre la porte au peuple et on lâche les oiseaux, conformément aux vieilles traditions de ce royaume.

XXX

Page 145.

Le voilà prêtre et roi !...

« Tu es sacerdos in æternum, secundum ordinem Melchisedech.
— Psaume 109. »

L'Eglise appelle le roi l'*évêque du dehors;* à la messe du sacre, il communie sous les deux espèces.

XXXI

Page 145.

Il faut qu'il sacrifie...

« Holocaustum tuum pingue fiat. »
— Psaume. —

XXXII

Page 146.

O Dieu! garde à jamais ce roi qu'un peuple adore.

« Domine, salvum fac regem ! »
— Prière pour le roi. —

XXXIII

Page 146.

Romps de ses ennemis les flèches et les dards !

« Rumpe tela inimicorum. »
— Psaume. —

XXXIV

Page 146.

Qu'ils viennent du couchant, qu'ils viennent de l'aurore,
Sur des coursiers ou sur des chars.

« Hi in curribus, et hi in equis. »
— Prière pour le roi. —

A LA COLONNE. — ODE VII.

XXXV

Page 164.

Mais non : l'Autrichien, dans sa fierté qu'il dompte,
Est content, si leurs noms ne disent que sa honte.
Il fait de sa défaite un titre à nos guerriers,
Et, craignant des vainqueurs moins que des feudataires,
Il pardonne aux fleurons de nos ducs militaires,
    Si ce ne sont que des lauriers !

L'Autriche refuse de reconnaître les titres qui semblent instituer des fiefs dans ses domaines, mais elle admet ceux qui rappellent simplement des *victoires*.

LIVRE QUATRIÈME

MOISE SUR LE NIL. — ODE III.

XXXVI

Page 181.

Et ces jeunes beautés qu'elle effaçait encor,
Quand la fille des rois quittait ses voiles d'or,
    Croyaient voir la fille de l'onde.

Les Egyptiens, comme les Grecs et les Tyriens, croyaient la déesse de la beauté née de l'écume des mers.

XXXVII

Page 181.

Accours, toi qui de loin, dans un doute cruel,
Suivais des yeux ton fils, sur qui veillait le ciel.

La Bible dit que la mère de Moïse laissa sa fille au bord du fleuve pour veiller sur le berceau ; l'auteur a cru pouvoir supposer que la mère était restée elle-même afin de remplir ce triste devoir.

LE GÉNIE. — ODE VI.

XXXVIII

Page 194.

Les Grecs courbent leurs fronts serviles,
Et le rocher des Thermopyles
Porte les tours de leurs tyrans !

Il est inutile sans doute de rappeler au lecteur que la première publication de cette ode est antérieure au réveil héroïque de la Grèce.

XXXIX

Page 195.

Tel l'oiseau du cap des Tempêtes
Voit les nuages sur nos têtes
Rouler leurs flots séditieux ;
Pour lui, loin du bruit de la terre,

Bercé par son vol solitaire,
Il va s'endormir dans les cieux.

L'albatros dort en volant.

LIVRE CINQUIÈME

MON ENFANCE. — ODE IX.

XL

Page 252.

Je visitai cette île en noirs débris féconde,
Plus tard premier degré d'une chute profonde.

L'île d'Elbe, où l'on trouve une foule de vestiges volcaniques.

XLI

Page 252.

De loin, pour un tombeau, je pris l'Escurial;
Et le triple aqueduc vit s'incliner ma tête
Devant son front impérial.

Le célèbre aqueduc romain de Ségovie, où l'on admire trois rangs superposés d'arcades de granit.

BALLADES

LES DEUX ARCHERS. — BALLADE VIII.

Page 323.

LA LÉGENDE DE LA NONNE. — BALLADE XIII.

XLII

Page 349.

M. Louis Boulanger, à qui ces deux ballades sont dédiées, s'est placé bien jeune au premier rang de cette nouvelle génération de peintres qui promet d'élever notre école au niveau des magnifiques écoles d'Italie, d'Espagne, de Flandre et d'Angleterre. La réputation de M. Boulanger s'appuie déjà sur beaucoup d'œuvres du premier ordre, entre lesquelles nous rappellerons seulement le beau tableau de *Mazeppa*, si remarqué au dernier Salon, et cette gigantesque lithographie, où il a jeté tant de vie, de réalité et de poésie sur la *Ronde du Sabbat*. L'auteur de ce recueil lui a dédié ces deux ballades en signe d'admiration, de reconnaissance et d'amitié.

LA CHASSE DU BURGRAVE. — BALLADE XI.

XLIII

Page 332.

Le sujet de cette ballade, peut-être trop gothique de

forme, est emprunté au *Recueil des traditions des bords du Rhin*

LE PAS D'ARMES DU ROI JEAN. — BALLADE XII.

XLIV

Page 343.

Une marche
De Luzarche
Sur chaque arche
Du pont Neuf.

Le pont aux Changeurs s'appelait aussi le pont Neuf.

LA FÉE ET LA PÉRI. — BALLADE XV.

XLV

Page 368.

Epouvantant les nuits d'une trompeuse aurore,
Là souvent à ma voix un rouge météore
Croise en voûte de feu ses gerbes dans les airs

L'aurore boréale.

FIN DES NOTES DES ODES ET BALLADES

TABLE.

Préfaces des diverses éditions....................
 1853 3
 1822 5
 1824 8
 1826 19

ODES.

LIVRE PREMIER. — 1818-1822.

Ode première. — Le poëte dans les révolutions........ 25
Ode deuxième. — La Vendée...................... 29
Ode troisième. — Les vierges de Verdun............. 34
Ode quatrième. — Quiberon....................... 39
Ode cinquième. — Louis XVII..................... 45
Ode sixième. — Le rétablissement de la statue de Henri IV. 49
Ode septième. — La mort du duc de Berry........... 54
Ode huitième. — La naissance du duc de Bordeaux..... 61
Ode neuvième. — Le baptême du duc de Bordeaux..... 67
Ode dixième. — Vision............................ 74
Ode onzième. — Buonaparte...................... 79

LIVRE DEUXIÈME. — 1822-1823.

Ode première. — A mes odes..................... 84
Ode deuxième. — L'histoire...................... 89

Ode troisième. — La bande noire 91
Ode quatrième. — A mon père 98
Ode cinquième. — Le repas libre 102
Ode sixième. — La liberté 104
Ode septième. — La guerre d'Espagne 109
Ode huitième. — A l'arc de triomphe de l'Étoile ... 115
Ode neuvième. — La mort de mademoiselle de Sombreuil. 117
Ode dixième. — Le dernier chant 121

LIVRE TROISIÈME: — 1824-1828.

Ode première. — A monsieur Alphonse de L......... 125
Ode deuxième. — A monsieur de Chateaubriand 133
Ode troisième. — Les funérailles de Louis XVIII ... 135
Ode quatrième. — Le sacre de Charles X 140
Ode cinquième. — Au colonel Gustaffson 147
Ode sixième. — Les deux îles 153
Ode septième. — A la colonne de la place Vendôme ... 161
Ode huitième. — Fin 168

LIVRE QUATRIÈME. — 1819-1827.

Ode première. — Le poëte 170
Ode deuxième. — La lyre et la harpe 174
Ode troisième. — Moïse sur le Nil 179
Ode quatrième. — Le dévouement 183
Ode cinquième. — A l'Académie des jeux floraux ... 189
Ode sixième. — Le génie 191
Ode septième. — La fille d'O-Taïti 197
Ode huitième. — L'homme heureux 200
Ode neuvième. — L'âme 202
Ode dixième. — Le chant de l'arène 207
Ode onzième. — Le chant du cirque 211
Ode douzième. — Le chant du tournoi 214
Ode treizième. — L'antechrist 218
Ode quatorzième. — Epitaphe 223
Ode quinzième. — Un chant de fête de Néron 225
Ode seizième. — La demoiselle 229
Ode dix-septième. — A mon ami S. B. 230
Ode dix-huitième. — Jéhovah 232

LIVRE CINQUIÈME. — 1819-1828.

Ode première. — Premier soupir	234
Ode deuxième. — Regret	236
Ode troisième. — Au vallon de Cherizy	238
Ode quatrième. — A toi	241
Ode cinquième. — La chauve-souris	244
Ode sixième. — Le nuage	246
Ode septième. — Le cauchemar	247
Ode huitième. — Le matin	249
Ode neuvième. — Mon enfance	250
Ode dixième. — A G....y	254
Ode onzième. — Paysage	256
Ode douzième. — Encore à toi	259
Ode treizième. — Son nom	261
Ode quatorzième. — Actions de grâces	263
Ode quinzième. — A mes amis	266
Ode seizième. — A l'ombre d'un enfant	268
Ode dix-septième. — A une jeune fille	270
Ode dix-huitième. — Aux ruines de Mont-l'Amaury	271
Ode dix-neuvième. — Le voyage	273
Ode vingtième. — Promenade	277
Ode vingt et unième. — A Ramon, duc de Benav	280
Ode vingt-deuxième. — Le portrait d'un enfant	284
Ode vingt-troisième. — A madame la comtesse A H	286
Ode vingt-quatrième. — Pluie d'été	288
Ode vingt-cinquième. — Rêves	291

BALLADES. — 1823-1828.

Ballade première. — Une fée	299
Ballade deuxième. — Le sylphe	302
Ballade troisième. — La grand'mère	306
Ballade quatrième. — A Trilby, le lutin d'Argail	308
Ballade cinquième. — Le géant	312
Ballade sixième. — La fiancée du timbalier	315
Ballade septième. — La mêlée	319

Ballade huitième. — Les deux archers............... 323
Ballade neuvième. — Ecoute-moi Madeleine.......... 327
Ballade dixième. — A un passant.................... 330
Ballade onzième. — La chasse du burgrave........... 332
Ballade douzième. — Le pas d'armes du roi Jean...... 340
Ballade treizième. — La légende de la nonne.......... 349
Ballade quatorzième. — La ronde du sabbat........... 356
Ballade quinzième. — La fée et la péri................ 362
Notes des *Odes* et *Ballades*........................ 370

FIN DE LA TABLE.

Ch. Lahure, imprimeur du Sénat et de la Cour de Cassation,
rue de Vaugirard, 9, près de l'Odéon.

www.ingramcontent.com/pod-product-compliance
Lightning Source LLC
Chambersburg PA
CBHW050429170426
43201CB00008B/602